執筆開始、その前に

「悪文」を避けるための考え方

大倉幸宏
okura yukihiro

はじめに

小説を書くためのルールは三つある。残念なことに、誰もそれを知らない――。

『月と六ペンス』などで知られるイギリスの小説家、サマセット・モーム（William Somerset Maugham, 1874～1965）が遺した言葉です。モームの名言として広く引用されている言葉ですが、その出典は定かでありません。一説によると、モームが自身の著作に記したものではなく、ある学生から小説の書き方を尋ねられた際に述べた言葉だとされています。[1]「書くためのルールなんかない」――おそらく、モームはこう伝えたかったのでしょう。

小説にかぎらず、文章を書くための「ルール」を解説した本は多数出版されています。実際、そうした本を読んだことがある、という人もいるでしょう。言葉遣いや原稿用紙の使い方、句読点の打ち方、括弧の付け方など、書くためのルールはたしかに存在します。モームの真意は定か

（1） Ralph Daigh, "Maybe You Should Write a Book", Prentice Hall, 1977, p7.

でないものの、少なくとも彼は、こうした形式面のルールを思い描いていたわけでないことは明らかです。

では、形式面以外のルールは存在するのでしょうか。

「何をどのように書くかは書き手の自由であって、ルールなどない」

そう考える人は多いと思います。実際、世の中には書き手が自由にしたためた文章が無数にあります。自分自身を振り返ってみても、文章を書くときにとくにルールを意識したことはない、という人がほとんどでしょう。ただ、そうした自由に書かれた文章のなかには、読み手にわたったあとで何らかの問題が発覚するという場合が決して少なくありません。

他人の文章を自分が考えた文章であるかのように偽って書く。

実態とは異なる誤った情報に基づいて書く。

事実を伝えねばならない場面で虚偽の事柄を書く。

事実ではないことを事実と思いこんで書く……。

そうして作成された文章は、読み手に誤解を与えるだけでなく、場合によっては社会的な問題になることもあります。違法行為と見なされ、ペナルティーを受ける可能性すらあるのです。書くことに関する形式面のルールを熟知し、高い作文技術を身につけていたとしても、書いたものに疑念を抱かれてしまっては意味がありません。

そう考えると、文章というものは、ただ自由に書けばいいわけではないことが分かります。つまり、文章を書くにあたっては、形式面以外にも何らかのルールがあると認識する必要があるということです。

本書は、そのルールを確認するための本です。とはいえ、ルールについて直接解説した本ではありません。本書は、「○○をすべき」とか「○○をしてはいけない」といった規範を列記することに主眼を置いていません。先に挙げたような問題になる文章、すなわち「悪文」を書かないための考え方という形で、書くためのヒントを多数提示していきます。

「悪文」とは、本来、分かりにくい文章や下手な文章を指しますが、世の中には、分かりやすく書かれていても、実際に害悪をもたらす文章が少なくありません。そうした文章を含めた広い意味での「悪文」を避けるために、必要な考え方を知ってもらうことが本書の目的です。書くうえで心掛けるべき「ルール」は、読み進める過程で自ずと見えてくるはずです。

本書は作文をテーマにしていますが、作文そのものではなく、いわば作文をはじめるのに必要な土台づくりをサポートするための本です。執筆をはじめる前に知っておきたい事柄を学ぶ手引書、と言ってもいいでしょう。

また本書は、書くことに関する思考や行動といった根源的なテーマにも踏みこんでいきます。そのため、場合によっては、本書を読んだことで逆に筆が進まなくなる可能性があります。まさに何らかの文章を書こうとしている人、すでに書きはじめている人は、本書を一旦遠ざけたほうがいいかもしれません。

タイトルは「執筆開始、その前に」となっていますが、執筆の直前ではなく、本書の内容を十分消化できる余裕があるときに読むことをおすすめします。

本書は、全体を大きく三つのテーマに分けています。一つ目が、書く目的を見定めること。二つ目が、書くための材料を見極めること。そして三つ目が、相手すなわち読み手を見据えることです。それぞれの具体的な内容は本文中で解説していきますが、まずは「**何のために書くのか**」、「**何を使って書くのか**」、「**誰が読むのか**」、この三点が重要になるということだけは押さえておいてください。

本書では、文章を書く前に頭に入れておきたいポイントを多数紹介していきます。その前提として、右に挙げた三つの事柄を軸に据えることで、それらのポイントをよりスムーズに理解できると考えています。

なお、「文章」について論じていく本書ですが、基本的には実用文を書くことを想定した内容になっています。実用文とは、誰かに何らかの情報を伝えるために書く文章のことです。そこに記されるのは、事実と事実に基づいた意見・考えです。具体的には、レポート、報告書、企画書、説明書、自己紹介文などさまざまなものが挙げられます。情報を伝えるという意味では、ツイッター（Twitter）[1]などSNSに書きこまれる短い文章も含まれます。

一方、詩や俳句といった自分の思いを表現するために書く文学作品、あるいは個人的な日記など、本書での説明が当てはまらない文章もあります。冒頭で小説に関する文を引用しましたが、小説を書く場面についても直接関係のない事項が含まれることはご了承ください。

それでは、執筆を開始する前の地ならしをするつもりで、まずは肩の力を抜いてページをめくっていってください。

（1）　ツイッターは、二〇二三年七月二十四日に「X（エックス）」へ名称を変更。

もくじ

【凡例】

古い文献の引用に際しては、読みやすさを考慮して適宜変更を加えています。歴史的仮名遣いは現代仮名遣いに、旧字体は新字体に改めました。漢字表記の接続詞や指示代名詞、助動詞など、難解な表記は適宜平仮名に変更、もしくはルビを追加しました。必要に応じて句読点や送り仮名も追加しています。引用文中の〔　〕は筆者による補足です。

表記のURLは、すべて二〇二三年三月一〇日にアクセスを確認しています。

執筆開始、その前に——「悪文」を避けるための考え方

第1部

目的を見定める

書く前に頭に入れておきたいこと

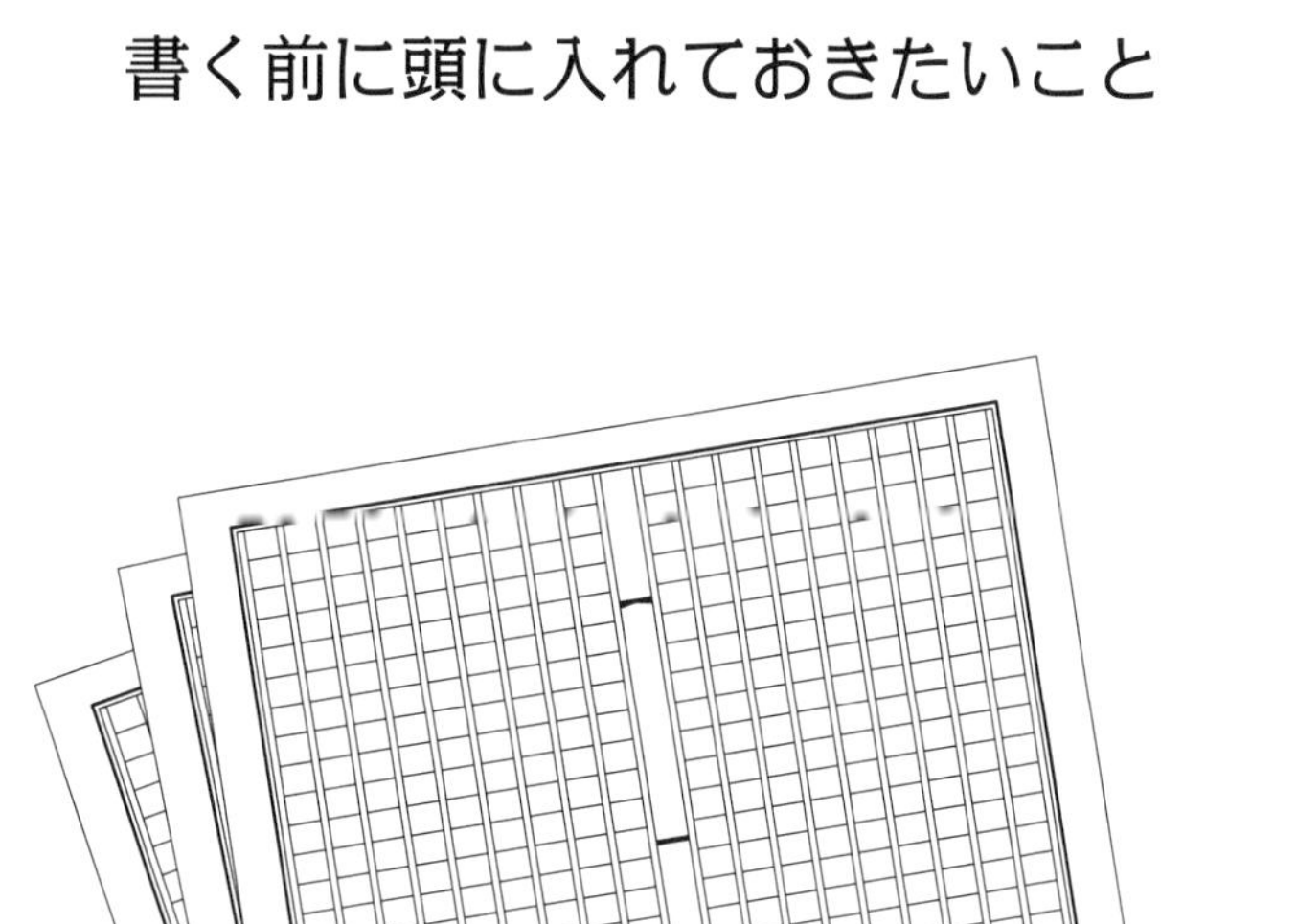

プロローグ　「大本営発表」から見えるもの

何じゃこれは。まるで大本営発表のようなオセチ料理だよ。みせかけばかりで、まるで実がともなっていない。(1)

情報を隠蔽(いんぺい)する、都合のいい情報ばかりを発信する。今の政府の姿勢、まさに大本営発表であります。(2)

(1)（新里金福「わが近衛聯隊体験記」、『新日本文学』三〇巻八号、一九七五年、一二六頁）

(2)（第一八〇回国会衆議院予算委員会、二〇一二年三月一日、小里泰弘）

「大本営発表」という言葉は、今日、改ざん、隠ぺい、捏造(ねつぞう)、虚飾を表す際の代名詞となっています。とくに、政府が発表した情報に改ざんや隠ぺいの疑われる事態が発覚すると、「まるで大本営発表だ」という声がしばしば聞かれます。この言葉に好ましい印象をもっている人は、まずいないでしょう。

大本営とは一九三七（昭和一二）年一一月二〇日に設置された、日本軍の最高司令部を指します。以後終戦まで、戦争における作戦指導を担ってきました。そこから発表された情報が「大本営発表」と呼ばれるものです。

大本営が思わしくない戦況を伝える際、国民にネガティブな印象をもたれないように、言葉を置き換えたことはよく知られています。「撤退」を「転進」に言い換えたり、「全滅」を「玉砕」と表現したりしていたのがその代表例と言えます。実際に報じられた発表に、次のようなものがあります。

> 掩護(えんご)部隊としてソロモン群島のガダルカナル島に作戦中の部隊は、昨年八月以降引続き上陸せる優勢なる敵軍

(1)　一九四五（昭和二〇）年の正月、近衛兵を務めていた主人公に軍からお節料理が支給されたが、イモでつくった「焼魚」など、見せかけだけの粗末なものであったことに対して発せられた言葉。

(2)　TPP交渉に関する議論に際して、当時の民主党政権の姿勢を批判した自民党議員の発言。

朝日新聞

南太平洋方面戰線
新作戰の基礎確立
ブナ、ガダルカナルより轉進

戰略線微動もせず
寡兵半歳敵陣を制壓

勇戰

〈朝日新聞〉1943年2月10日付

　を同島の一角に圧迫し、激戦敢闘克く敵戦力を撃摧しつつありしが、その目的を達成せるにより、二月上旬同島を撤し他に転進せしめられたり。

　これは、一九四三（昭和一八）年二月一〇日付の〈朝日新聞〉に掲載された記事です。その冒頭には、「大本営発表」の文字が目立つように記されています。記事では、日本軍の部隊が目的を達成したためにガダルカナル島（ソロモン諸島）から「転進」したと報じていますが、言うまでもなく「撤退」したというのが事実です。

　日本軍は、一九四二（昭和一七）年八月からこの島をめぐってアメリカ軍と交戦していました。しかし、次第に追い詰められ、約半年後に撤退の決断を余儀なくされました。大本営は、この好ましくない出来事を、ポジティブな印象をもたせて発表したのです。

　大本営発表の虚偽は、言葉の書き換えに留まりません。沈めた敵艦の数は実際よりも多く、その一方で自軍の損失は実際よりも少なく伝え、戦地では常に「日本軍が勝っている」という印象を国民に与え続けました。(3)

　ただ、大本営は当初から虚偽の発表を行っていたわけではありません。最初に大本営発表が伝えられたのは一九四一（昭和一六）年一二月八日、真珠湾攻撃のときです。この時点では、正確を期した発表がなされています。その後、しばらくは、戦果を正しく伝えようとする姿勢が維持されていました。

しかし、戦況が悪化するに従って、事実を歪曲して発表するという姿勢が常態化していきます。発表の目的が、事実を伝えることから別のものへと変わっていったのです。すなわち、国民の戦意高揚や、自軍の損害の隠蔽（いんぺい）が目的として位置づけられたということです。虚偽の事実が発表されるようになった背景には、そうした本来の目的からの逸脱があったわけです。

一方、現場から誤った戦果が伝えられ、意図せずして虚偽の事実を発表したというケースも少なくありません。さまざまな事情、思惑が相まって、大本営発表は嘘に嘘を重ねたものへと変質し、結果的に国を破滅へと導く一因になっていきました。

では、大本営発表を国民へと伝える役割を担ったメディアは、そうした情報とどのように向きあっていたのでしょうか。その姿勢は、先に挙げた記事を見ても明らかです。当時の報道は、大本営発表をそのままなぞっただけのものでした。そして、発表された情報に疑義を挟むようなこともありませんでした。

今日的な視点で見れば、メディアの責任放棄としか思えません。しかし、そうせざるを得ない

（3）戦時に政府が事実と異なる情報を流すのは、かつての日本にかぎったことではありません。二〇二二年二月にはじまったロシアのウクライナ侵攻に際しても、ロシア政府は「撤退」を「再編」や「再配置」といった言葉で発表しています。

事情があったというのも事実です。周知のとおり、戦時中の日本では厳しい言論統制が敷かれていました。新聞社が発表する報道には厳しい検閲が行われていたのです。新聞用紙の供給も国の統制下に置かれるなど、新聞社は完全に国の下請け機関となっていました。

ただ、新聞社に対する政府の弾圧は、戦争とともにはじまったわけではありません。すでに明治時代から行われていました。当時は、掲載された記事に対して、罰金のみならず、記者の投獄、発行停止、発行禁止といった罰則まで設けられていたのです。そうした厳しい弾圧を受けながらも、新聞社は政府に対して常に厳しい目を向け、国民に真実を伝えようと奮闘していました。

戦時中は、こうした気概を捨てざるを得ないほど言論弾圧が厳しくなっていたわけですが、一方、新聞社の側が自ら進んで政府の方針に迎合（げいごう）していったという側面も見逃せません。

戦前の日本では、各新聞社は過当競争にさらされ、必死になって読者の獲得を図っていました。競争に勝つためには、他社に先駆けて情報を得て、記事にする必要があります。当然、戦争中は戦争のニュースが主要記事となるわけですが、新聞各社は戦地でスクープを取るために多くの記者を戦地へ派遣しました。戦場で情報を得るには、軍部の協力が欠かせません。そこから、新聞社と軍部の癒着度合いが増していきます。

やがて新聞は、軍の情報を「垂れ流す」だけの状態へと陥っていきました。虚偽が疑われるような情報であっても、それに対して疑問、批判の目を向けることなく記事にするようになっていったのです。[4]

新聞紙が記事の正確を期するはその敏速を努むると共に新聞紙当然の任務で、これが為にはいずれの新聞社も全力を挙げて常にその及ばざらんことを恐れているのであります。
〈東京朝日新聞〉一九二二年一〇月二一日付

これは、東京朝日新聞社が記事審査部の創設に際して出した社告の一節です。一九二二（大正一一）年当時の新聞は、まだ健全な姿勢を保っていました。「敏速」を目指すと同時に「正確」を期することは、今日でもメディアがとるべき姿勢だと言えます。

読み手に正確な情報を伝えることは、新聞社が果たすべき目的でもあります。怪しい情報が入ってきたら、それを検証したうえで記事にせねばなりません。書き手として目指すべき目的を見失ってしまった状態が、戦時中の新聞社だったとも言えます。

（4）大本営発表については、辻田真佐憲『大本営発表 改竄・隠蔽・捏造の太平洋戦争』（幻冬舎新書、二〇一六年）、辻泰明・NHK取材班『幻の大戦果・大本営発表の真相』（NHK出版、二〇〇二年）、前坂俊之「太平洋戦争下の新聞メディア」『マス・コミュニケーション研究』（六六巻、日本マス・コミュニケーション学会、二〇〇五年、五～一九頁）参照。

新聞社には、昔も今も優秀な人材が多く集まっています。言葉を巧みに使いこなし、分かりやすくかつ魅力的な文章を書く技術を身につけた記者が大勢います。そうした人たちでも、本来の目的を正しく見据えずに筆をとれば、読み手に害悪をもたらしかねない文章を世に出すことになるわけです。

もちろん、当時の記者たちも、会社を潰さないため、自分の生活のため、といった理由で自らの思いに反する記事を書かざるを得なかったという事情もあるでしょう。だとしても、結果的に「悪文」が書かれていたという歴史的事実を消すことはできません。

みなさんは、普段文章を書くときに何を目的に据えていますか？「そんなこと考えたこともない」という人もいるでしょう。書くという行為の先に見定めるもの、それ次第で文章は良くも悪くもなります。「悪文」になるか否か、その最初の分岐点がここにあるのです。第１部では、まず書く目的を見定める必要性について見ていきます。

1 書く目的は明確になっていますか？

三人の石工が目指したもの

書く本来の目的をしっかり見定めること――。これが文章を書くうえでまず重要になります。何のために書くのかを、最初に明確にしなければなりません。自明のことと思われる人もいるでしょう。でも、実際に書く段階になると、目的から外れてしまうことが往々にしてあるのです。

みなさんは「三人の石工」という寓話をご存じでしょうか。ビジネス書をはじめとしてさまざまなところで取り上げられているので、耳にしたことがあるという人も多いかと思います。この寓話の内容にはさまざまなパターンがありますが、大まかなところはほぼ一致しています。

昔、ある旅人が、旅の途中で石の切り出し作業の現場を目にしました。興味を抱いた旅人は、そこで働く三人の石工に、それぞれ「何をしているのですか？」と尋ねました。

一人目の石工は「お金を稼ぐための作業をしてるだけだ」と、つまらなそうに答えました。

二人目の石工は「最高の石切りの仕事をしているんだ」と、得意げな顔で答えました。

そして三人目の石工は「教会を建てているんです」と、充実感に満ちた表情で答えました。

通常は、三人目の石工こそが、仕事をする人間のあるべき姿として紹介されています。つまり、最終的な目的をしっかり見定めて仕事に取り組む姿勢が大切だ、という教訓を伝えているわけです。経営学者のピーター・ドラッカー（Peter Ferdinand Drucker, 1909～2005）も、『The Practice of Management』という本のなかでこの寓話を取り上げています。彼は三人の石工の回答を紹介したうえで、次のように述べています。

もちろん、第三の男があるべき姿である。第一の男は、一応の仕事をする。報酬に見合った仕事をする。

問題は第二の男である。職人気質は重要である。それなくして立派な仕事はありえない。〔中略〕しかし、一流の職人や専門家には、単に石を磨いたり、瑣末な脚注を集めているにすぎないにもかかわらず、何かを成し遂げていると思い込む危険がある。(5)

自分のしている仕事に誇りをもつこと自体はまちがいではありません。担当する仕事が全体のごく一部分の作業であったとしても、そこにやりがいが見いだせれば充実感も得られるでしょう。ただ、そこに傾注しすぎて本来の目的を見失ってしまっては意味がありません。

三人の石工の話を、本書の趣旨に合わせて、三人の新聞記者に置き換えて考えてみます。それぞれに「何をしているのですか？」と尋ねた場合、次のような答えが返ってくるでしょう。

一人目の記者――「生活費を稼ぐために文字を入力してるだけだ」

二人目の記者――「読んだ人が感動するような記事を書いているんだ」

三人目の記者――「読者に正しい情報を伝える新聞をつくっているんです」

ここでも、三人目が記者としてあるべき姿だと言えます。注意を必要とするのは二人目の記者です。読者の心を揺さぶるような文章を書こうとする意欲そのものは、決して否定されるものではありません。しかし、記者がまず目指すべきことは、正しい情報を読み手に伝えることです。二番目の記者は、事実を面白く描くために必要以上に脚色したり、インタビューで得た言葉をドラマチックに改変したりするかもしれません。素晴らしい文章を書く能力、感動的な記事に仕上げるテクニックをもっていたとしても、情報を歪めてしまっては本末転倒です。書く目的は何か？　まずは、それを正しく見定めることが執筆の第一歩となります。

(5)　ピーター・ドラッカー／上田惇生訳『現代の経営・上〈ドラッカー名著集2〉』ダイヤモンド社、二〇〇六年、一六七頁。『マネジメント（エッセンシャル版）基本と原則』（ダイヤモンド社、二〇〇一年）の一三七頁にも同様の記述があります。

目的がずれると「悪文」になる

本章のテーマは「書く目的は明確になっていますか？」です。「目的」とは、最終的に目指す場所を意味します。同じような言葉として「目標」がありますが、こちらは目的に到達するための目印や具体的な通過点を指します。

先に紹介した石工の寓話でいうと、「目的」は教会を完成させることになります。石を削ることは「目標」に相当するでしょう。新聞記者の例では、読者に正しい情報を伝える新聞をつくることが「目的」になります。記事を書くことは「目的」ではないのです。

どのような文章においても、書くという行為の先には、必ず何らかの目的があるはずです。たとえば、自分の不手際で事故が発生し、被害者から謝罪文の提出を求められたとします。謝罪文を書く目的は、言うまでもなく謝罪の意志を相手に伝えることにあります。自身の責任軽減を目論んで言い訳のような説明を書き連ねた文章では、本来の目的は果たせません。場合によっては、相手に不信感を抱かせてしまい、よりネガティブな印象を与えるという結果になってしまうでしょう。

他方、相手から事故の経緯について説明を求められた場合は、出来事の詳細を正確に書き、相手に理解してもらうことが目的となります。その文中でひたすら謝罪の言葉を並べたり、今後の対策を長々と書いたりしたとしても、相手は納得してくれないでしょう。

もう一つ例を挙げましょう。

ある会社の社員が、上司から市場調査を実施して報告書にまとめるという仕事を与えられたとします。この調査は、新しい商品・サービスを開発するうえで必要とされるデータを集めるために行うものです。もし、データに誤りがあった場合は、新商品・新サービスの開発に多大な影響を与える恐れがあります。そのため、市場の動向や顧客のニーズを可能なかぎり正確に把握することが求められます。

大まかな流れとしては、公正に調査を実施し、正確にデータを読み取って分析し、適切な報告書を書くといった手順になるでしょう。このとき、報告書を書く目的は、当然会社の目的と一致していなければなりません。

しかし、担当になった社員が、もし本来の目的を理解していなかったらどうなるでしょうか。先に挙げた石工のように、業務を「お金を稼ぐための作業」と考え、とりあえず上司に叱られないことを目的として位置づけてしまうかもしれません。

そうなると、報告書の中身は二の次となります。上司の叱責を避けるためには、まずは調査を実施したという事実を示す、指定された期日を守る、といったことが担当社員の課題になってくるでしょう。

公正さや精度を欠いた調査だったとしても、担当者が見定めている目的からすると、それらは些細な問題に見えてくるかもしれません。不正な手段を用いて報告書を仕上げようとする誘惑に駆られるといった恐れも出てきます。こうして作成された報告書で、会社が目指している目的を果たすことはできません。

ここに挙げたのはあくまでも仮定の話ですが、同様のケースは決して珍しくないのです。実際、これと似たような出来事が日本の中枢部（霞ヶ関）で起きました。

厚生労働省で発覚した統計不正

二〇一八（平成三〇）年、厚生労働省で統計不正が行われていたことが発覚し、大きな問題となりました。ここで争点となったのは統計数値です。厳密には文章の問題というわけではありませんが、「目的」について考える事例として取り上げます。

厚生労働省は、「毎月勤労統計調査」を定期的に実施しています。これは、国の基幹統計調査の一つで、国勢調査や人口動態調査などとともに、もっとも重要な統計調査と位置づけられています。その目的は、「毎月の賃金」、「労働時間」、「雇用」の変動を迅速かつ正確に把握することにあります。

この調査から算出された平均給与額は、雇用保険、労災保険などの給付額を決める際にも用いられており、そのデータは非常に重要な意味をもっています。その調査過程で、不正が行われていたのです。

本来、調査では、従業員五〇〇人未満の事業所については一部が対象（抽出調査）となりますが、従業員五〇〇人以上の大規模事業所はすべてを調査するというルールになっていました。しかし、厚生労働省は、東京都内の大規模事業所に関して、二〇〇四（平成一六）年以降、全体の三分の一程度の事業所を抽出して調査を行っていたのです。

また、データの補正を行わなかったため、二〇〇四年から二〇一七（平成二九）年までは、本来の賃金よりも低めの数値が公表されていました。さらに二〇一八年の調査からは、本来の結果に近づけるために無断でデータ補正が行われていたという事実も発覚したのです。

なぜ、こんなことが起きてしまったのでしょうか。不正が行われた原因は、調査担当者の負担軽減にあったとされています。かぎられた人員や予算のなかで所定の調査を行わざるを得ない状況下、担当者の負担は大きくなります。従業員五〇〇人以上の大規模事業所の数が増えれば、担当者の負担は大きくなります。

とくに大規模事業所が集中する東京について、担当課の判断で抽出調査への変更が行われていました。のちの担当者のなかには、この不正に気づいた人もいましたが、結局改善されないまま数年にわたって放置されてきたわけです。

この事件について厚生労働省の元統計担当者は、ＮＨＫの取材で次のように語っています。

保険の給付の額にはねる（影響する）というのは、実際、報道を見て初めて知ったので、そこまではねる（影響する）ようなものだと正直思っていなかった。軽視はしていないけど、経済を左右するものだっていうことで自負を持って慎重にやっていましたけど、あそこまで政策にはねる（影響する）ものだとは正直思わなかったので、びっくり。（ＮＨＫ「クローズアップ現代」二〇一九年二月一八日　https://www.nhk.or.jp/gendai/articles/4248/index.html）

担当者は、自らがかかわっている統計調査が経済に影響するものであると理解していましたが、それが雇用保険や労災保険の給付額に多大な影響を及ぼすことまでは把握していなかったのです。つまり、調査の本来の目的が十分に認識されていなかったわけです。

厚生労働省が第三者委員会として設けた「特別監察委員会」が二〇一九（平成三一）年一月に公表した報告書では、「総括」のなかで次のような意見が述べられています。

統計がどのような形で利用されているのかということについて、想像力が著しく欠如していたと言わざるを得ない。今般の事案では、結果として、雇用保険、労災保険等において、多数の国民に対し、追加給付の支払いが必要な事態となっている。職員は、統計を単なる数値としてしか見ていなかったのではないか。その先にある国民の生活を想起すれば、このような杜撰な対応が長年にわたり継続するような事態にはならなかったであろう。（毎月勤労統計調査等に関する特別監察委員会「毎月勤労統計調査を巡る不適切な取扱いに係る事実関係とその評価等に関する報告書」二〇一九年一月二二日、二八頁）

大量のデータを処理していると、その意味を見失って「単なる数値」に見えてしまうということは誰にでもありえます。それでも、業務本来の目的を明確に見定めていれば、不正は避けられたかもしれません。

この問題について特別監察委員会は、「意図的とまでは認められないものと考えられる」（前掲書、二七頁）と報告しています。担当者にとって、調査方法の変更は「不正」でなく「効率化」という認識だったかもしれません。また、不正が放置されてきたことについても、同委員会は「隠蔽する意図があるとまでは認められなかった」（前掲書、二一頁）としています。

ここで取り上げたのは国レベルの大きな事例ですが、身近な場面においても同じような構図の出来事が実際に起こりえます。文章を書くにあたっては、最初に目的を見定めるだけでなく、執筆をはじめてからも、本来の目的を見失っていないか、常に確認する必要があります。

古今東西に見られる研究不正

本来の目的を見失ったと思われる不正は、分野を問わず見られます。なかでも、学術論文の不正は、世の注目を集めやすい代表例だと言えるでしょう。たとえば、二〇一四年に起きた「STAP細胞」[6]問題については記憶している人も多いでしょう。

当初、この細胞は「世紀の大発見」として注目を浴びました。しかし、その後、論文に記載されていたデータの不備や不正が次々と明らかになり、最終的に論文は取り下げられました。センセーショナルに報じられたこの出来事を「特異な事例」と受け止めた人は多いでしょう。実は、研究に関する不正が発覚し、論文撤回に至るというケースはそれほど珍しいことではありません。

撤回論文を調査するウェブサイト「Retraction Watch（撤回監視）」を見ると、多くの学術論文が発表後に撤回されていることが分かります。興味深いことに、そこには論文撤回数のランキングまで掲載されています。そのトップ10のうち、実に半数を日本人研究者が占めているのです。上位三〇人で見ても、七人の日本人研究者がランキングされています[7]（二〇二三年三月一〇日時点）。

毎年、ノーベル賞の受賞者が発表される時期になると、日本人研究者の成果に注目が集まりますが、その一方で、日本の学術界がこうした難題を抱えているという事実も知っておいたほうがいいでしょう。

研究不正は、今日の学術界にかぎった問題というわけではありません。歴史をひもとけば、古今東西に見られる出来事であったことが分かります。「近代科学の父」とも称されるガリレオ・ガリレイ（Galileo Galilei, 1564～1642）も、「万有引力の法則」の発見などで知られるアイザック・ニュートン（Isaac Newton, 1643～1727）も、「遺伝学の祖」とも言われるグレゴール・メンデル（Gregor Johann Mendel, 1822～1884）も、研究不正の疑いがもたれています。(8)

もちろん、歴史上の偉人がやっていたから不正が許されるという話ではありません。科学本来の目的は「真理の探究」にあります。不正を犯して何らかの「成果」を得たとしても、真理に近づいたことにはなりません。

しかし一方で、研究者として生きていくためには評価を得ることが不可欠となります。尊敬や名誉を得たいという、個人的な思いを満たすためだけではありません。研究者としてのポストを獲得し、それを維持しながら研究を続ける資金を得るために必要なのです。

（6）刺激惹起性多能性獲得（Stimulus-Triggered Acquisition of Pluripotency）細胞の略称。

（7）The Retraction Watch Leaderboard, https://retractionwatch.com/the-retraction-watch-leaderboard

（8）ウイリアム・ブロード、ニコラス・ウェイド／牧野賢治訳『背信の科学者たち――論文捏造はなぜ繰り返されるのか？』講談社、二〇一四年、三三～五六頁参照。

科学本来の目的と、評価を得るという目的を同時に目指そうとすると、時に葛藤が生じてしまいます。そして、両者を天秤に掛けたとき、後者のほうが現実的な問題として重視されてしまう場合があります。これが、不正に手を染める誘因となるのです。

研究者を不正に誘う要因として、「出版バイアス」という問題も挙げられます。これは、肯定的な結果が出た研究のほうが、否定的な結果が出た研究よりも出版・公表されやすいというバイアスを指します。バイアス（bias）とは、偏り、先入観、偏見、思いこみといった意味をもつ言葉です。このあと何度か出てくる言葉ですので、頭に入れておいてください。

研究成果を学術誌に掲載してもらうため、できれば肯定的な結果が得られることを研究者は願います。しかし、当然ながら、常に想定したとおりの結果が出るとはかぎりません。思うように結果を出せないことがプレッシャーとなり、捏造（ねつぞう）や改ざんといった不正へと導かれていくのです。

物理学者でガン研究者、科学ジャーナリストでもあるデヴィッド・ロバート・グライムス（David Robert Grimes）氏は、「出版バイアス」について次のように述べています。

> 最近の科学業界は「発表しないなら滅びろ」病に感染している。じゅうぶんに肯定的な結果を発表しない学者には資金が集まらないのだ——質より量に報酬が集まるこの仕組みが、

――私たちすべてを脅かしている。（『まどわされない思考――非論理的な社会を批判的思考で生き抜くために』長谷川圭訳、角川書店、二〇二〇年、二八五頁）

研究界には、こうした構造的な問題があるというのも事実です。とはいえ、不正は不正です。本来目指すべき目的から外れていることは言うまでもありません。真理の探究という目的を達成するためには、当然ながら、事実を正確に書く必要があります。

ここまで、漠然と「不正」という言葉を使ってきましたが、研究における不正の具体的な手段としては、「捏造」、「改ざん」、「盗用」の三つが挙げられます。文部科学省は、これらを研究活動における「特定不正行為」と位置づけています。(9)

研究者の間では、この三つの頭文字をとった「ネカト」という言葉がよく使われており、「やってはいけないこと」として認識されています。「ネカト」は、英語の「fabrication（捏造）」「falsification（改ざん）」「plagiarism（盗用）」の頭文字をとって「ＦＦＰ」と呼ばれることもあります。

学術研究以外でも、不正な手段が用いられる場面は多岐にわたります。記者がスクープを取り

(9) 文部科学省「研究活動における不正行為への対応等に関するガイドライン」二〇一四年八月二六日参照。

たいという思いから事件を捏造（ねつぞう）する。ブロガーがブログへのアクセス数を増やすため、実際の出来事を改ざんして書きこむ。学生がレポートを提出期限に間に合わせるため、本に書かれた文章を盗用する――。事例を挙げればきりがありません。いずれの場合も、不正が露見しなければ評価が得られるでしょう。でもそれは、一時的な現象でしかありません。長期的に見れば、まちがいなく信頼を失うことになります。

以降では、ここまでに挙げた不正行為のほか、本来の目的を見失うことで起こる問題について具体的に見ていきます。最初のテーマは嘘をつくことです。先に見た「捏造」や「改ざん」がこれに当たるわけですが、一般的な言葉である「嘘」というキーワードで考察していきます。

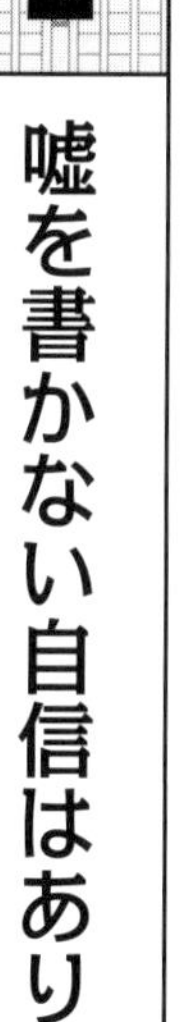

2 嘘を書かない自信はありますか？

人は誰だって嘘をつく

虚偽あるいは誤解を与えるような主張は、四年間で三万五七三回――。

（The Washington Post 2021.1.23.）

こう指摘されたのは、アメリカのトランプ前大統領です。アメリカの日刊紙〈ワシントン・ポスト（The Washington Post）〉は、トランプ氏が大統領に就任して以降の発言について、その信憑性を調べる「ファクトチェック（真偽検証）」を行ってきました。その集計結果が右に挙げた数字です。

ここには、集会での演説のほか、ツイッター（Twitter、現X）への投稿など、さまざまな場面でなされた発言が含まれます。そのすべてを単純に「嘘」と断定できないにしても、そう見なされてもおかしくない主張をトランプ氏が日常的に発していたのは事実です。

彼の発言の多くは、今もネット上などで見聞できます。そうした記録を改めて確認しても、トランプ氏が「嘘つき」であるという見方に疑う余地はないでしょう。ただ、彼がほかに類を見ないほどの「嘘つき」だったのかといえば、必ずしもそうではありません。たとえばロシアのプーチン大統領も、嘘が多い人物として広く認識されています。虚言癖のある人はどこにでもいるということです。

「癖」というほど過剰ではなくても、嘘は人にとってごくありふれた行為だと言えます。海外取材の経験のあるジャーナリストらは、外国で嘘をつく人々によく遭遇した経験を異口同音に語っています。[10] もちろん、日本も例外ではありません。とくに、昔の日本人に関しては、「よく嘘をつく」という記述がたくさん残されています。

「議会政治の父」とも称される尾崎行雄（一八五八～一九五四）は、大正時代に「我が同胞が虚言を吐くは一種の習慣にして、不知不識の間にも自然に出ずるものならん」と述べ、これが欧米人から信用されない原因であると述べています（『向上論』国民書院、一九一六年、二八頁）。

さらに時代をさかのぼると、六〇〇年以上前に書かれた随筆『徒然草』に、「世に語り伝ふること、まことはあいなきにや〔事実のままではつまらないのか〕、多くは皆虚言なり。〔中略〕にもかくにも、虚言多き世なり」（第七三段）と、「虚言」すなわち嘘がはびこる世間の風潮が記されています。[11]

「人は一〇分間に三回嘘をつく」

これは、アメリカの心理学者ロバート・フェルドマン（Robert Stephen Feldman）[12]氏がある実験から導きだした結論です。

彼は、互いに面識のない被験者を二人ずつ一対一で会わせ、「一〇分間で親しくなるように」と指示を出し、会話をさせました。この会話をビデオで撮影し、あとで当事者を交えて検証した結果、大部分の人が嘘を三回ついていたことが明らかになったのです。[13]

この実験結果は、初対面の相手と親しくなるという条件下で得られたものです。相手によく思われたいというプレッシャーが、嘘をついてはいけないという規範を脇に押しやってしまった結果だと言えます。特定の場面で導きだされた結論であるとはいえ、人がさまざまな対人関係において嘘をついているという事実は、日常経験からも理解できるのではないでしょうか。

フェルドマン氏は、「完全な正直さは、しばしば標準的な社会行動とされるものに真っ向から反する。奇妙に聞こえるが、嘘をつくことのほうが正常なのだ」（前掲書、三〇頁）と述べ、嘘をつくことは人間社会においてごく当たり前の行為だと主張します。実際、「嘘は社会の潤滑油」とも言われるように、人間関係を円滑にするうえで交わされている嘘は、社交辞令として広く用いられています。

たとえば、ビジネスの世界では、名刺交換をしただけの関係でしかない相手に対して、電話やメールで「お世話になっております」という決まり文句を使います。これも、広い意味では嘘と言えるでしょう。お世辞も、端的に言えば嘘になります。SNS上で使われる「いいね」も、多分に嘘が含まれているでしょう。

この点に関して、フェルドマン氏は次のように述べています。

---

(10) 杉田弘毅『国際報道を問い直す――ウクライナ戦争とメディアの使命』ちくま新書、二〇二二年、六六～七〇頁参照。

(11) 吉田兼好、今泉忠義（訳注）『改訂 徒然草』角川ソフィア文庫、一九五七年、七〇頁参照。

(12) 日本のテレビに出演しているロバート・フェルドマン（Robert Alan Feldman：経済学博士）氏とは別人。

(13) ロバート・フェルドマン／古草秀子訳『なぜ人は10分間に3回嘘をつくのか――嘘とだましの心理学』講談社、二〇一〇年、一七～二三頁参照。原題は“The Liar in Your Life: The Way to Truthful Relationships”。

> 世の中に嘘があふれているのは社会のモラルが低下したからではなく、嘘の有用性が非常に大きいからだと認識する必要がある。正直さが会話を中断させたり、争いを起こしたり、居心地の悪い雰囲気が生じるとき、嘘は（少なくとも時には）会話の自然な流れを促し、人と人との関係を温め、雰囲気をリラックスさせる。（フェルドマン、前掲書、二六一頁）

日常生活のなかで発せられる「この服似合う？」といった質問なら、事実と異なる回答をしてもあまり差し支えはないでしょう。質問した側も、必ずしも事実を求めているわけではないからです。本心では「全然似合ってない」と思っていても、とりあえず「似合うよ」と答えたほうが、気まずい雰囲気になることを避けられます。

ただし、フェルドマン氏はこう釘を刺しています。

> 優しい嘘の使い方を理解するのが重要である一方で、嘘は結局のところ害がないのだと片づけてしまうべきではない。（フェルドマン、前掲書、二六一頁）

嘘はあくまでも嘘であり、そこには害が含まれるという事実を忘れないようにする必要があります。

残念ながら、「罪のない嘘」という神話は本質的にはおとぎ話だ。「罪のない嘘」は「本物の嘘」よりも悪質度は低いかもしれないが、それでもすべての嘘と同じく、ある程度の被害をもたらす。（フェルドマン、前掲書、三一～三二頁）

自分がよかれと思ってついた嘘でも、場合によってはそれが好ましくない結果につながることがあるということです。心理学者のM・R・バナージ（Mahzarin R. Banaji）氏らも、次のように主張しています。

私たちの日常的な社会生活は、ある程度の虚偽を交えた潤滑油の注入の繰り返しなしではやっていけず、またそれを受け取ることで成り立っている。それによって、社会的な相互作用の歯車のかみ合わせがスムーズになるのだ。残念ながら、日常生活で非常に有効であるこれらの行動は、科学的な関心（真実の追求）とは相容れないのだ。（『心の中のブラインドスポット』北村英哉、小林知博訳、北大路書房、二〇一五年、六一～六二頁）

嘘は日常生活に不可欠だが、「真実の追求」の妨げになる――。当たり前といえば当たり前ですが、日常のなにげない場面と真実を追求する場面の区別が明確になされていないケースが多いのは事実です。嘘が拒絶される場面であると分かっていても、つい嘘をついてしまうのです。

たとえば、自分の不注意で交通事故を起こし、警察からそのときの状況説明を求められたら、できるかぎり正確に答える必要があります。尋ねる側は事実以外の回答は求めていません。それでも実際は、多くの人が自分の罪、損害を軽くしたいために嘘をついてしまいます。昨今は、ドライブレコーダーや防犯カメラの普及で、簡単に嘘がバレてしまうといったケースが増えてきました。それでも、嘘を嘘と認めない人がいるようです。

「真実の追求」が必要とされる場面で事実と異なることを答えれば、事態に混乱をきたすだけでなく、無用な争いを招いたり、場合によってはさらなる罪を負ったりする可能性が高くなります。文章を書く際にも、この点を十分に認識しておく必要があります。

昔からある「フェイクニュース」

「出来事」を知っている者が自分以外におらず、他者がその真偽を確かめるのが難しい場合、人は大胆な嘘をつくことがあります。通信手段が未発達な時代のジャーナリズムには、そうした傾向が強く見られました。実際、一七世紀に新聞が刊行しはじめてから二〇世紀に至るまで、欧米で発行されていた新聞には「フェイクニュース」があふれていました。一九世紀のジャーナリズムの世界では、「〈フェイク〉はなくてはならない仕事上の技能」とさえ見なされていたのです。(14)

今と違って入手できる情報が極めて少なかった時代、伝える側は真偽不明の情報を躊躇なく掲載し、その「ニュース」を読者は貪欲に消費していました。こうした傾向は欧米にかぎったことではありません。日本でも、明治時代の新聞には真偽不明の怪しい情報が多く掲載されていました。

当時の日本の新聞には、「雑報」という、今日の社会面に相当する欄がありました。ここに掲載されていた記事は、今日のように、直接新聞記者が取材して書いたものではありません。そのころは、「探訪員」という情報屋のような人が町を歩いてネタ集めをしていました。その多くは読み書きができませんでした。彼らが耳にした噂レベルの情報が新聞社に持ち込まれ、それがそのまま記事にされていたのです(15)。

現在の一般紙に関しては、昔のように真偽不明の情報が堂々と掲載されるというケースはなくなりました。ご存じのように昨今は、メディアが伝える情報に対してファクトチェックを行うといった動きが広がっています。記事に事実と異なることが書かれていた場合、訂正・謝罪だけでなく、厳しく責任が追及される場合もあります。

（14）トム・フィリップス／禰宜田亜希訳『とてつもない嘘の世界史』河出書房新社、二〇二〇年、九一頁参照。
（15）春原昭彦『日本新聞通史〈四訂版〉』新泉社、二〇〇三年、四六～四七頁参照。

誤った情報の発信源になるメディアは、もちろん新聞だけではありません。最近はＳＮＳで発信されている情報がやり玉に挙げられる事例が多く見られます。新聞のように複数のチェックを経て発信される情報と違って、ＳＮＳでは十分な真偽のチェックがなされないまま個人の判断で投稿されるケースがほとんどです。そのため「フェイクニュース」が広がってしまうという事例が後を絶ちません。

二〇一八年三月、アメリカのマサチューセッツ工科大学（ＭＩＴ）の研究チームが、ツイッター（Twitter、現X（エックス））上における情報拡散に関する研究結果を発表しました。この研究では、約三〇〇万人のユーザーが四五〇万回以上ツイートした約一二万六〇〇〇件のニュース項目（二〇〇六年〜二〇一七年）を対象に調査が行われました。そして、次のような結果を得ています。

偽情報は、事実よりも一・七倍多くリツイートされる。一五〇〇人に情報が届くまでに、事実は偽情報に比べて六倍の時間がかかる。一〇回リツイートされるまでの時間は、偽情報のほうが事実の二〇倍も速い[16]。

つまり、偽情報は事実よりも関心を引きやすく、速く伝わるということです。「悪事千里を走る」（悪い出来事や評判はあっという間に知れわたる）という故事成語がありますが、その言葉を裏付けるような結果だと言えるでしょう。

もし、情報の発信者がアクセス数の獲得だけを目的としているのなら、偽情報を発信することはその目的に合致していると言えます。新聞社も、購読者を増やすことを第一の目的に掲げるのであれば、フェイクニュースを載せるというのは理にかなうことになります。

言うまでもなく、読み手はそうした情報を求めていません。アメリカの新聞〈ジ・オニオン（The Onion）〉[17]のように、あえて嘘のニュースを扱うメディアもありますが、これは「読者を楽しませる」という書き手側の目的を読み手が了解していることを前提にして成り立っています。逆に言えば、〈ジ・オニオン〉の読者は、楽しむことを目的に「嘘」の情報を入手しているわけです。ここでは、書き手の目的と読み手の目的が嚙み合っているため、嘘を書いても支障はありません。

とはいえ、このような例外的なケースを除くと、情報を受け取る側は基本的に事実を求めています。当然ながら、情報を発信する側は正確な情報を伝達することを目的に据えなければなりません。読み手を置き去りにした目的に向かえば、「信頼を失う」という重い代償を払うことになります。

（16）Soroush Vosoughi, Deb Roy, Sinan Aral, "The spread of true and false news online", MIT Initiative On The Digital Economy Research Brief, 2018.3.8.

（17）一九八八年に創刊された新聞で、風刺的なニュースを記事にしています。https://www.theonion.com

「就活書類」に書かれる嘘

先に挙げた新聞やSNSにかぎらず、どんな文章にも嘘は見られます。ただ、「嘘」といっても、ありもしない出来事を一から創作するといったケースはそれほど多くないでしょう。事実を見栄えよくするために脚色を施す。事実のなかで都合の悪いところを改変する――。このように、部分的に嘘を盛りこむ手法が多くを占めると考えられます。大きな嘘はばれる可能性が高いが、小さな嘘ならばばれない、と考えてしまうのが人情です。

たとえば、アメリカの損害保険会社の請求事例に関して、保険加入者のなかで、「はなはだしい不正行為（たとえば放火や狂言強盗など）をする人はごくわずかだが、財産損失を被った人たちの多くは、損失を10％から15％ほど上乗せすることに、何の違和感も覚えないようだ(18)」という指摘もあります。

文章に関して、こうした傾向が顕著に表れる代表例が、就職活動で提出する書類です。自己PR文を作成する際、自分をよく見せるために脚色を施したいという思いに駆られた経験のある人は多いでしょう。一方、採用に際してマイナスになると考えられる経歴・職歴などは隠したいと思うものです。採用されたいという強い思いとともに、採用を決める側とはまだ面識がないという事情が嘘を誘発する背景にあると言えます。

先に紹介したフェルドマン氏は、アメリカにおける就職活動について次のように述べています。

> 履歴書の粉飾は、ごく一般的に行われている。具体的な数字はいろいろだが、数多くの研究によれば、三分の二の人々が自分の職務経歴を誇張したり、単純にでっち上げたりしている。〔中略〕求職者は履歴書の内容を誇張しないと不利になると感じて、つい嘘に走るという結果になるだろう。（フェルドマン、前掲書、一六三〜一六四頁）

フェルドマン氏は、少なく見積もったとしても四分の一の履歴書には嘘が書かれており、とくに学歴で事実をでっちあげるケースが多いと指摘しています（フェルドマン、前掲書、二一九頁）。

これはアメリカの事例なので、そのまま日本に当てはめられないかもしれません。それでも、日本の求職者も採用されたいという強い思いをもって書類を作成しているはずです。もっていない学位や資格をもっているかのように偽る。経験していないことを、やったことがあるかのように書く――。自分の印象を高めたいという一心で、虚偽の事実を書いてしまう人は決して少なくないでしょう。

(18)　ダン・アリエリー／櫻井祐子訳『ずる――嘘とごまかしの行動経済学』早川書房、二〇一二年、六一頁。

採用を勝ち取ることが最終的な「目的」に位置づけられると、嘘を書くことが当人のなかで正当化される可能性が高まります。「採用通知さえ得られればいいのだから、多少嘘を書いても問題ない」と。

でも、就職活動は採用・不採用で勝ち負けを競うゲームではありません。見据えるべき目的は、希望の会社に採用されることではなく、その職場で働くことです。採用通知をもらっても、まだスタート地点に立ったにすぎないのです。採用されたあとに、その職場で書類に書いたとおりの「能力」を発揮する必要があります。また、その職場で長期にわたる人間関係を築く必要もあります。そう考えると、嘘がリスクになるというのは理解できるでしょう。

採用する側も、新たな人材がその経歴や能力に見合った働きをしてくれるものだと考えます。業務への適性はもちろん、職場の雰囲気に合うかといった点も重要なポイントになるでしょう。つまり、書類の読み手は、その職場で働くのに適した人物か否かを見極めようとしているわけです。両者の目的は当然噛みあう必要があります。応募者が偽りの姿を見せて採用されたとしても、実際に働く段階で真の姿が露呈すれば、信用を失うだけでなく、場合によっては「採用取り消し」となる可能性もあります。

とはいえ、多くの応募書類には少なからず脚色が施されていることを、採用する側も承知しています。事実と異なる記述が明らかになったとき、それが「単なる誇張」と判断されるか「明らかな嘘」と見なされるかで評価は大きく変わってくるでしょう。これから就職活動をする人は、この点を重々踏まえておく必要があります。

「おうおうにして、嘘は短期的には好都合でも、長期的に見れば、結局は社会的・精神的な問題を解決するよりも生みだしてしまうことの方が多い」（フォルドマン、前掲書、三三頁）という事実は、頭に入れておきたいところです。

広くはびこる嘘の文章

今挙げた話以外にも、文章に嘘が書かれる事例はさまざまな分野で見られます。「第1部《1》」で見たように、学術論文やレポートといった研究結果をまとめる文章において、事実に捏造（ねつぞう）・改ざんがなされるというケースは多々あります。虚偽の事実を書いたことで生じた事件は決して珍しくありません。

自分の立てた仮説が正しいかどうかを検証する実験において、仮説に反する結果ばかりが出てしまうというのはごく普通のことです。その場合、仮説に誤りがある可能性が高いと判断されます。しかし、自分の仮説が絶対に正しいという思いこみをもっていると、実験結果のほうに誤りがあると考えてしまいます。

その際、仮説を信じて実験を何度もやり直すだけなら問題はありません。そうではなく、意図的に実験結果を仮説に合致させるためにある操作を加えれば「不正」と判断されます。

仮説に反するデータを仮説に沿ったものに改ざんする。都合の悪いデータを隠して、仮説があたかも正しかったかのように結論づける――。そうした嘘に基づいて作成された文章は、もはや科学論文とは言えません。結果を捏造して論文を仕上げても、同じ実験で同じ結果が再現できなければ信憑性が疑われます。

もっとも、こんなことは研究者にとっては常識でしょう。それでも不正は後を断ちません。発覚する可能性が高いにもかかわらず、嘘を書いてしまう研究者が少なくないのです。その背景については、先に述べたとおりです。

ほかにも、警察官が、実際には捜査していない事件について虚偽の捜査報告書を作成していた。製薬会社の社員が医薬品の臨床データを改ざんし、自社に都合のいい調査結果をまとめていた。政治家が、私的な旅行を視察と偽って政治資金収支報告書に記載していたなど、日々のニュースを見ていても、そうした不正が珍しいものでないことは理解できるでしょう。必ずしも「文章」における嘘というわけではありませんが、その根っこは同じです。

ニュースにならないレベルの嘘であれば、事例は数かぎりなくあるでしょう。先に述べたとおり、人は日常的に嘘をついています。ＳＮＳへの書きこみといったプライベートな作文でも、そうした習性が頻繁に見られます。若者言葉で、誇張するという意味で「盛る」という表現がよく使われていますが、これも結局は嘘をついているということです。

日常会話で見られる嘘のなかに、情報源との密接性を強調するという「手法」がよく見られます。つまり、また聞きの話、さらにはまた聞きのまた聞きといった噂程度の話を、あたかも自分が直接聞いた話であるかのように語ることです。なかには、他人の体験した話が、自分の体験談として語られることもあります。自分が情報源とより密接であることを示せば、話がより面白く、より有益であるかのような印象を与えられるからです[19]。

このような行為は、情報の信憑性を高めることや、称賛を得ることにもつながるでしょう。しかし、仮に出来事自体が事実であったとしても、嘘をついていることに変わりはありません。さらに、また聞きの話の場合は、伝わる際に尾ひれが付きがちです。情報が自分の手元に届いた段階で、すでに尾ひれがついて歪められている可能性もあります。

SNSへの書きこみの多くは、友達に面白いと思ってもらう、仲間内で称賛を得る、といったことが目的とされます。情報の受け手も、多くは面白い話を求めています。実際に面白い事実と遭遇した、面白い出来事を自分が体験したのであれば、それをそのまま書いても差し支えありません。ただ、そうした情報が得られないとき、事実が捏造されがちです。

(19)　トーマス・ギロビッチ／守一雄ほか訳『人間 この信じやすきもの』新曜社、一九九三年、一五四頁参照。

それでも、捏造（ねつぞう）された事柄が「社会の潤滑油」として認識されるような場合、あるいは先に紹介したアメリカの新聞〈ジ・オニオン〉のように、情報を発信する側と受け取る側が、「嘘」が含まれていることを了解している場合であればとくに害はないでしょう。

繰り返しになりますが、書き手の目的と読み手の目的が噛みあっていれば、嘘を書いてもとくに支障はありません。しかし、そうでないときは問題になります。読み手がフィクションであると認識していないのであれば、その事実をはっきりと伝える必要があります。嘘が許容されるか否かは、書き手と読み手の関係がポイントになるということです。

話すときの嘘、書くときの嘘

嘘をつくという行為は、話すときでも書くときでも、本質は同じです。どちらも、軽く受け流してもらえる場合もあれば、不正と見なされたり、相手に害を与えたりすることもあります。ただ、嘘のつきやすさという点に関しては違いが見られます。実際、話すときと書くときでは、どちらが嘘をつきやすくなるでしょうか。その疑問を解く実験がアメリカで行われています。

実験では、初対面の被験者が一対一となり、次に挙げる三つの方法のうち、いずれかで知り合いになるよう求められました。

❶直接的な会話

❷Eメールでのやり取り
❸インスタントメッセージでのやり取り

インスタントメッセージとは、ほぼリアルタイムで文字を使った会話ができるアプリケーションで、Eメールのような、時差を感じることなく通常の会話に近いやり取りができるものです。

実験に際して、直接的な会話をする被験者は同じ部屋に入り、ほかの被験者は離れた場所でパソコンを通してやり取りをしました。それぞれがやり取りを終えたあと、その内容についての検証が行われました。その結果、いずれの場面でもやり取りに嘘が含まれていることが分かりました。なかでも、一番嘘が多かったのがEメールでのやり取りで、次がインスタントメッセージでのやり取りです。[20]

口頭であれば、嘘をついても通常は記録に残りません。一方、パソコンでやり取りをした場合は明確に記録として残ります。この違いから考えると、口頭のほうが嘘をつきやすいように思えるかもしれませんが、実際はそうではなかったのです。記録に残るかどうかよりも、相手に自分の姿が見えるかどうかが大きく影響していました。さらに、Eメールはインスタントメッセージ

(20)　フェルドマン、前掲書、二四三〜二四七頁参照。

よりもやり取りに時間差が生じるため、相手との隔たりをより大きく感じてしまいます。

つまり、顔の見えない状態で相手に何かを伝えるとき、さらに相手との隔たりが大きい場合、嘘を抑止する力が働きにくいということです。これはＥメールにかぎらず、文章で何かを伝える場面全般に当てはまるでしょう。書けば記録に残ると分かっていても、相手と離れていれば嘘がつきやすくなる――。この事実から考えると、文章を書くときには話すとき以上に慎重さが求められることになります。

先に見たとおり、人間関係を円滑にする目的で嘘が許容される場面は多々あります。私的なコミュニケーションにおいては、話に嘘を組みこんで相手を楽しませようとする局面もあるでしょう。また、情報の見栄えよくするために、つい脚色したいという衝動に駆られることもありえます。正しい事実を伝えることよりも読み手を楽しませたい、読み手に好印象をもってもらいたいという欲求が前面に出てしまうと、誇張や歪曲が入りこみやすくなるのです。

一方、読み手の立場からすると、淡々と事実が記された文章よりも、面白く書かれた文章のほうが魅力的に映ります。実際、単なる「説明文」よりも「物語」として記された文章のほうが注目を集めやすく、読み手の記憶にも残ります。メディアの報道や商品・サービスの紹介文を見ると、こうした傾向が分かるでしょう。

だからといって、事実の歪曲が許されるわけではありません。面白くない出来事でも、思わしくない結果でも、事実は事実です。事実と嘘は明確に区別する必要があります。書き手側の判断で意図的に事実をねじ曲げてはいけないということは、文章（実用文）を書く大前提と認識しておく必要があります。

人は、自分がつく嘘には「これくらい大丈夫だろう」という軽い気持ちを抱くものです。一方、他人がつく嘘に対しては厳しい態度で非難しがちです。伝える側と伝えられる側の間に、こうした認識のギャップがあるという事実も頭に入れておいたほうがいいでしょう。

3 他人の文章をコピペしていませんか？

昔からある文章の盗用

ある書籍に次のような記述があります。

> 著述者の中には、自分で調査した結果や、長年の研究から生み出した独自の見解を公するという、本来の手順を踏まない者がいる。彼らは、古い書物から文章を抜き出したり、外国

人の著作から抜粋したりして書物を作成し、それに自らの名前を記して、自分の著作だと大々的に宣伝するという恥知らずなことをしている。極端な例では、在学中に受けた講義のノートをそのまま自分の著作と偽って出版し、それで名を売って得意になっている者もいる。これらは無論、書籍の出版が非常に手軽にできるようになった結果であることは間違いない。とはいえ、著述業の名を汚すこうした行為を決して許すべきではない。声高に非難し、責任を追及すべきである――。

本の書き手は、自分の研究成果や考えを多くの人に知ってもらうことを出版の目的として位置づけています。もちろん、そうでない著者もいますが、少なくとも読み手はそうした目的にこたえる形で著者の作品を手に取ります。著者の売名や金儲けといった目的を実現させるために本を買うという人は少ないでしょう。

ここに挙げた文章では、本来目指すべき目的とは異なる、不純な目的のために本を出す者がいるという実情を伝えています。その目的を果たすために、他人の書いた文章を使うという恥知らずな者がいるが、そうした行為は許されないと、書き手は強く訴えています。

他人の文章を無断で使う行為を「盗用」と言います。「第1部《1》」で見た、「ネカト」の「ト」に該当する行為です（二三頁参照）。盗用は嘘と同じく、文章を書く本来の目的を見失ったときにしがちな不正行為です。残念ながら、今日の日本において、文章の盗用が疑われる事件はそれほど珍しくありません。他人の文章の無断使用が発覚した事件は、ニュースでもたびたび報じられています。これは、今にはじまったことではないのです。

実は、冒頭に挙げた文章は一九一二（明治四五）年に出版された『公徳養成之実例』という本の一節です[21]。今から一〇〇年以上前に発表されたものなのです。読みやすいように現代語に書き換えましたが、内容を読んで、決して古いとは感じないでしょう。

今日、他人の文章を勝手に引用して論文やレポートを作成するといった行為が問題視されていますが、一〇〇年以上前の日本にも、そうした不正を働く人がいたということです。時代を遡っても同じような指摘があったという事実は、この問題の根深さを物語っています。

一八六九（明治二）年に発布され、一八七五（明治八）年に改正された出版条例には、「版権ヲ得タル者ハ他人其条章ヲ剽窃（ひょうせつ）スルヲ許サス」（第十五条）と記されています。剽窃とは、窃盗の「窃」という文字が使われていることからも分かるように、他人の書いた文章を盗んで使用し、自分のものとして発表する行為を指します。つまり、版権（著作権）を得た出版物から盗用してはいけない、ということです。

（21）讀賣新聞社編『公徳養成之実例：附・英人之氣風』岩陽堂、一九一二年、三九～四〇頁参照。

書籍には、この法律によって版権が与えられました。にもかかわらず、冒頭の文章のように、違法な形で書籍が作成され、出版されるという事例は珍しくなかったのです。

ところで、この条例では新聞や雑誌の記事は版権の対象外となっていました。そのため、当時は他紙の記事や論説を剽窃したり、無断転載したりといったことが日常的に行われていました。抜粋した記事を集めて出版することも普通に行われていたのです[22]。

新聞記事の剽窃や無断転載が横行していたのは日本だけではありません。欧米では、日本で日刊新聞の発行がはじまる一〇〇年以上前から、こうしたことが行われていました。たとえば、独立前のアメリカでは、イギリスの新聞が掲載した記事をそのまま転載するという行為が日常的になされていました。当時は通信機器が発達していなかったため、大陸の情報を得るにはそうせざるを得なかったという事情がその背景にあります。得られた情報は、真偽の確認がなされないまま転載されました。そもそも、このころは内容を確かめる術もありません。そうした手法が、結果的に偽ニュースの拡散に加担してしまうこともありました[23]。

文学作品についても、「盗作」が疑われるケースは昔から多々ありました。今日でも、文学賞を受賞した作品に盗作疑惑がもち上がって物議を醸す事例がたびたび見られます。文芸評論家の清水良典氏は、小説にそうした疑惑が生じることについて次のように述べています。

あらゆる小説は多かれ少なかれ、他の小説を手本にし、影響を受け、技を盗み、足跡を追いかけて書かれるものだ。どのような偉大な個性的な小説も、そこから生まれ育っている。全体でも部分でも、ほんの何行かの文章でも、外部からの取り込みが皆無の小説などありえない。それは大げさではなく事実なのである。（『あらゆる小説は模倣である』幻冬舎新書、二〇一二年、四頁）

文学作品、あるいは芸術作品には「オマージュ」という技法があります。オマージュとは、既存の作品から影響を受け、それにアレンジを加えて表現することです。単に模倣しただけではオマージュとは言いません。元となる作品に敬意を払ったうえで独自の表現をすることが必須となります。

ただ、客観的に見て「盗作なのか、オマージュなのか」の判断が難しい場合もあり、疑惑が灰色決着に終わるケースも少なくありません。それに、文章がオマージュとして成立するのは文学作品だけです。学術論文や報告書で、「これはオマージュです」と言っても通用しません。

(22)　栗原裕一郎『〈盗作〉の文学史—市場・メディア・著作権』新曜社、二〇〇八年、二一四〜三二一頁参照。
(23)　フィリップス、前掲書、六五〜六八頁参照。

著作界未聞の怪事

〝涙の作家〟吉田氏から

十數年「感想」を盗む

千代田高女の朝日教頭

堂々と寄稿や發刊

文壇の特異な存在吉田絃二郎氏の感想隨筆を過去十數年にわたり剽竊し毎月雜誌に自分の名で發表するのみならず堂々單行本としても刊行して居る者のあることが知れ、而もこの前代未聞の大膽な剽竊者が千代田女子専門學校並に千代田高女兩校の教頭の重職にあり倫理を擔當する宗教家朝日融溪氏と判るに至つて、最近喧しい文筆家の著作權問題出版法問題からは勿論、教育家宗教家としてあきれられてゐる

盗まれた吉田絃二郎氏

借物〝人生の道〟

思想界の推薦状を貰つて發行

二百篇に亙る剽竊

驚き入つた

吉田絃二郎氏談

辭表を提出　學校長談

市社會局が出版した

『東京社會事業名鑑』は

民間著書の剽竊

一々職員が精査との序文あり

剽窃が事件として報じられることは決して珍しくありませんでした。

【上】〈東京朝日新聞〉1936（昭和11）年５月26日付

【下】〈讀賣新聞〉1920（大正９）年12月18日付

許される模倣、許されない模倣

人には、模倣によって文化を習得しようとする学習本能があります。本能である以上、その衝動から逃れられません。

とくに子どもは、大人の真似をしたがることがよく知られています。子どもは、周りにいる人を単に真似ているわけではありません。他者の視線の行方を手掛かりにして、スキルの高い人を選んで手本にしようとしているのです。このような傾向は、一歳二か月の段階ですでに見られるようです。三歳になるとその傾向がさらに顕著となり、新しいことは何でも、有能だと判断した人から学ぼうとします。[24] そうした性向は大人になっても変わりません。

今日、他者を模倣するという行為は否定的に捉えられがちです。子どもならともかく、大人が何かを模倣すれば、場合によっては責任を問われることになります。文章も同じです。しかし、人類の歴史をひもといていくと違った側面が見えてきます。

人は、太古からさまざまなモノを発明してきました。生み出されたモノは、模倣が繰り返されるなかで進化し、世界中へ広まっていきます。モノにかぎらず、言葉や制度といったさまざまな

---

(24) ジョセフ・ヘンリック／今西康子訳『文化がヒトを進化させた』白揚社、二〇一九年、七三〜七五頁参照。

物事が模倣され、その行為は肯定的に捉えられていました。模倣は人類にとって欠かせない行為で、実際、それが文明を発展させてきたのです。

国際経営・異文化マネジメントを専門としている研究者のオーデッド・シェンカー（Oded Shenkar）氏は、西洋文明において模倣が高く評価されてきた事実について次のように述べています。

> 古代ローマの学徒たちは、暗記や模写から、言い換えや解釈まで、さまざまな模倣の訓練を受けており、優れたモデルを慎重に選ぶように教えられた。模倣はいけないことなどではなく、独創性と創造力が求められる緻密な活動だとされていたのである。（『コピーキャット——模倣者こそがイノベーションを起こす』井上達彦・遠藤真美訳、東洋経済新報社、二〇一三年、二七頁）

そこでは、単なる模倣（同じことの反復）だけでなく、「手本とするモデルからの逸脱を反映させる差異を含む反復（変形）、模倣者の創造的な洞察を織り込む差異と反復（インスピレーション）の技法も組み込まれていた」（前掲書、二七頁）のです。こうして、模倣とイノベーションが密接に結びつくようになったと同氏は記しています。

今日「模倣」は、新しいものをつくり出す「創造」という言葉の対義語とされています。しかし、模倣がなければ創造はありえません。技術の発展も模倣から生まれています。[25]

技術の進歩が緩やかだった時代、模倣に対して、今日のようにマイナスのイメージが強く抱かれることはありませんでした。書物を例にとっても、印刷技術が開発されるまでは、その普及に「写本」が欠かせませんでした。写本とは、文字どおり本の内容を書き写すことを意味します。昔の作品は、これが繰り返し行われ、時代ごとに複製品がつくられて広く読み継がれていったのです。書物にかぎらず、あらゆるモノの普及には模倣が不可欠でした。

現代と異なり、かつては何らかのモノを模倣してつくりあげるまでに膨大な時間を要しました。本一冊を書き写す場面を想像しても、その大変さは分かるでしょう。複雑な機械となれば、その部品一つを手に入れるだけでも大変な時間が必要だったと考えられます。しかし、時代とともにその時間は短縮されていきます。

一九世紀の世界では、新たな技術が発展途上国で利用されるようになるまでに一〇〇年かかりましたが、二〇世紀後半になると、発明したモノが模倣されるのに二年もかからなくなりました。

---

(25) 模倣と創造の関係については、板倉聖宣『模倣と創造——科学・教育における研究の作法（増補版）』（仮説社、一九八七年）を参照。

模倣は時代が進むにつれて容易になるとともに、加速していきます。たとえば、蓄音機は、発明されてから三〇年後に模倣品が登場しましたが、ＣＤプレイヤーはわずか三年で模倣されたと言われています。(26)

模倣されるまでのスパンが短くなると同時に、人が創造したモノの経済的な価値が重視されるようになると、模倣はその利益を犯すものと見なされるようになっていきました。現在では、模倣されることは「損失を被ること」と同義の如く捉えられています。

発明を成し遂げるために投資は欠かせません。投資を回収する前に模倣品が登場し、回収が妨げられれば発明者は損失を被ります。模倣されるまでの期間が短くなれば、当然、その損失は大きくなります。こうした流れが常態化すれば、新たなイノベーションは生まれなくなってしまうでしょう。それゆえ、発明者の権利を守る必要性が出てきました。そこから、何かを創造した人の権利を法によって保護するという考え方が生まれたのです。

今日、モノにかぎらず、知的財産を創出した者に対しては、法律によってその権利が保護されています。そこには文章も含まれます。

誰かが書いた文章は、法的には「著作物」と言います。著作権法という法律で著作物は、「思想又は感情を創作的に表現したものであって、文芸、学術、美術又は音楽の範囲に属するもの」と定義されています。美術や音楽という文言が含まれることからも分かるように、著作物とは文字で書かれたものだけを指す言葉ではありません。人の考えや感情を表現した作品は、すべて著作物なのです。

本書で扱う「文章」にかぎってみても、論文やレポートはもちろん、履歴書に書く自己PR文、個人のブログ記事、メール、手紙などさまざまなものが含まれます。これらにはいずれも著作権があり、著作権法によってその権利が保護されています。したがって、他人がこれらを勝手に盗用・剽窃（ひょうせつ）すると違法行為と見なされます。

なお、著作権の保護期間は、現在の法律では、原則として著作者の死後七〇年までとされています。かつて著作物の保護期間は五〇年でしたが、TPP（環太平洋パートナーシップ協定）が二〇一八年一二月三〇日に発効したことに伴い、現在は七〇年となっています。ただし、二〇一八年一二月二九日時点ですでに五〇年を経過している著作物については、保護期間の延長はされません。また、保護期間が満了した著作物については、社会の共有財産として自由に利用できるようになります。

ところで、本章では「模倣」という言葉をここまで多用してきました。また、不正行為として

---

(26)　シェンカー、前掲書、七〜八頁参照。

「盗用」や「剽窃（ひょうせつ）」という言葉も使用してきました。最近は、これらを「パクリ」という言葉で表現することもあります。また、「コピペ」という言葉もよく使われています。

コピペとは「コピー・アンド・ペースト（Copy and Paste）」の略語です。コンピューター上で文章などをコピー（複写）し、ほかの場所にペースト（貼付）することを指します。この言葉は、盗用や剽窃と同じ意味の用語として使われていますが、本来、この行為自体は不正ではありません。ワープロで文書を編集する際に、コピペは非常に便利な手法でもあります。しかし、他人の文章を無断でコピペして、自分の文章に組みこむのは違法行為です。

「コピー」という言葉は日本語の「模倣」にも相当します。模倣のなかには、先に見たオマージュという技法も含まれています。つまり、「丸写しする」という意味と「手本にする、真似る」という意味の両方を含んでいるため、混乱を来すこともあるようです。ただ、コピー・アンド・ペーストの「コピー」は明らかに前者を意味し、無断で行えば違法と見なされます。

コピペについて理解する

昨今、学生が論文やレポート作成する際、インターネット上にある文章をコピペする行為が問題視されています。学生にかぎらず、研究者や社会人でも仕事に必要な資料をコピペで作成してしまうというケースも少なくありません。先に見たとおり、これらは、場合によっては違法行為と見なされます。

コピペによって文章を作成すれば、読み手が書き手に誤った評価を与えることにつながります。自分で取材や調査をしていないにもかかわらず、あたかも自分で得た情報であるかのように装えば、書き手は労せずして高い評価を得てしまうかもしれません。言うまでもなく、フェアでないことは理解できるでしょう。

それでも、「誰かが損をするわけではないから、バレなければいいだろう」と言う人がいます。コピペをした人が得をしたとしても、コピペをされた側が損をするわけではない。誰も損をしないのならコピペは悪いことではない――。一見すると、この理屈は正しいようにも思えますが、損をしていない、という認識は正確ではありません。

コピペがもたらす影響については、別の形でイメージしてみると理解しやすいでしょう。ここでは、インターネットを利用する行為を、ビュッフェ形式のレストランで料理をいただく場面になぞらえてみます。

どこのレストランでも、ビュッフェ形式を採用しているお店では、通常、多種多様な料理が準備されています。すべての料理を少しずつ食べても、肉料理やデザートといった特定のものだけを食べても構いません。利用者は、店内に並べられた料理を、基本的にどれでも自由に好きなだけ食べることができます。

ただし、条件があります。それは、料理を店の外へ持ち出さないということです。食べる自由は、レストランという特定の空間内にかぎって許されているのです。どうしても持ち帰りたい場合は、お店側と交渉して許可を得なければなりません。もっとも、それを許可するお店はまずないでしょう。

もし仮に、店内に弁当箱の持ちこみが許可されるとしたら、何種類もの弁当をつくることができるでしょう。プロの料理人がつくった料理ですから、味は確かです。ひょっとしたら、高級弁当として高い値段で売れるかもしれません。もちろん、そこまでするのは明らかにルール違反です。

説明するまでもなく、ここで述べたレストランの料理はインターネット上の情報に相当します。インターネットにアクセスすれば、表示される情報をどれだけ閲覧しようと自由です。ただし、それができるのは、パソコンやスマートフォンを介したインターネットという空間内に限定されます。掲載されている文章をそのまま自分の作品として公表したり、抜き出して自分の文章に組み入れたりすると、著作権の侵害にあたる恐れがあります。

レストランであれば、不正に料理を持ち出そうとすれば見つかる可能性が高いでしょう。料理が外部へ持ち運ばれるような事態になれば、店の損害も目に見えて分かります。しかし、インターネット上の情報は、誰かが抜き出したとしても、それを第三者が確認することはできません。

また、盗まれた痕跡も残りません。ある文章がコピペされても、元の文章はそのまま表示され続けるからです。

誰にも分からなければ、それほど問題はないように思えるかもしれませんが、それは損害が目に見えていないだけです。文章（著作物）は、いずれも書き手が時間と労力を費やして作成したものです。一から作文する難しさを考えれば、一つの記事・作品を仕上げるのにどれだけの労力が必要かは想像できるでしょう。

作品によっては、情報・資料を集めるために膨大なコストがかかっている場合もあります。文章を書いて生計を立てている人もいます。大げさに聞こえるかもしれませんが、無断コピペという個人の小さな行為が積み重なると、作者のみならず、ひいては社会に大きな損失をもたらすことにもなるのです。

インターネットの利用も、文章の執筆も、基本的には個人的な行為であるため、それが社会的な問題につながるという認識がしづらいのは確かです。加えて、こうした行為をするときは周りの視線が届きにくいため、レストランで料理を選び取るときとは違って、不正を抑止する意識が緩みがちになります。

だからこそ、想像力を働かせて著作物に対する認識を高めておく必要があるのです。と同時に、著作物に関する最低限のルールを頭に入れておくことも重要となります。

引用にはルールがある

インターネット上には無数の情報があり、その大半は誰でも自由に閲覧が可能です。ただ、無料で公開されているから無断で使っていいというわけではありません。繰り返しになりますが、他人の著作物を無断でコピペして自分の文章に組みこむと、違法行為と見なされます。

とはいえ、コピペが違法と見なされないケースもあります。それは「引用」を行った場合です。著作権法第32条1項で、引用について次のように明記されています。

> 公表された著作物は、引用して利用することができる。この場合において、その引用は、公正な慣行に合致するものであり、かつ、報道、批評、研究その他の引用の目的上正当な範囲内で行なわれるものでなければならない。

適切な形で引用するのであれば、文章をコピペしても構わないということです。ただし、以下のルールを守らなければなりません。

❶自分の文章を書き進めるうえで、どうしても他人の著作物から引用する必要があること。

❷自分の文章が「主」で、引用したものは「従」であること（引用した文章が主体になってはいけない）。

❸自分の文章と引用した部分が、カギ括弧などによってはっきり区別されていること。

❹引用した部分を改変しないこと（旧字体などが使われた史料を読みやすくする必要がある場合は改変することもできるが、必ずその旨を明記する）。

❺引用したものの出典（書籍、雑誌、ウェブサイトに関する情報）を明記すること。

この五つの条件を満たしていれば、他人の著作物から引用することができます。[27]

また、ウェブサイトなどに掲載されている情報のなかで、そもそも「著作物」に該当しないものであれば、無断でコピペをしても違法行為とは見なされません。たとえば、法律の条文、料理のレシピ、著作者の死後七〇年（団体名義あるいは無名の著作物については公表後七〇年）を過ぎたものなどがこれに該当します。

そのほか、手紙に書く「時下ますますご清栄のこととお慶び申し上げます」などの定型文や、

---

(27) 文化庁ウェブサイト（https://www.bunka.go.jp/seisaku/chosakuken/seidokaisetsu/gaiyo/chosakubutsu_jiyu.html）、半田正夫『著作権法概説 第11版』（法学書院、二〇〇三年）一五五〜一五八頁、宮武久佳『正しいコピペのすすめ――模倣、創造、著作権と私たち』（岩波ジュニア新書、二〇一七年）六〇〜六一頁参照。

「二〇一三年一二月四日、『和食』がユネスコ無形文化遺産に登録された」といった事実を述べただけの文章も著作物とは見なされません。

コピペが習慣化する前に

今日、コピペは文章作成の場面においてはごくありふれた行為となっています。先に述べたとおり、学生が論文・レポートを作成する際に行う無断コピペはとくに問題視されています。それでも、論文やレポートの場合は、その分野に精通した教授などがしっかり目を通せば、ある程度はコピペを見つけだせます。昨今は、コピペを検出するソフトも進化していますので、絶対にバレないということはありません。

学術・教育以外の分野でも無断コピペが問題になっていますが、多くは検証されることもなく、広く出回っているというのが現状です。無断コピペが疑われるような文章が見つかっても、そのままにされているケースは珍しくありません。とくにインターネット上には、そうした文章が無数に存在していることでしょう。

無断コピペは、法的問題であると同時に、やっている本人に習慣として身についてしまうという懸念があります。不正行為が発覚することなく、その文章がある審査を通ってしまうと、次の機会において、不正に手を染める心理的なハードルが低くなります。これが繰り返されると、やがて不正はごく日常的な行為となってしまいます。一度便利な手法を獲得すると、それを手放すことができなくなるというのは「人の性（さが）」とも言えるでしょう。

書籍や新聞・雑誌の記事でも、無断コピペが疑われる箇所が文中に見つかり、書いた当事者が糾弾されるといった事例がたびたび見られます。問題が発覚する以前から同様の行為を繰り返していたことが、あとで明らかになるケースも少なくありません。要するに、不正な手法がすでに習慣化していたということです。習慣と化した行動から脱却するのは容易ではありません。先に見た、嘘をつくという行為と同じです。

小さな不正の繰り返しが、やがて大きな不正へとつながっていきます。「バレないから大丈夫」と高（たか）をくくっていると、気づいたときには重大事件の当事者になっているかもしれません。そうなると、当人が罰を受けたり、社会的信用を失ったりするほか、所属する企業や組織に大きな損害を与えてしまうという事態にもつながります。

パソコンで執筆するときは、とくに高い意識をもつ必要があります。パソコン上では、インターネットを使って調べる行為と、ワープロを使って書く行為を並行して進められます。調べて書くという行為自体は悪いことではありません。しかし、調べることと書くことを同じ場所で行うと、調べて得た言葉を瞬時に自分の文章に組みこめてしまいます。そのため、他人の言葉と自分の言葉の境界が曖昧になってくるのです。

調べる作業と書く作業は明確に区別したいものです。実際、キーを押して文字を入力するよりも、マウスを使ってコピペしたほうが楽だと思う人もいるでしょう。でも、こうした手法は意識的に避けるようにし、ワープロの画面を開いたら、そこは「キーを打つ作業をする場」と考えるべきです。マウスでコピペをして文章を作成するのが当たり前になると、他人の言葉がそのまま自分の原稿に残るという「ミス」が必ず起きます。文章を丸ごとコピペするつもりがなくても、手抜きの結果として違法な文章に仕上がってしまう可能性があるのです。

他人の書いた文章は、使うものではなく読むものです。自分の文章は、貼り付けて作成するものではなく、書いて仕上げるものです。ワープロ上で執筆をするときは、本当に「書く」行為をしているのかと、時々振り返ってみましょう。

4 「結論ありき」で書こうとしていませんか？

「事実」がもたらす誤解

キュウリはニンジンやホウレンソウよりも栄養価が高い。

この一文を見て、多くの人は違和感を覚えたのではないでしょうか。一般的に、キュウリは栄養価の低い野菜と見なされています。それに対して、ニンジンやホウレンソウは栄養豊富というイメージが強い緑黄色野菜です。キュウリがニンジンやホウレンソウと比較して「栄養価が高い」と言われても、にわかには信じられないでしょう。しかし、これを裏付けるデータがあります。

可食部一〇〇gあたりの栄養成分含有量で比較すると、キュウリには、ニンジンを上回る栄養素が含まれていることがわかる。マグネシウムや鉄分は一・五倍、ビタミンC・Kは約二倍、リンやタンパク質もキュウリはニンジンに勝っている。キュウリはホウレンソウにも負けていない。炭水化物や銅はほぼ同量、パントテン酸については、なんと一・五倍もの量が含まれている。

右に書かれている事柄は事実です。それでも違和感が残る、という人もいるでしょう。実は、この説明は冒頭の結論に沿った数値だけを取り上げて述べたものです。ここには、ビタミンAや食物繊維といった、野菜に多く含まれている栄養素に触れた記述がありません。食物に詳しくない人でも、一部の栄養素についてしか書かれていないことに気づいたのではないでしょうか。実際、ここで挙げたもの以外のほとんどの栄養成分については、キュウリはニンジン、ホウレンソウの数値を下回っています。(28)

すでに述べてきたとおり、文章を書くにあたって目的を明確にすることは欠かせません。しかし、そこへ向かう途上の目標設定を誤ると、偏った記述になってしまう恐れがあります。キュウリを買ってもらうことを目的に広告文を作成する必要があったとしても、右記のような文章を書くのは適切ではありません。初めから「栄養価が高い」という「結論ありき」で書こうとすると、話を強引に展開させる必要が出てきます。キュウリの魅力を伝えて購入に結び付けたいのであれば、別の観点で話を進めるべきでしょう。

右に挙げた記述内容そのものは虚偽ではありません。それでも、都合の悪いデータを隠ぺいすることによって、結果として読者に誤った印象を与えています。その意味では、これも一種の不正と言えるでしょう。

都合のいい情報ばかりを集め、都合の悪い情報を除外することを「チェリーピッキング(cherry picking)」と言います。言葉どおり、サクランボの熟したものだけを選んで採るという行為に由来する言葉です。「いいとこ取り」と言えば分かりやすいでしょう。

広告媒体では、チェリーピッキングによって、商品やサービスの良さを印象づけようとする手法がよく使われています。顧客にメリットのある情報を前面に出し、デメリットと考えられる情報を隠すというやり方です。

もちろん、どのような場合でも正負両面の情報を書かねばならないというわけではありません。

たとえば、ある新商品を開発した企業が、顧客にその魅力を伝えることを目的として文章を作成するケースがあります。その際、商品のよい面だけを取り上げて記載すること自体は差し支えありません。書く目的にも合致しています。ただ、よい面を過度に強調したり、その内容が悪い面を覆い隠すような記述であったりすると問題になります。

その商品にはよい面しかなく、悪いところはまったく見当たらない。ほかの商品と比べても、すべてにおいて優れている──。こうした誤った結論へと読み手を誘う記述をしてはいけません。書かれた事柄がたとえ事実を踏まえたものであったとしても、読み手に誤解を与えるような表現をすると、法律違反と見なされる場合があります。(29)

商品やサービスをPRする広告では、さらに巧妙な形で「結論ありき」の文章が使われるケースがあります。たとえば、A社が自社広告において商品のよさをアピールすれば、消費者はそれ

(28)　文部科学省「日本食品標準成分表二〇一五年版（七訂）」参照。

(29)　「不当景品類及び不当表示防止法（景品表示法）」の第5条第1号では、「商品又は役務の品質、規格その他の内容について、一般消費者に対し、実際のものよりも著しく優良であると示し、又は事実に相違して当該事業者と同種若しくは類似の商品若しくは役務を供給している他の事業者に係るものよりも著しく優良であると示す表示であって、不当に顧客を誘引し、一般消費者による自主的かつ合理的な選択を阻害するおそれがあると認められる」表示は禁止されています。

が宣伝だと理解できます。一方、Ａ社とは関係のない第三者が「よい商品だ」と評価した場合、それを見た人は、Ａ社の商品が客観的に高い評価を得ているという印象をもつでしょう。この違いを利用して、Ａ社の関係者が第三者を装って商品のよさをアピールする文章を書くという事例があります。こうしたマーケティング手法を「ステルスマーケティング（stealth marketing・ステマ）」と言います。

昨今、この手法は巧妙化しており、ステマを見抜くのが難しい記事もインターネット上にあふれています。Ａ社の商品を宣伝するために、客観的な立場で他社の商品とともに評価する場を装った「比較サイト」がその一例と言えます。そこでは、Ａ社、Ｂ社、Ｃ社の商品が比較され、客観的に評価して「Ａ社の商品がもっとも優れていた」という結論が導かれています。でも実際は、Ａ社を一番にするという「結論ありき」で記事が書かれているわけです。

二〇二三年三月現在、消費者庁はステマを法律で規制する方向で準備を進めていますが、現時点では、直接ステマを取り締まる法律はありません。とはいえ、モラルを欠いた手法であることは明らかです。関係者が宣伝しているのか、第三者が客観的に評価しているのか、書き手には、自らの立場を読み手にはっきり示すことが求められます。

これは広告の分野にかぎった話ではありません。個人の意見と客観的な事実を明確に分けることは、いかなる文章を書く場合でも常識として頭に入れておきたいところです。

世の中にあふれる「結論ありき」

前節では、「結論ありき」の事例として広告を取り上げましたが、そうした営利目的のものにかぎらず、「結論ありき」の文章は世の中にあふれています。その一例が、国や自治体が行う公共事業で見られます。

公共事業のなかには、一部の人の思い付きに端を発したとされるものが少なくありません。そこでは、イベントを「開催したい」、施設を「造りたい」といった漠然とした意向がまず表明されます。経済効果やメリットと思われる事柄は提示されるものの、明確な根拠までは示されません。そして、綿密な検討がなされる前に、その思い付きが「結論」とされます。

しかし、公共事業として実施するには、合理的な根拠を公に示さなければなりません。その結果として、あと付けで根拠が作成されるという流れになります。結論が先行すれば、取って付けたような内容になるのは避けられません。そうなると、いくら上手に作文しても説得力に欠けることは明らかです。

また、当然ながら、アイデアを思い付いた人の口から、自分の実績をつくるため、自分や周りの人・集団が利益を得るため、といった本心が語られることはありません。それ以前に彼らは、私利私欲ではなく、世の中のために合理的、客観的な検討を経て結論に至った、と思いこんでいます。つまり、無意識のうちにバイアスに陥っていることに気づかないのです。

心理学者のトーマス・ギロビッチ（Thomas Gilovich）氏とリー・ロス（Lee Ross）氏は、そうした人間の心理に関して次のように述べています。

> たとえ結論が自分の利益や自分の属する集団の最善の利益に一致していても、そうしたことへの配慮は、自分が事実をどのように評価したかにたいして、たとえあったとしてもほとんど影響を及ぼさなかったと確信する。最も客観性の高い結論が、たまたま、自分にとって（そして自分のような人たちにとって）最もためになるような結論だったのだ、と主張するのだ。（『その部屋のなかで最も賢い人――洞察力を鍛えるための社会心理学』小野木明恵訳、青土社、二〇一九年、四一頁）

集団で意思決定がなされる場面では、とくに結論を裏付ける明確な根拠が求められます。イベントを「開催したい」、施設を「造りたい」と思い付くこと自体は差し支えありません。個人的な強い思いが先行してしまうのは仕方がない、と言えるでしょう。しかし、その思い付きをそのまま「結論」と規定してしまうと問題が生じます。集団の意向を反映させる必要がある場面では、思い付きはあくまでも可変的な「アイデア」として扱う慎重さが求められます。

一方、そうした事業に反対する側にも同様の傾向が見られます。まず、直感的、感情的に「開催してほしくない」とか「造ってほしくない」という結論があり、それを裏付けるような根拠があとから付け加えられるのです。

反対の主張を強化すべく、費用、景観、交通、治安といったさまざまな問題が提起されるものの、その多くはあと付けのものでしかありません。反対の意向が初めから結論となっているため、仮に推進する側が各問題を回避できるような方策を提示しても反対派が納得することはないでしょう。結局、両者は妥協点を見いだすことができず、議論は平行線を辿ることになります。

推進派も反対派も、「結論ありき」であとから根拠を積みあげているにもかかわらず、「自分たちは合理的な根拠に基づいて結論を出している」と錯覚します。しかも、厄介なことに、両者とも自分たちはバイアスに影響されずに検討しているが、相手はその逆であると思いがちです。

身近な事例として、インターネット上における意見表明が挙げられます。みなさんご承知のとおり、インターネット上には、さまざまな物事に対する肯定・否定の意見があふれています。ここでも、「結論ありき」の傾向が現れがちです。なかでも、否定的な意見については、乱暴な言葉を用いた結論の表明が少なくありません。対象とされるものは、政治家や芸能人をはじめとして音楽や映画、書籍といった作品、そのほかさまざまな商品やサービスなど多岐にわたります。

単に誹謗中傷の言葉を並べただけの書きこみは論外ですが、何かに対して批判的な文章を書いている人の多くは、客観的な根拠に基づいて、それが批判に値すると結論づけています。でも実は、好みに合わない、単に気に入らないといった直感的な思いが先にあって、その結論に対してあと付けで理由を書き並べているケースが少なくありません。

結論をはっきりと示すことは、作文における重要なポイントの一つです。しかし、初めから好みや直感、思いこみに基づく結論があって、それが正しいと主張するために都合のいい理由を列記してしまうと、読み手に誤解を与えることになります。

オランダのニュースサイト「De Correspondent」で数字特派員[30]を務めるサンヌ・ブラウ（Sanne Blauw）氏は、右に挙げたような世の中にはびこる傾向を次のように表現しています。

> 私たちの脳はまるでやり手の弁護士のようだ。事実が何を告げていようとも、自分の思い込みを守る理屈をいくらでもひねり出してくる。（『The Number Bias――数字を見たときにぜひ考えてほしいこと』桜田直美訳、サンマーク出版、二〇二一年、二五七頁）

「結論ありき」は悪なのか

「なぜ人を殺してはいけないのか」

これは、一九九七（平成九）年に、あるテレビ番組で一人の高校生が発した言葉です。これに対して、番組に出演していた知識人らは、誰も明確な答えを示せませんでした。この出来事は、当時大きな話題となりました[31]。

「人を殺していいか？　いけないか？」と問われれば、誰もが「いけない」と答えるでしょう。理由を述べるまでもなく、大抵の人は「人を殺してはいけない」というのが当然の結論だと主張します。では、「なぜ、そういう結論になるのか？」と問われると、多くの人は答えに窮してしまいます。それらしい回答は考え出せるかもしれませんが、誰もが納得するだけの説明をするのは困難です。でも、明確な理由を提示できないからといって、「人を殺してはいけない」という主張そのものが否定されることはないでしょう。

この主張自体は、少なくとも今日の日本社会では共通の了解事項と考えられています。法律をもち出すまでもなく、当然の社会規範として認識されているわけです。社会心理学者の小坂井敏晶氏は、そうした社会規範について次のように述べています。

――社会規範は集団構成員の相互作用が生み出す産物であり、そこには超越的根拠も内在的理

(30)　世の中のさまざまな「数字」について読者に説明することを専門に手掛ける記者。
(31)　TBS「ニュース23」、「ぼくたちの戦争'97」一九九七年八月一五日。

由もない。それは美の基準と同じだ。女性は美しいから美人と形容されるのではない。顔をどれだけ眺めても美貌の理由はわからない。美しさは当人に内在する性質ではない。美の根拠は外部すなわち社会規範に求められる。美しいから美人と呼ばれるのではなく逆に、美しいと社会的に感知される人が美人という称号を与えられるのだ。同様に善悪の基準も、悪い行為だから我々が非難するのではない。我々が非難する行為が悪と呼ばれるのだ。（『責任という虚構』東京大学出版会、二〇〇八年、一六四頁）

何かを主張するためには理由・根拠を提示しなくてはならない――。これは、当然の行為として認識されています。しかし、先ほど挙げた例のように、結論は明確でも、それを裏付ける理由が見つからないというケースもあるのです。「理由はないけど断言できる」といった例は決して珍しくありません。

前節までの話に水を差すような言い方になりますが、「結論ありき」は必ずしも悪いとは言いきれないのです。見方によっては、むしろそれが一般的であるとも言えます。

作文の話からはやや逸れますが、日常生活を振り返ってみても、理由よりも結論が先行してしまう場面がよくあります。実際、個人で何かを選択するとき、何らかの決定を下すときなど、理由を示してから結論を出すという場面はそれほど多くないでしょう。

日常における思考、行動に関して、人はいちいち明確な理由を考えたりしません。ほとんどの場合、無意識のうちに物事を決めています。もし、その考えや行動の理由を問われれば、あとからもっともらしい理由をひねり出したり、「なんとなく」と答えたりするでしょう。「結論ありき」で思考、行動するというのは、人にとってごく普通のことなのです。

さらに横道に逸れますが、これは人間の脳の中で日常的に起きている現象でもあるのです。たとえば、あなたが山道を歩いているとき、草むらで何かが動くのを目撃したとします。あなたは思わずあとずさりします。しかし、実際は、葉擦れの音をヘビの出現と錯覚していたのです。そのあとで「どうして、あとずさりをしたのか？」と尋ねられたら、「ヘビが見えたと思った」などと答えるでしょう。

ヘビのなかには毒をもつものもいます。もし噛まれたら、場合によっては命にかかわる事態になりかねません。ヘビらしきものを発見し、それを避けるためにあとずさりするのは、極めて合理的な判断だと言えます。あなたは、自分の意識下で、瞬時にそうした判断や行動がなされたと思うでしょう。

でも実は、あなたがヘビを意識する前に体は動いていたのです。わずかな時間差ではありますが、意識よりも行動のほうが早かったというのが事実です。つまり、その人の意識とは関係なく、脳が危険なパターンを察知し、それを避ける行動をとっていたわけです。

危険を避けるためには、飛び上がる、右や左へ移動する、あるいはじっとしているという選択肢もあります。でも、脳は自らあとずさりするという決定を下していたわけです。すなわち、「ヘビが見えたと思った」という回答は、あとずさりしたという結果に対するあと付けの説明であり、作話なのです。

ヘビを見たときにかぎらず、脳に入ってきた情報を処理する作業の大半は、無意識かつ自動的に行われています。そのあとで脳は、処理された情報と、結果的に自分のとった行動の辻褄を合わせるために、うまく説明をつくり出そうとします。整合性のあるストーリーをつくるためには、事実を捏造（ねつぞう）することもいといません。先に紹介したブラウ氏が脳を「やり手の弁護士」にたとえていましたが、まさにそのとおりなのです。

にわかには信じがたい、という人もいるでしょう。自分の思考や行動は、基本的に自分の意識下で行われている、と考えるのが普通です。睡眠中の寝返りなど、明らかに無意識下で行われる行動ならともかく、覚醒時の行動は意識下においてコントロールしているはずと思うでしょう。でも、実はそうではないということが、認知科学の研究によって明らかにされています。(32)

脳の働きという文脈で考えると、「結論ありき」であとから説明をつくり上げるという性向は、人間にとって本能的なものだと言えるかもしれません。極端な言い方をすれば、人が行動後に行う説明の多くは、でっちあげにすぎないということになります。ならば、行動の説明を求められたとき、正直に「何となく」と答えたほうがよさそうに思えます。でも、社会はそうした説明を好みません。

人類学者のジョセフ・ヘンリック（Joseph Henrich）氏は、人の行動とその理由に関して次のように述べています。

> 実は、何かをするのには、はっきりと説明できるもっともな理由がなければいけない、というプレッシャーは、西洋の社会規範にすぎない。ところが、その規範が（西洋人の間に）、人間はだれしも、明確な因果モデルと明快な理由に基づいて行動するものだ、という幻想をつくり出してしまっている。実際にはそうでないことのほうが多いのだが。（ヘンリック、前掲書、一五五頁）

人は何らかの理由があって行動する――。こうした思いこみは広く共有されています。文章に

(32)　脳の働きについては、マイケル・S・ガザニガ／藤井留美訳『〈わたし〉はどこにあるのか――ガザニガ脳科学講義』（紀伊國屋書店、二〇一四年）、デイヴィッド・イーグルマン／大田直子訳『あなたの知らない脳――意識は傍観者である』（ハヤカワ・ノンフィクション文庫、二〇一六年）、ニック・チェイター／高橋達二ほか訳『心はこうして創られる――「即興する脳」の心理学』（講談社選書メチエ、二〇二二年）を参照。

おいても、結論として自分の考えを書くのであれば、それに至った理由の提示も求められます。思い付きの主張だけを並べても評価されません。作文指導の場でも、結論と理由をセットで述べることが説得力のある文章を書くためのポイントであると説明されています。

たとえば、読書感想文において「感動しました」という結論に対して「何となく」と理由を書いたら、低い評価しか得られないでしょう。提案書や要望書で、主張を裏付ける根拠が書かれていなければ、受け取り拒否をされるかもしれません。

多くの場合、たとえ「結論ありき」で思考したとしても、文章にする段階では明確な理由・根拠を提示したうえで結論を示すことが求められます。しかも、その理由・根拠は、結論と太いパイプでつながっていなければなりません。明らかに、思い付きの結論に対してあと付けで理屈を添えたかのように見える文章は、批判の対象にすらなってしまいます。

あと付けの志望動機

結論はあるけれど理由がない――。文章を書くときに、こうした場面に出くわすことが多々あります。また、書き手が望まなくても、「結論ありき」で何らかの理由を書かざるを得ないケースもあります。その代表例として挙げられるのが履歴書に書く志望動機です。一般的には、志望した具体的な理由を踏まえたうえで、「志望いたしました」や「応募いたしました」といった結論が書かれます。求人に対して応募するということは、そこに何らかの動機があるはずです。でも、明確に説明できるだけの理由があるとはかぎりません。

新卒学生の就職活動において、自己分析、企業研究に時間を費やしたうえで応募先を決めるという流れであれば、志望動機を明確にすることができるかもしれません。しかし、失業中で、「何でもいいからとにかく仕事に就きたい」と考えている人の場合は、明確な志望動機を書くのは難しいでしょう。「たまたま求人が出ていたから」と正直に書けば、人事担当者に好意的な印象をもってもらえない可能性が高くなります。

「第1部《2》」で見たとおり、就職活動で提出書類を書くときに見据えるべき目的は、希望する会社に採用されることではなく、その職場で働くことです。嘘を書いて採用されても、実際に働く段階で真の姿が露呈すれば、相応の報いを受ける事態になりかねません。

もっていない資格を「もっている」と書けばもちろん嘘になります。同じように、あと付けでもっともらしい志望動機を考えるというのも嘘をつくことと同じではないかと思われる人もいるでしょう。しかし、志望動機をあと付けで考えることは必ずしも嘘とはなりません。考える順序は逆でも、書いたあとで自らがその思いをもってさえいれば立派な志望動機になるのです。

その職場で働くという目的を見据え、なぜその職場なのか、そこで何ができるのか、何がしたいのかを明確にしていけば、志望動機も自ずと明瞭になっていきます。その際、読み手を意識することが重要なポイントとなりますが、これについては第3部で説明します。

書くことで思考が変わる

先に見たとおり、「結論ありき」の文章は、読み手に誤解を与える恐れがあります。同時に、書き手自身にも少なからず影響を及ぼします。実際、書くという行為が、書き手の思考をも左右してしまうケースがあるのです。

心理学者のロバート・B・チャルディーニ氏（Robert B. Cialdini）は、「結論ありき」に関連する話として次のように述べています。

〔人は〕ひとたび決定を下したり、ある立場を取る（コミットする）と、自分の内からも外からも、そのコミットメントと一貫した行動をとるように圧力がかかります。そのような圧力によって、私たちは自分の決断を正当化しながら行動するようになります。（『影響力の武器——なぜ、人は動かされるのか［第三版］』社会行動研究会訳、誠信書房、二〇一四年、九七頁）

社会は、何らかの意見を発した人に対して一貫性を求めます。過去に言ったことと、その後に述べたこととの間に矛盾が見つかると、疑念の目を向けられます。場合によっては批判を浴び、信用を失う可能性もあるでしょう。

途中で意見や立場を変える場合は、相手が納得できるような説明が必要となります。そのため、「他人に見えるような形で自分の立場を明確にすると、一貫した人間に見られたいばかりに、その立場を維持しようとする強い気持ちが生じ」（前掲書、三四頁）てしまうのです。

インターネット上で繰り広げられる議論がその一例として挙げられるでしょう。賛成や反対といった立場を一度表明してしまうと、一貫性に対するプレッシャーから、途中で意見が変えにくくなります。そのため、議論が進むにつれて意見が極論化しがちです。自らの主張に一貫性をもたせることに執心（しゅうしん）してしまうと、何としてでもその立場を守ろうという心理に陥ってしまうのです。

「結論ありき」の文章を書くという行為は、人の心理にさらなる影響を及ぼす可能性を秘めています。場合によっては、その人の好みまで変えてしまうのです。

たとえば、ある人が上司の指示によって新商品をPRする仕事を任されたとします。当人は、その商品があまり好きではなく、魅力も感じていません。しかし、PRを成功させるためには、その商品は魅力的であるという「結論ありき」でキャッチコピーなどを考えなければなりません。つまり、この人は、自分の意に反して、商品に魅力を感じているという想定で文章を書くことになるわけです。本人は、嘘を書いているような感覚にとらわれることでしょう。

ところが、次第にその嘘が嘘と思えないような感覚を抱くようになる場合があります。本心に反して魅力について論じていた人が、本当に魅力を感じるようになってしまうのです。すなわち、「好きではない」という気持ちを抱いていても、あたかも「好きである」かのように行動していると、いつの間にか、本当に「好きである」という気持ちに変わってしまうということです。

ある実験で、被験者に支持していない政党に関する好意的なスピーチをさせたところ、被験者はその政党に好印象を抱くようになった、という事例もあります。こうした現象を「アズイフ（as if）の法則」と言います。文字どおり、「まるで～であるかのように」行動することによって、実際にそうなっていくというものです[33]。こうした心理現象は、自己啓発の分野などで応用されています。

行動には思考を変える力があります。文章を書くという行動もその一つです。自分が反対している方針に肯定的な文章を書いていたら、知らぬ間に賛成派に転じていた。嫌いな人物について好意的な文章を書いていたら、いつの間にかその人物のファンになっていた――。そうした現象は決して珍しくありません。業務命令で文章を書く場合はとくに起きやすいでしょう。「結論ありき」の文章を書くことには、読み手に誤解を与えるだけでなく、自分の意見が左右される恐れもあるという副作用を秘めている事実は心に留めておきたいところです。

5 感情に流されていませんか？

感情が書く目的を歪める

およそ人を扱う場合には、相手を論理の動物だと思ってはならない。相手は感情の動物であり、しかも偏見に満ち、自尊心と虚栄心によって行動するということをよく心得ておかねばならない。

（デール・カーネギー／山口博訳『人を動かす〔新装版〕』創元社、一九九九年、二七頁）

アメリカの作家、デール・カーネギー（Dale Breckenridge Carnegie, 1888～1955）の言葉です。「そんなこと、わざわざ引用するまでもない」と思う人もいるでしょう。人が感情に動かされやすいという事実は、多くの人が認識しています。でも、その「人」のなかに自分自身が含まれているという事実は見逃されがちです。文章を書くとき、書き手本人は冷静に思考しているつもりでも、

(33)　アズイフの法則については、リチャード・ワイズマン／木村博江訳『その科学があなたを変える』（文藝春秋社、二〇一三年）を参照。

実際には感情に左右されている場合が少なくありません。

感情は、書く目的を見失わせる原因になります。怒りや憎しみ、悲しみ、不安といった感情を抱いた状態で筆を執ると、気づかぬ間に本来の目的から外れた文章になってしまう恐れがあります。先に見た嘘やコピペは、場合によっては大きな問題を引き起こすわけですが、感情にとらわれた記述も同様の可能性をはらんでいるのです。

感情的な文章は、正負両面で読み手の心を揺さぶります。大きな共感を得ることもあれば、逆に強い反感を買うこともあります。相手の心理に訴える力が強いという意味で、使い方によっては感情的な文章が効果的な場合もあるでしょう。文学であれば、湧きあがる感情をそのまま言葉にすることでよい作品が書けるかもしれません。しかし、読み手に事実を正しく伝えるために文章を作成する場合、感情はその妨げになります。

たとえば、抗議文書く場合は、何に対する抗議なのかをまず明確にする必要があります。そのうえで、相手に何を求めているのかを明示せねばなりません。謝罪を求めているのか、経緯の説明を求めているのか、具体的な対応策の提示を要求しているのか、こちらの目的を相手にはっきりと伝える必要があります。単に自分の怒りや不満を表しただけでは何も得られません。感情的な言葉を書き連ねたような文章を提示すれば、逆に問題がこじれてしまう可能性すらあります。

感情に任せて書かれた文章は、インターネット上のＳＮＳやＢＢＳ（電子掲示板）、ブログでよく見られます。とくに、他人の言動について、その問題点を指摘した記述において多く目にします。書いている本人は、他人の犯したミスや失敗、問題と思われる言動を、多くの人に知らせることを目的にしているのかもしれません。しかし、結果的に当事者の人格を否定するだけの文章になってしまっているケースが多いのです。

なかには、「バカ」や「アホ」、「ウザい」といった言葉を使って、ストレートに感情を表現しているものもあります。「死ね」という言葉もよく使われていますが、これに至っては、もはや当事者に対する暴力にほかなりません。こういった書きこみは、場合によっては侮辱罪に問われる恐れがあります。

インターネット上では、右記のような感情的な書きこみが集中するケースがあります。そうした現象は、一般的に「炎上」と呼ばれています。炎上は、ネット上に書きこまれた文章に対して批判的な書きこみが殺到することで発生します。そのほか、不適切な画像や動画の投稿によって起きるケースも見られます。

炎上が起きてしまうと、ターゲットにされた当事者は、撤回や謝罪、書きこみの削除を余儀なくされます。場合によっては、アカウントの停止やサイトの閉鎖にまで追いこまれることもあります。著名人や企業が炎上を招いた場合、そのダメージは計り知れません。

炎上は、基本的に当事者が予期せぬ間に起きてしまいます。ミスや勘違いに起因する場合もありますが、公開する前にチェックすれば防げたと思われるケースも少なくありません。「このネタは絶対みんなにウケる」、「ちょっとからかってやろう」、こうした安易な目的で書いた文章が第三者から見ると不謹慎な内容に映ることがあります。一度インターネットに広がった情報は完全に消去できません。後日、「そんなつもりではなかった」と弁解しても「あとの祭り」です。もちろん、炎上させる側の書きこみも同じです。

インターネット上への書きこみにはパソコンやスマートフォンが使われますが、基本的に、その場は自分一人の空間になります。そのため、書きこまれた文章が不特定多数の人に見られるという感覚が希薄になりがちです。このギャップを解消するには、書く段階で読み手をイメージすることが重要となってきますが、これについては「第３部《14》」で扱います。

感情が収まるのを待つ

怒りが湧いたら、話す前に10を数えよ。それでも怒りが収まらないときは100まで数えよ。

（From Thomas Jefferson to Thomas Jefferson Smith, 21 February 1825; The U.S. National Archives and Records Administration, https://founders.archives.gov/documents/Jefferson/98-01-02-4987）

アメリカの第三代大統領を務めたトーマス・ジェファーソン（Thomas Jefferson, 1743～1826）が、亡くなる一年前（一八二五年）に息子へ宛てた手紙のなかで述べた言葉です。怒りの感情が湧いたときは、すぐに行動をせず、怒りが収まるまで時間を置きなさい、という教示です。

昨今、「アンガーマネジメント（anger management）」という考え方が注目されています。これは、怒りをうまく管理、コントロールすることを指します。パワーハラスメント（パワハラ）を防止する目的などで、その研修を導入する企業も少なくありません。

そこでよく唱えられているのが、怒りの感情が湧いたら時間を置いて冷静さを取り戻すという方法です。これはジェファーソンが記した言葉に通じます。具体的には、感情のピークとなる六秒を超えるまで待つことがポイントとなります。これは「六秒ルール」という言葉で一般に知られています。

スイスの作家で実業家のロルフ・ドベリ（Rolf Dobelli）氏は、時間とともに自分のなかから怒りが去っていく様子を「感情というありとあらゆる種類の鳥たちが飛んで来ては去っていく、開けていて風通しのいい屋内市場」(34)と表現しています。

屋内市場には、怒りを含めさまざまな感情（鳥）が入ってきます。すぐに出ていく鳥もいれば、

(34)『Think clearly——最新の学術研究から導いた、よりよい人生を送るための思考法』安原実津訳、サンマーク出版、二〇一九年、一〇二頁。

しばらくその場に留まるという鳥もいるかもしれません。しかし、最終的にはどの鳥も去っていきます。鳥たちが去っていくまで待つことで、「『自分の感情』が自分の一部とは感じられなくなった」（前掲書、一〇二頁）とドベリ氏は記しています。

感情的な文章を書いて読み手の誤解や非難を招かないためには、感情が高ぶっていない、冷静なときに書くのがよいでしょう。でも、それが難しい場合もあります。そこで必要とされるのが、文章を作成する過程で「ひと呼吸」置くという行為です。

口頭で何かを伝えるときは、思いを口にした段階で相手にメッセージが届いてしまいます。でも、文章の場合は、その思いがすぐに相手に届くわけではありません。メッセージが届くまでに時間を要します。必要に応じてその時間を調整することも可能です。たとえ感情にとらわれた状態で何かを書いたとしても、そのあとで冷静さを取り戻すまで待つことができるのです。ただ待つのではなく、書いたものを読み返す時間に充てれば、文章の精度は高まります。

インターネット上での書きこみや電子メールの送信に際しては、書いたものがワンクリックで読み手に届いてしまいますが、そこでもクリック前に読み返すという作業を慣行にするとよいでしょう。また、下書きの習慣も有効です。まずはワープロなどで下書きをし、それをインターネット上に移します。あえてひと手間設けることで、感情を落ち着かせる時間の確保ができます。

どんな文章でも、書きあげた段階で即座に「完了」としない姿勢が重要です。書き終えたら必ず読み返す。できれば、その前に時間を空ける――。これを習慣化しましょう。読み返すときは、頭をリフレッシュさせた状態で、他人になりきって読むこともポイントです（文章をチェックする方法については「第3部《20》」で扱います）。

出来事を客観的に説明すべきところで個人的な感想ばかりを書き連ねていないか。経緯の説明を求められているのにひたすら謝罪や言い訳の言葉ばかりを並べていないか。自分の好みでないものについて否定的な言葉だけを書き立てていないか。ある物事に対する客観的な分析・評価が求められる場では、個人的な感情は極力切り離すように努めねばなりません。

先述したとおり、感情のこもった文章に読者の関心を引き付ける力があるのは確かです。ただ、事実を正確に伝える必要がある場面では、感情はその妨げとなります。

感情が冷静な判断力を奪う

前節で見たとおり、一時的に沸き起こる怒りの感情であれば、時間を置くことで抑えられます。でも、人が抱く感情は怒りだけではありません。人は、自分の意識の及ばないところで常にさまざまな感情を抱き、それによって思考や行動をしています。

「自分はいつも冷静で、感情的になることは滅多にない」

このように自信をもって言う人がいます。でも、それは単に怒りや喜びといった感情を表に出さないだけで、感情のコントロールができているわけではありません。気づかないうちに、感情によって動かされているのです。

「坊主憎けりゃ袈裟まで憎い」という諺があります。人やモノに対して憎しみの感情をもっていると、それに関するものすべてが憎く思えてしまうという意味です。これと同じような現象が起こるケースがあります。ある物事に対して直接的には何とも思っていなくても、何かとの関連で無意識のうちに特定の感情を抱いてしまうのです。

たとえば、スーパーで売られている食材のラベルに「○○産」と国名が書かれている場合、その国に対する印象がそのまま商品の印象として反映されてしまうことがあります。その国に対してネガティブな感情をもっていると、その傾向が顕著に表れがちとなります。逆に「国産」と書かれていると、それだけで安心感を抱くという人が少なくありません。生産、流通の実態を確認したわけでもないのに、ラベルを見て感情的に判断を下してしまうのです。

先述の心理学者のリー・ロス氏は、イスラエルである調査を行っています。調査では、イスラエル人被験者に対して、和平に関する二つの提案文書が渡されました。一方はイスラエル人から、もう一方はパレスチナ人から提示されたものです。

周知のとおり、イスラエルとパレスチナは長く対立が続いています。被験者の半数には、どちら側の人が作成した提案であるのかが正しく伝えられました。残りの半数には、実際とは逆側の人が作成したものだと伝えられました。その結果、イスラエル人は、イスラエル人が作成したとされる提案を肯定的に評価したのです。

正しい作成者を伝えられた被験者がそう評価したのなら、想定できる結果だと思うでしょう。ところが、パレスチナ人が作成してイスラエル人が作成したと思いこまされていた提案についても、実際はイスラエル人が作成していた提案よりも高く評価していたのです。

パレスチナ人に対しても同様の方法で調査が行われましたが、結果は同じような形となりました。被験者は、自分たちの側の人間が作成したと思っている提案のほうが好ましいと考え、相手側の人間が作成したと思っている提案は過小評価したわけです。

被験者自身は提案文書の内容を冷静に吟味して評価を下したつもりでも、実は感情にとらわれた判断をしていたということです。この結果からも、中東和平実現の難しさがうかがわれます。[35]

自分は公正な判断を下していると思っていても、感情が先入観となって冷静な判断を妨げていることがあります。もちろん、本人はそれに気づいていません。文章を書く場面でも、自分の考えが、実は感情のもたらすバイアスによって歪められている可能性があるということを忘れないようにしましょう。

---

(35)　ギロビッチ、ロス、前掲書、二六二～二六四頁参照。

他人を批判する心理

不適切な発言をしたのは、その人が「バカ」だから。事実と異なることを言ったのは、その人が「ペテン師」だから。差別的な発言をしたのは、その人が「差別主義者」だから――。

誰かが何らかの問題発言をしたとき、このような批判的な指摘を耳にすることがあります。端的に、「アホ」、「クズ」、「カス」、「低能」、「間抜け」といった誹謗中傷の言葉が使われることもあります。これらは、いずれも相手の人格を否定する言葉です。こうした批判をする人は、発言の原因が相手の能力や性格、人間性の問題にあると見なしているわけです。

一方、批判を受けた側は次のような弁解をするかもしれません。

注目を浴びたいという思いが高じて、つい不適切な発言をしてしまった。ちょっとした勘違いで事実と異なることを言ってしまった。差別に当たるとは知らずに、差別的な言葉を使ってしまった――。

批判をされた側は、右記のように偶発性を強調して説明しがちです。謝罪の場では、「不注意」、

「うかつ」、「気の緩み」といった言葉もよく使われます。

批判をする側とされる側の間には、認識に明らかなギャップがあります。どちらの認識が事実に即しているのかは、もちろんケースによって異なります。それでも世間の目は、批判する側の指摘が正しく、批判される側の言葉は言い訳にすぎないと解釈してしまう場合が多いのです。しかし、いざ自分自身が批判される側に立たされると、その認識は一転します。自分の説明は決して言い訳ではなく、それが紛れもない事実である、と主張するようになるのです。

他人の失敗についてはその人自身に問題があったと考える一方で、自分の失敗は、自分ではコントロールできない要因によって引き起こされたと考える――。感情的にそう断定してしまったという経験は誰にでもあるでしょう。このように、他人の行動の要因がその人の能力や性格といった問題にあると考えることを「根本的な帰属の誤り」と言います。

これは、人が陥りやすいバイアスの一つです。このバイアスが働くと、自分の行動に関しては、要因は外的な問題、すなわちそのときの状況にあると考えるようになります。人がこうしたバイアスに陥ってしまう理由について、社会心理学者のサム・サマーズ（Sam Sommers）氏は次のように述べています。

――相手のふるまいをその人の性格によるものとみなす傾向は、私たちの頭が情報を受け取る方法に起因し、またそのような方法で捉えたほうが、周囲の世界を安定した予測可能な場所にできるからである。（『考えてるつもり――「状況」に流されまくる人たちの心理学』江口泰子訳、ダイヤモンド社、二〇一三年、二六頁）

相手を取り巻く状況という予測できないところに目を向けるのでなく、相手という人物に焦点を合わせれば、その行動の原因が明確にとらえられたように感じられます。「私たちがとりわけ固執するのは『性格は不変だ』という考え方である。〔中略〕『人のふるまいは予測できる』という過信は私たちを安心させる」（前掲書、二九頁）ともサマーズ氏は述べています。原因が相手自身にあるのなら、問題とされる行動が抑止できるかもしれません。それが誤解であったとしても、当人はとりあえず安心感を得られるのです。

加えて、当事者と第三者それぞれがもつ情報量の差も、このバイアスを助長する要因になります。誰かが何らかの失敗をした際、当然ながら、失敗をした本人はその原因に関する情報を多くもっています。外的要因を含めて、さまざまな事柄が挙げられるでしょう。

一方、それを批判する第三者は多くの情報が得られません。場合によっては、原因に関する情報がまったく得られないという場合もあるでしょう。もてる情報がかぎられるため、行為者本人の問題であると短絡的に結論づけてしまうのです。

しかも、第三者は、自分の結論が正しいと思いこみがちです。インターネット上では、そうした傾向がより顕著に表れます。現場を見ていない、行為者に会ったこともない人が、わずかな情報に基づいて行為者本人に対する批判を繰り広げてしまうのです。

たとえば、道に人が倒れていたとします。これを見て助けようと手を差し伸べた人は「親切な人」、何もせずに通り過ぎた人は「冷たい人」というレッテル貼りがされることがあります。このとき、手を差し伸べた人を親切であると見なすのは真っ当な反応と言えるでしょう。

しかし、何もしなかった人が必ずしも冷たい人間であるというわけではありません。他人を助ける行動をとるかとらないかは、その人の人間性よりも、そのときの状況に左右されます。倒れた人の周りに複数の人がいれば手を差し伸べようとする意思は弱くなり、自分しかいない状況であれば助けるという行動の意思が強まるのです。

人にこうした傾向があることは、心理学の研究で明らかにされています（サマーズ、前掲書、四四〜八三頁参照）。

倒れた人に手を差し伸べようとしない心理は「傍観者効果」と呼ばれるもので、根本的な帰属の誤りとは異なる心理現象です。一方で、これを評価する側は根本的な帰属の誤りに陥りがちです。すなわち、そのときの状況や当時者の心理を考慮せず、助けようとしなかった人をやみくもに非難してしまうのです。なかには、その出来事から短絡的に「殺伐（さつばつ）とした世の中になってしまった」、「最近の日本人には利己主義がはびこっている」といった結論を下す人もいますが、これは論外でしょう。

もっと身近な例では、送ったメールに対して返事が来ないケースが挙げられます。とくに返事を求めていない一方的な通知メールならともかく、明らかに返事を求めるメールを送ったときに返信がないと、送り手は不安になります。こうした経験のある人は多いでしょう。

そのとき、返信が来ない原因として、あなたはどんなことを想像しますか？　サーバーのエラーでメールが届かなかった。送ったメールが「迷惑メール」として処理されていた。相手のスマートフォンやパソコンが故障してメールが見られていない。返信のメールがエラーで受信できなかった。ほかにもさまざまな事情が考えられます。

一方、そうした外的な問題を考慮せず、返信をしなかったのは相手の悪意によるものだと考える人もいるでしょう。「失礼な人だ」と相手自身の問題と捉えがちな人は、根本的な帰属の誤りにとらわれやすい傾向があると自覚しておいたほうがいいかもしれません。

このバイアスは、ポジティブな場面では反対に作用します。すなわち、他人が物事をうまく成し遂げたときは、そのときの状況、環境や運といった外的な要因が作用したのではないかと考え、逆に自分が成功したときは、自分がこれまで積み重ねてきた努力など内的な部分に注目するのです。こちらについても、経験のある人は少なくないでしょう。

たとえば、アメリカのトランプ前大統領は、新型コロナウイルス感染症が拡大した事態に関して、「国連は、中国に彼らの行動〔感染拡大〕の責任を負わせなければならない」と述べた一方で、「私が大統領でなければ、五年間はワクチンを打つことができなかっただろう」[36]と述べています。感染拡大は中国政府が起こした問題で、感染拡大を食い止めるワクチンの開発は自分の成果、という主張です。実情はともかく、こうした発言は根本的な帰属の誤りの典型例と言えるでしょう。

先述のトーマス・ギロビッチ氏と、「根本的な帰属の誤り（Fundamental attribution error）」という用語の生みの親であるリー・ロス氏は、「根本的な帰属の誤りは克服するのが難しい」としながらも、「本当に賢い人は場の理論を支持し、周囲の状況の性質が明らかになり、それを入念に検討するまでは、判断を控えるものである」（ギロビッチ、ロス、前掲書、八六頁）と述べています。他人の行動に対して、安易に内的要因と結論づけるのでなく、外的要因も慎重に検討したうえでの判断が重要だということです。

誰かを批判する文章を書こうとする場合は、自分が根本的な帰属の誤りというバイアスに陥っていないか、一度立ち止まってみる必要があります。失敗の原因を犯した本人の問題と考えがち

（36）前者の発言は、第七五回国連総会、トランプ大統領一般討論演説（二〇二〇年九月二二日）New York Times 2020.9.22。後者は、FOX NEWS interview 2020.12.13, https://www.foxnews.com/politics/trump-coronavirus-vaccine-pfizer-biontech-timeline より。

な人、ミスをした人に「ふざけんな」といった言葉を口にしがちな人は、とくに注意をしたほうがいいでしょう。相手の能力や性格に問題があるかのような言葉を安易に書いてしまうと、今度は逆に、それを書いた本人が短絡的な思考に陥っている「賢くない人」という不当なレッテルを貼られてしまうかもしれません。相手の事情を知る術（すべ）がかぎられていたとしても、さまざまな可能性があるということは常に考慮したいところです。

「どうにでもなれ」効果

感情は、文章を作成している際中にも頭をもたげることがあります。その一例が「どうにでもなれ効果（The "What-the-Hell" Effect）」と呼ばれる心理現象です。文字どおり、途中で「もうどうにでもなれ！」という感情にとらわれてしまい、不正を推し進めてしまうことを意味します。この現象は、アメリカで行われたある実験で明らかにされています。実験では、被験者にコンピューター画面で課題が提示されました。

画面には、左右二つに分けられた枠が表示されています。各枠の中には、それぞれに複数の点が描かれています。被験者は、点の数が異なる図を次々に見せられ、どちらの枠の点が多いかを答えるように求められました。簡単に点の多寡を見分けられるものもあれば、見分けるのが難しいものもあります。

実験では、単に回答を選択させるのではなく、ある条件が付けられました。その条件とは、回答の正誤にかかわりなく、右を選択したときに五セント、左を選択したときに〇・五セントの報酬を受け取れる、というものです。その結果、どちらの点が多いかの判断が難しい場合に、右を選択する傾向が見られました。

瞬時に数の見分けがつきにくい図が表示されれば、本来なら、左右どちらが多いかを正確に見極めようとするものです。しかし、多くの被験者は点を正確にカウントせずに右を選択しました。つまり、報酬を増やすためにごまかしたということです。判断の難しい図であれば、「数えまちがえた」といった言い訳もしやすいでしょう。誰もが考えそうなことです。

注目すべきはその先です。実験が進むにつれて、被験者のごまかしの量が増えていったのです。初めは少ししかごまかしていなかった被験者が、ある時点を超えると、あらゆる機会をとらえてごまかすようになったのです。被験者は、「どうにでもなれ、すでにごまかしをしているんだ。やるからには思いきってやれ」と考えるようになったわけです。[37]

捏造（ねつぞう）、改ざん、盗用といった不正についてはすでに見てきましたが、これらが行われる際に出

(37)　アリエリー、前掲書、一四六頁参照。実際の実験では、被験者に偽物のサングラスをかけさせ、それが道徳的な抑制力に影響するかどうかについても調べています。

てくる現象が「どうにでもなれ効果」です。「少しくらいならバレないだろう」と考えて安易に不正行為に手を出すと、完成したときには「不正まみれ」の文章になっている恐れがあります。

この実験を行った行動経済学者のダン・アリエリー（Dan Ariely）氏は、不正行為について次のように釘を刺しています。

> 肝心なのは、どんなものであれ、不正行為をとるに足らないものと片づけるべきではないということだ。初犯はたいていの場合、初めてのことだしだれにも間違いはあるといって、大目に見られることが多い。それはそうかもしれないが、初めての不正行為は、その後の自分自身や自分の行動に対する見方を形成するうえで、とくに大きな意味をもつことも忘れてはならない。だからこそ、最も阻止すべきは最初の不正行為なのだ。一見無害に思われる、単発の不正行為の数を減らすことこそが重要だ。（アリエリー、前掲書、一五四頁）

「蟻の穴から堤も崩れる」という故事成語がありますが、不正行為もこれと同じです。小さな不正でも、気づかぬ間に大きな不正へ発展してしまう可能性があるのです。これを避けるためにも、文章を書く場面では、不正につながるような感情に陥っていないかどうか、自分自身を客観的に見る必要があります。

6 考える時間を確保していますか？

「速い思考」と「遅い思考」

まず、次の計算問題を解いてみてください。

時計と電池を買うと合計で一一〇〇円になる。時計は電池よりも一〇〇〇円高い。電池はいくらか？

この問題を見て、直感的に「一〇〇円」という金額が頭に浮かんだ人もいるでしょう。たしかに、「一一〇〇」から「一〇〇〇」を引けば「一〇〇」になります。でも、正解ではありません。電池が一〇〇円だと合計で一二〇〇円になってしまいます。正解は五〇円です。

直感に頼ると「一〇〇」という数字が浮かび、冷静に考えると「五〇」という数字が導き出されます。心理学・行動経済学の分野では、前者のような直感的な思考を「速い思考」あるいは「システム1」、後者の分析的な思考を「遅い思考」や「システム2」と呼んでいます。二〇〇二年にノーベル経済学賞を受賞したダニエル・カーネマン（Daniel Kahneman）氏の著書『Thinking, Fast and Slow』[38]で、この二つの思考システムが広く知られるようになりました。

人は、日常生活のなかでさまざまな思考を行っていますが、その思考は大まかに、右に挙げたような二つのシステムに分けられます。たとえば、同じ計算問題でも、「３×３」であれば即座に「９」という答えが出てくるでしょう。この場合は「速い思考」が働きます。でも、「３７６×７１４」という問題が出されると、時間をかけて計算しなければなりません。ここでは「遅い思考」を働かせる必要があります。

「第1部《５》」で見た感情的な判断は、「速い思考」の代表例だと言えます。根本的な帰属の誤りも、「速い思考」の直感的な判断から生じると言えるでしょう。

物事に素早く反応し、即座に判断を下すといった能力は、生きていくうえにおいて欠かせません。しかし、誤った判断になりやすいという弱点があります。文章を書くとき、「速い思考」よりも「遅い思考」による、冷静で論理的な思考が必要とされるという点は理解できるでしょう。

ただ、「遅い思考」は普段待機している状態にあるため、すぐに作動してくれません。カーネマン氏は「怠け者」という言葉でその性質を表しています。そのため、どうしても直感的な判断が前面に出てしまいます。目にしたものは見たままに、耳にしたことは聞いたままに、「これはこうだ」と決めつけて即座に結論を出してしまうのです。

そうならないためには、時間をかけて考えるという動作を意識的に行う必要があります。SNSで短い文章を書くときでも、直感的に書いてすぐに送信ボタンを押してしまうのではなく、「遅い思考」を働かせる必要があります。

書くために十分な時間を確保する――。これも、「悪文」を避けるうえで重要なポイントになってきます。

構想を練る時間を確保する

「構想〇年、執筆□年」

こんなフレーズを、みなさんも一度は目にしたことがあるのではないでしょうか。執筆した大作を紹介するコピーのなかに、制作に費やした期間が記される場合があります。〇や□の中に「三」や「五」「一〇」といった数字が入れられ、長い歳月を要したことが強調されます。

もちろん、構想のところに「五年」と書かれていたからといって、その作家が五年間ずっと、作品の構想だけに時間を使っていたとはかぎりません。構想期間と執筆期間が重なる場合もあるでしょう。実際に費やした時間はともかく、作品の構想を練るため、そして執筆を進めるために

(38)『ファスト&スロー――あなたの意思はどのように決まるか？（上・下）』村井章子訳、早川書房、二〇一四年。

多大な時間を要したことは、作品の価値の高さをアピールする要素となります。

ここで注目したいのが、構想、執筆に費やした時間の差です。多くの場合、執筆よりも構想のほうに大きな数字が記されています。構想期間に執筆期間の何倍もの数字が入っているケースも珍しくありません。つまり、執筆よりも構想のほうに長い時間が費やされているのです。

書く目的を見定めたら、早速執筆に取り掛かりたいと思う人もいるでしょう。とりあえずペンを持ち、考えながら書いていくというスタイルの人もいるでしょう。でも、目的を見失わずに書き進めていくためには、構想の時間、すなわち書く前の準備が不可欠です。

本にするような大きな作品にかぎらず、数百文字程度のレポートであっても、構想に執筆以上の時間を割く必要があります。何の準備もせず、いきなり原稿用紙を広げても、そこから目的に向かって真っすぐ進んでいくというのは決して容易ではありません。

とはいえ、学校の課題にせよ、ビジネス文書にせよ、書くために使える時間はかぎられます。一枚のレポートを書くのに、何年も構想を練るという人はいないでしょう。それでも、たとえ数分であっても構想の時間を欠かすことはできません。

締め切りが迫っているからという理由で、いきなり原稿用紙に文字を書きはじめたとしても、おそらく途中で行き詰まるでしょう。行き当たりばったりで書き進めていくと、最後に無理やり辻褄(つじつま)を合わせるという展開にもなります。そうして書きあげた文章がどのように評価されるのかは、火を見るよりも明らかです。

準備がしっかりできていれば、執筆に要する時間はそれほど長くなりません。むしろ、構想がしっかりできていればスムーズに筆が進み、トータルの時間は短くなるものです。

目に見える形で構想する

構想を練るといっても、目を閉じて、ただ漠然と頭の中で考えているだけでは前に進めません。情報を目に見える形にして思考することが重要です。たとえば、必要な資料を手元に置き、その内容を確認しながら重要と思われる事項をピックアップし、自分の考え・意見とともにノートに書き出していく方法がその一つです。どのようなやり方で構想を練るにせよ、手を動かしながら考えるという点が重要なポイントとなります。

先に紹介したロルフ・ドベリ氏（八五頁）は、「何を書くかというアイデアは『考えているとき』にではなく、『書いている最中』に浮かぶ」（ドベリ、前掲書、一二三頁）と述べています。また、ドベリ氏は、これを「文章を書くための最大の秘訣」としていますが、「書いている最中」というのは、言うまでもなく下書きのことです。

同氏は、自分の意見をつくりあげたいときには、「時間をかけて、落ち着いて、自分の考えを書き出してみるといい。『書く』という行為は、考えを整理したいときの王道だ。とりとめのない思考も、文章にすればクリアになってくる」（ドベリ、前掲書、二五四頁）とも述べています。

実際、自分の思考を文字の形で可視化すれば、考えが整理され、自らの意見も明確になってきます。アメリカで「学び」について研究しているアーリック・ボーザー（Ulrich Boser）氏も、書く効用について次のように述べています。

> 書くという行為はメタ認知の良い例である。文章や段落の構成について考えるとき、大事なメタ認知的な問いかけを自分にしているからだ。これを読むのは誰だろう。相手に理解してもらえるだろうか。どの部分は説明が必要だろうか。考えをまとめる方法として、書き出すのが効果的な理由はここにある。書いてみると、自分の主張を評価したり、アイデアについて考えたりしないわけにはいかないからだ。（『Learn Better――頭の使い方が変わり、学びが深まる6つのステップ』月谷真紀訳、英治出版、二〇一八年、一一五頁）

引用文にある「メタ認知」についてはのちに言及しますが、簡単に言うと、自分の思考や行動を他人の視点で客観的に見るということです。文章の構想を練るとき、ただ頭の中で考えていても、それを客観的に捉えるのは難しいでしょう。でも、考えを書き出せば、それを他人の視点で見ることができます。頭の中にあるものを一旦外に出し、それと向きあうことによって考えが洗練されていくのです。

次に、書き出した考えを文章の形へとまとめていきます。目的を見据えつつ、テーマに沿って言葉をどのように組み立てていくのかを考えるのです。矢印や番号などを書き加えながら関連するものをまとめ、同時にテーマと関係の薄いものを外しながら文章の流れをつくっていきます。ひと通りの流れが描けたら、それを柱にして、さらに肉付けをしながら実際に書く文章の草案を仕上げます。

構想している内容の全体像が見渡せる状態にすることもポイントとなります。紙を使う場合は、小さなメモ帳でなく、できるだけ大きめの紙を使うのがおすすめです。カードに書き出して、それを並び替えながら考えるのもよいでしょう。

これはあくまでも一例ですが、いずれにしても、構想は常に目に見える形で進めることが重要です。そして、文章の内容はこの段階でしっかり固めます。執筆段階では、どう表現するのかという点に力を注ぎましょう。なお、構想やアイデアを練る方法については、言語学者でエッセイストとしても活躍した外山滋比古（一九二三〜二〇二〇）が著した『思考の整理学』（ちくま文庫、一九八六年）が参考になります。

昨今は、文章を書く作業をパソコンのワープロで行うという人が多いと思います。そのような人は、構想段階からワープロを使うやり方が向いているでしょう。ワープロに文字を打ちこみながら思考すれば、実際に文章化する段階での手間が省けます。

ただ、その場合に注意したいのは、内容を修正する際に、前に書いた言葉を安易に消去しないことです。考えを進めていく過程で、元の考えに立ち戻ったほうがよいと思われる場面も出てくるでしょう。その場合、先に書いた言葉が残っているとスムーズに戻れます。

パソコンを使う際には、もう一つ注意点があります。それは、インターネット上で見つけた情報と自分で考えた事柄を明確に区別することです。「第1部《3》」でも触れましたが、ワープロでの文字入力とインターネットでの情報収集が同じ画面上で行われると、情報を混同してしまう恐れがあります。インターネットで「よい考え」に出合うと、「自分もそう思ってたんだ」、「自分はこれを言いたかったんだ」と、あたかも自分の考えであるかの如く思いこんでしまい、それをそのまま流用してしまう場合があるのです。

コピペの問題はすでに述べたとおりですが、インターネット上の記述は出所を記して扱い、自分の言葉とはっきり区別をしなければなりません。

書いたあとのことも考える

文章の構想を練る際、時間軸を先に進めて思考すること、つまり仕上がったあとの展開を考えることも大切なポイントです。未来に目を向けることは、目的を見据えることにもつながります。

完成した文章を受け取った読者がどのような印象を抱くのか、さらにその先には何が起こり得るのか、具体的にイメージしてみましょう。この作業は、感情的、直感的な思考から脱却するうえでも有効です。

アメリカの作家、スージー・ウェルチ（Suzy Welch）氏は、「10－10－10（テン・テン・テン）」という考え方を提唱しています。これは、文字どおり「10」をキーワードにした三段階の思考法を指します。

「一〇分後にどうなるか、一〇か月後にどうなるか、一〇年後にどうなるか」、言い換えると「今すぐに出る結果、近い将来に出る結果、遠い将来に出る結果」を考えるというものです[39]。

この考え方は、人生における決断を下す際に有効とされるものですが、文章を書く場面にも適用できます。今、書いている文章がその後どんな結果をもたらすのかを想像するのです。必ずしも一〇分、一〇か月、一〇年というスパンでなくても構いません。

感情の赴くままに文章を書きあげれば、「今」、つまり書きあがった直後は満足感を覚えるかもしれません。しかし、「近い将来」それが読み手に届いたときにはどのように思われるか。さら

(39)　スージー・ウェルチ／小沢瑞穂訳『10－10－10──人生に迷ったら、３つのスパンで決めなさい！』講談社、二〇一〇年、二〇頁参照。

にその後、「遠い将来」にどのような展開になりうるのかと、結果をイメージするひと手間が冷静さを取り戻すきっかけにもなります。

先に見た不正な手段を使って文章を仕上げた場合も、書きあげた直後は満足感が得られるかもしれません。「とりあえず仕上げられた。何とか締め切りに間にあう」と。でも、その後に起きうる事態を想像すれば、自分の行為に対するうしろめたさが芽生えてくるはずです。

目の前にある課題、テーマを注視しすぎると視野が狭くなり、自分自身を客観的に見られなくなります。未来という遠いところにも視線を向けつつ、広い視野で考えながら文章を書くというスタイルを心掛けましょう。

材料を見極める

書くための情報・資料の扱い方

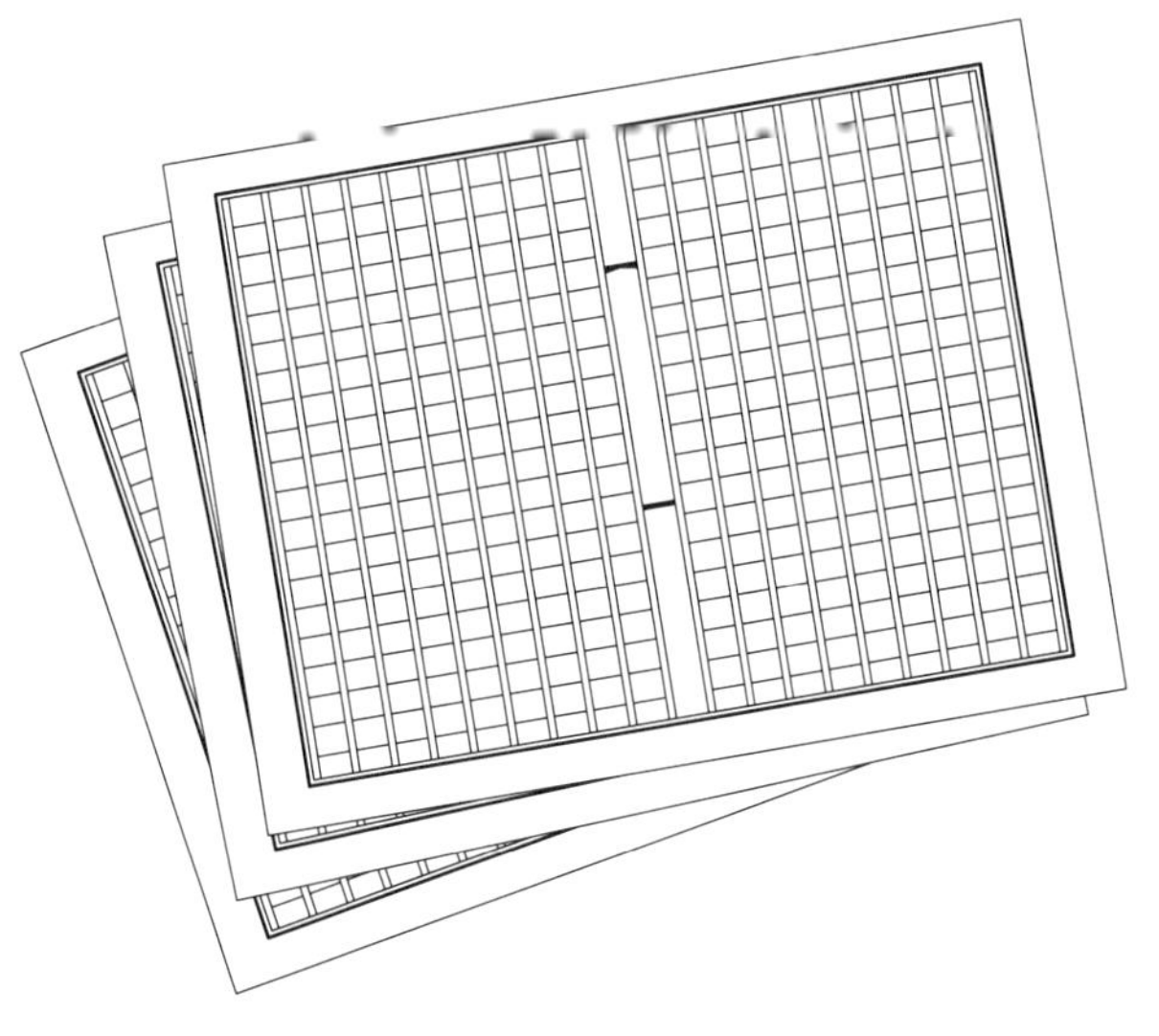

プロローグ　ある作品が広げた波紋

一九九五年、ドイツで一冊の本が出版されました。そのタイトルは『Bruchstücke: Aus einer Kindheit 1939-1948』（邦訳書『断片――幼少期の記憶から　1939-1948』小西悟訳、大月書店、一九九七年）。著者はビンヤミン・ヴィルコミルスキー（Binjamin Wilkomirski）という人物です。

この本には、彼が幼少期に体験したナチスの強制収容所での出来事や、そこから救出されてスイスで暮らすまでの経緯などが描かれています。彼は、自分の生まれた場所も生年月日も知りません。収容所にいた当時、彼は五歳前後だったとされています。その年齢では、まだ当時の社会情勢を知るはずもないでしょう。自分の置かれた境遇を理解できないまま、彼は辛い体験を重ねていきます。

たとえば、次のような記述があります。

坂は急でつるつるしている。ところどころに生えている草の束をつかんでぼくは上へ上がろうとする。けれども何度も滑り落ちる。草の根は弱く、すぐ抜ける。奇妙だ。根づいていないらしい。そこでぼくは斜面に横たわっている死人の腕や脚につかまるほかはない。ゆっくりゆっくり、ぼくはまた上へ這い上がる。どうかこの人たち、持ちこたえて、草みたいにぼくといっしょに落ちないで！（前掲書、一〇七頁）

収容所から逃れるときの体験を生々しく描いています。そこに、場所や状況に関する具体的な説明はありません。子どもの視点から見た「現実」と当時の「気持ち」だけが記されています。それが逆に、読む人にリアルな印象を与えます。

この本は、刊行後、世界的に大きな反響を呼びました。一九九六年度全米最優秀自叙伝賞、一九九七年度米ホロコースト博物館ブック・オヴ・ザ・イヤーのほか、フランスでショアー（ユダヤ人大虐殺）記憶賞を受賞するなど、欧米各国で高い評価を受けました。日本では一九九七年末に邦訳出版され、その帯では「ホロコースト文学の傑作」と紹介されています。

名著としての評価が固まりつつあるなか、一九九八年八月にある衝撃的な事実が公表されました。『断片』に描かれていた事柄は「事実」ではなかったのです。スイスのジャーナリスト、ダニエル・ガンツフリート（Daniel Ganzfried）氏が発表した記事によると、著者のビンヤミン・ヴィルコミルスキーの本名はブルーノ・グロージャン。一九四一年にスイスで生まれ、幼いころにドセッカー家へ養子に出され、ブルーノ・ドセッカーとなります。第二次世界大戦中はスイスで暮らしていました。

彼はユダヤ人ではなく、強制収容所に収容された事実もありませんでした。収容所へは、のちに旅行で訪れていたということです。

その後、詳細な調査が行われ、ガンツフリートの発表がほぼ事実であることが裏付けられました。

『断片』に書かれている内容は、すべて捏造されたものでした。事実に基づく作品として読んだ人から批判の声が上がるのは当然でしょう。ただ、ドセッカーは、自分の利益のためにこの作品を書いたわけではありません。当初、彼には出版する意志がなかったという事実からもそれは分かります。[1] つまり、彼は売名や金儲けを目論んだわけでもなければ、世間を欺こうとしたわけでもなかったのです。

心理学者のダニエル・L・シャクター（Daniel L. Schacter）氏は、この出来事について次のように述べています。

―　はたしてドセッカー（ヴィルコミルスキー）は単なる嘘つきなのだろうか？　おそらくそ

うではないだろう。彼は今でも自分の記憶は本物だと信じている。（『なぜ、「あれ」が思い出せなくなるのか――記憶と脳の7つの謎』春日井晶子訳、日経BPマーケティング、二〇〇四年、一〇頁）

虚偽の記憶を事実だと信じているということは、精神に異常を来していた可能性もありますが、そういうわけでもなかったようです。心理学者のエリオット・アロンソン（Elliot Aronson）氏らは、「〔ドセッカーは〕完璧にまともな人生を送っているし、ちゃんと自分の役割を果たし、きちんとした職業に就き、周囲との人間関係も築き、経済生活も破綻していない」[2]と述べています。

では、ドセッカーはなぜ虚偽の記憶をもつに至ったのでしょうか。彼は五歳のときにドセッカー家に引き取られますが、実はそれまでにさまざまな家をたらい回しにされていました。そうした辛い生い立ちがトラウマとなり、虚偽の記憶を生み出すきっかけになったという分析もあります[3]。

（1）柴嵜雅子「ヴィルコミルスキー事件再考」『国際研究論叢：大阪国際大学紀要』二五（一）、二〇一一年、四五頁参照。

（2）エリオット・アロンソン、キャロル・タヴリス／戸根由紀恵訳『なぜあの人はあやまちを認めないのか』河出書房新社、二〇〇九年、一一二頁。

「自分自身を納得させるのが動機だった」、「新しい自分に生まれ変わる最後の仕上げだった」（アロンソンほか、前掲書、一一三頁）という見解も出されていますが、専門家でも本人の心境を理解するのは難しいでしょう。

動機はともかく、この出来事はきわめて特殊な事例であると思われる人が多いでしょう。でも、程度の差はあれ、同様のケースはそれほど珍しくありません。嘘をつくことを意図していなくても、虚偽の記憶が形成され、結果的に「嘘」を書いてしまう可能性は誰にでもあるのです。

第１部では、書く目的を見定める必要性について説明しました。そのなかで、目的を見誤ると、意図的な捏造（ねつぞう）や盗用といった不正に至る可能性があることを見てきました。

ここ第２部では、書く材料を見極めることの重要性について見ていきます。書くための材料に誤りがあれば、意図せずしてまちがった記述になってしまう恐れがあります。右記のような虚偽の記憶にまつわる問題のほか、書くための情報を集めたり、分析したりする段階で陥ってしまう罠などを紹介していきます。

7　自分の記憶力を過信していませんか？

記憶の正しさを確かめる

ここでは、まず記憶力を試す問題からスタートします。次に挙げた一五個の単語をひととおり読んでください。読み終えたら、その部分を隠してください。

ランチ　おにぎり　弁当箱　お惣菜　スプーン　からあげ　食欲　おやつ
サンドイッチ　お茶　デザート　水筒　皿　フォーク　空腹

では、次に挙げる単語のうち、先に見た一五個の単語のなかになかったものはどれでしょうか？

（3）　柴嵜、前掲書、五二〜五三頁参照。

サンドイッチ　食欲　おかず　デザイン　弁当箱

答えは「デザイン」です。挙げた一五の単語は、いずれも「食」に関係するものです。一つ一つの単語をすべて記憶できていなくても、関連するものが並んでいるという情報は頭に残っていたでしょう。そこから、「デザイン」が含まれていないことは直感で分かったかと思います。

ただ、一五個の単語のなかになかったものが、実はもう一つあります。気づきましたか？

それは「おかず」です。「おかず」は、一五個の単語に含まれていると思った人が多いのではないでしょうか。この言葉は、ほかの単語と関連するため、リストに含まれていたと錯覚しやすいのです。(4)

多くの人は、単語を順に読みながら、一つ一つをできるだけ記憶しようと努めたでしょう。その途中で、どれも食に関する言葉であると気づいたのではないでしょうか。すべてに関連する要素が見つかると、その共通項が頭に強く印象づけられます。実際、複数の物事を覚えようとするとき、共通項があると効率よく記憶できます。

しかし、記憶を引き出す際には、逆にこれが混乱を来す要因になります。共通項が先行して、なかったものまであったかのように思えてしまうのです。物事を関連づけ、共通項を見いだそうとする思考は、無意識のうちに行われます。脳が自動的に行うため、知らぬ間に記憶に錯誤(さくご)が生じてしまうわけです。

ここで挙げたのは、実験用につくられた引っかけ問題ですが、実際、そうした記憶の誤りは日常生活でもごく普通に起きている可能性があります。

なお、ここで言及した「記憶」は「短期記憶」を指します。短期記憶とは、文字どおり短い時間保持される記憶です。これは数十秒しか残りません。先ほど覚えた一五個の単語を、すでにほとんど忘れてしまったという人もいるでしょう。

これ対して、長期間にわたって保持される記憶を「長期記憶」と言います。こちらは、数十年にわたって保持できます。たとえば、小学生のときに覚えた九九は、今でも覚えているでしょう。これは、短期記憶が長期記憶に変換されている状態です。

長期記憶は、言葉で表現できる「宣言的記憶（陳述記憶）」と言葉で表現できない「非宣言的記憶（非陳述記憶）」の二つに分類されます。前者の宣言的記憶は、さらに「意味記憶」と「エピソード記憶」に分けられます。意味記憶とは、一般的な知識を指します。「二〇一二年五月二二日に東京スカイツリーが開業した」といった社会的に共有される情報がこれに該当します。

（4）　同様の記憶問題は、心理学・行動経済学の多くの文献で紹介されています。本書の設問は、ダニエル・ギルバート／熊谷淳子訳『明日の幸せを科学する』（ハヤカワ・ノンフィクション文庫、二〇一三年）一三六〜一三八頁を参考に作成しました。

一方、エピソード記憶とは、簡単に言うと思い出です。「二〇一二年五月二二日に東京スカイツリーへ行った」といった個人的な体験がこれに相当します。そのなかでも、とくに個人的に強い印象をもつものは「自伝的記憶」と呼ばれています。

後者の非宣言的記憶は、自転車の乗り方やピアノの弾き方といった「体で覚えた」ように感じる記憶を指します。これは「手続き記憶」とも言われます。

一度に説明してもなかなか整理できないかもしれませんが、記憶にはさまざまな種類があるということだけ、とりあえず頭に入れておいてください（二七一頁で再度言及）。以降で記憶についてさらに掘り下げていきますが、そこで扱うのは、主にエピソード記憶です。

人の記憶は書き換えられる

死の間際には、人生のさまざまな場面が走馬灯（そうまとう）のように蘇る——。

死に直面したときに起こる現象として、そんな話を耳にしたことがある人は少なくないでしょう。走馬灯とは、影絵を映し出すように細工された灯籠（とうろう）のことで、これを回転させると、影絵が次々と変化しながら目の前に現れます。フィルムに光を当てて回転させるのと同様、映し出されたものが動いているように見えます。

この話に象徴されるように、人の記憶（エピソード記憶）は、過去の情景が一連となったもの、つまり動画のような形で脳に保存されていると認識している人が多いのではないでしょうか。過去の記憶を呼び起こすのは、動画データやビデオテープを「再生」するのと同じようなものだという感覚です。しかし、脳が保持している記憶は、実際は一連のまとまりになっているわけではありません。保存されているのは過去の断片的な情報にすぎず、想起する際にそれらが再構成されるのです。

再構成とは、過去の記憶を組み合わせて再現することを意味します。つまり、脳に保存された過去のさまざまな記憶が思い出す際に組み合わさって、あたかも一連の動画のように認識されるのです。いわば、スナップ写真をつなぎ合わせて動画をつくるようなものです。

昔の出来事を思い出すとき、自分では過去のありのままの情景を想起していると思っていても、実際は断片的な情報を組み合わせているにすぎません。バラバラの情報を再構成するということは、その過程で歪みが生じたり、誤った情報が入りこんだりする余地が多分にあるということです。実際、記憶は思い起こすたびに中身が変化していきます。

とはいえ、過去の出来事のなかで、忘れてしまったものはともかく、覚えているものについてはいずれも現実に起きた出来事である、と大抵の人は信じています。

「細部に多少の記憶違いはあるかもしれないが、少なくとも自分が過去に見た、体験したことと自体はすべて事実である」と。

でも実は、自分が見た、体験したといった「事実」そのものが誤りであるというケースも珍しくないのです。

昨今、アメリカで裁判における目撃証言が誤りであったことが、あとになって明らかになる事例が多数報告されています。これは、ＤＮＡ鑑定技術の進歩に伴って生じた現象ですが、この事実も、人の記憶がいかに不確かなものであるかを物語っていると言えます。

人の記憶が容易に書き換えられてしまうことは、心理学の研究で明らかにされています。事実ではない経験を他人の頭に記憶として植え付けることが、比較的簡単な実験でできてしまうことも実証されています。他人から聞いた話を自分の頭の中でイメージしているうちに、いつの間にか、それが自分自身の記憶として定着してしまう場合があるのです。とくに、幼児期の記憶にそうした傾向が見られます。本部の冒頭で紹介した、ヴィルコミルスキーのケースも、この現象が絡んでいるのかもしれません。

もちろん、乳児・幼児にも、自分で物事を見聞きして記憶する能力はあります。しかし、脳が未発達であるため、その記憶は長く保持できません。成人期まで残る記憶が形成されるのは、一般的には二歳から二歳半くらいと考えられています。(5) つまり、それ以前の記憶は、成人したころには失われているのです。これは「幼児期健忘(けんぼう)」と呼ばれています。

それでも、自分は幼児期の出来事を鮮明に覚えているという人もいるでしょう。なかには乳児期、さらにその前の胎内記憶があるという人もいます。その記憶は、あとでつくられたものかもしれません。家族など周囲の人から聞いた話、アルバムに載っていた写真といった情報をもとに、気づかぬ間に脳内でつくりあげている可能性があるのです。

こうした記憶の「捏造（ねつぞう）」は、幼児期を過ぎたあとでも起こり得ます。幼児期以降に現れる虚偽の記憶は、嘘・作話と区別の難しい場合もありますが、本人は事実と思いこんでいるケースが少なくありません。

また、他人の体験が、あたかも自分の体験であるかのように記憶されてしまうこともあります。たとえば、友人と旅行に行った際、友人は目撃したが自分は見ていなかった出来事があったとします。その話を友人から聞いているうちに、いつの間にか自分も旅行中にその出来事を目撃したかように思いこんでしまうわけです。当初は「他人の目撃談」を借用していることを自覚していたとしても、第三者に話すうちに「自分の目撃談」として記憶されてしまうのです。「第1部《3》」で「盗用」について説明しました。記憶のメカニズムという観点で見ると、書

（5）カール・サバー／越智啓太ほか訳『子どもの頃の思い出は本物か――記憶に裏切られるとき』化学同人、二〇一一年、五三頁参照。

き手が意図せずして他人の文章を盗用してしまう可能性のあることが分かります。その原因は、今述べたような記憶の伝染にあるのです。誰かが書いた体験談を読んだあとで、それが自分の体験した記憶としてインプットされてしまうわけです。(6)

文章を書くときは、頭の中にある記憶を頼りに言葉をつないでいきます。当然ながら、記憶がなければ何も書けません。でも、その記憶が正確でない可能性もあるのです。ある事柄について「知らない」と認識していれば、事実を知るための情報を探そうとします。でも、「知っている」と認識している事柄については、あえて確認しようという意欲は起きないでしょう。

もしかしたら、自分の知っている物事がまちがっているかもしれない、という自覚をもつことも大切です。事実を書く必要がある場合は、「記憶」を柱にしつつも、「記録」にも依拠しながら、より正確な事実を追求する姿勢が欠かせません。もちろん、記憶と同じく記録にも限界がありま す。それでも、自分の認識している「事実」が必ずしも正確とはかぎらない、ということは忘れないようにしたいところです。

他者の記憶にも注意が必要

記憶の信憑性が疑われるのは自分自身にかぎったことではありません。ほかの人の記憶も書き換えられている可能性があるのです。他人から聞いた話を文章にする場合も、その話を鵜呑みにしないよう気をつける必要があります。

その一例として挙げられるのが戦争体験談です。戦争体験は、当事者の年齢や立場、場所、視点がそれぞれ異なるため、中身は多種多様です。太平洋戦争における本土空襲に関して多くの人が当時の様子を語っていますが、その詳細は多岐にわたっています。ただ、なかにはまったく別の場所にいた複数の人が酷似した体験を語るというケースが少なくありません。たとえば、米軍機の機銃掃射（戦闘機からの機関銃による攻撃）について、多くの人が似たような体験を語っています。

「操縦士の顔が見えた瞬間に銃弾が飛んできて、私たち中学生を追いかけてくる。機銃掃射でした」

「私のすぐ傍を通り過ぎる時、機体の窓からパイロットの青ざめた横顔が見えた」

「低空飛行だったから操縦士の顔がぼんやり見えた。初めて見る西洋人だった」

「機銃掃射を受けた時、急降下してくる飛行機の敵兵の顔がはっきりと見えた」

「向かってくる戦闘機にはアメリカ兵のニヤリと笑う顔がはっきりと見えました」

（6）記憶のメカニズムについては、ジュリア・ショウ／服部由美訳『脳はなぜ都合よく記憶するのか――記憶科学が教える脳と人間の不思議』（講談社、二〇一六年）、シャクター、前掲書、サパー、前掲書ほか参照。

「旋回しながらまた撃ってくる戦闘機を見上げると、パイロットと目が合う。にやりと笑っているように見えた(7)」

ここで挙げたものは、いずれも著名人の証言です。これら以外にも、多くの人が同じような体験を語っています。彼らは異口同音に、戦闘機が自分のほうに迫ってきたとき、「パイロットの顔が見えた」ことを強調しています。その表情にまで言及しているものも少なくありません。

当時、多くの人が屋外で機銃掃射に遭ったのは事実です。しかし、判で押したように「顔」についての印象を体験者が強調する点には不自然さを覚えます。

地上から、戦闘機に搭乗しているパイロットの顔を見ることが物理的に不可能というわけではありません。飛行中であっても、条件によっては顔を見られたと考えられます。とはいえ、実際に米軍機と遭遇した人たちは、まず「伏せる」、「隠れる」、「逃げる」といった行動をとっているはずです。事実、当時はそうした指導もなされていました。そんななかで、本当にパイロットの顔を見られたのだろうか、という疑問が残ります。

実際に戦争を体験した人の証言は、書籍や新聞、雑誌などに多数掲載されています。あくまでも「個人の証言」であることが前提となっていますが、多くの場合、それは「事実」として扱われています。過酷な体験をした人の言葉を無闇に疑ってはいけない。特別な理由もなく、体験者が嘘をつくはずがない。歴史を後世に伝えるために、その言葉を尊重しなければいけない――。そうした暗黙の了解のもと、語られた証言が「真実」と見なされる場合も少なくありません。

しかし、体験者が語る言葉のなかには、映画やドラマのワンシーンを思い描きながら語っているかのようなものが散見されます。先ほど挙げた証言のように、異なる場所にいた複数の体験者が似たような「体験」を詳細に語っているケースも珍しくありません。

また、体験談と当事者の年齢や史実との整合性がとれないものもあります。前節で記憶のメカニズムについて触れましたが、体験者のなかにも何らかの形で虚偽の記憶を保持してしまった人がいるのかもしれません。

個人的あるいは社会的に重大な出来事に遭遇したとき、その出来事が起きた瞬間について詳細に記憶されることがあります。そうした記憶を「フラッシュバルブ記憶」と言います。写真のフラッシュを焚いた瞬間のように、鮮明に残るという意味でこのように名付けられました。

（7）各発言の出典は以下のとおりです（掲載順）。有馬朗人（一九三〇～二〇二〇・物理学者）〈読売新聞〉二〇二〇年八月五日付。岸恵子（俳優）〈日本経済新聞〉二〇二〇年五月三日付。小澤征爾（指揮者）〈日本経済新聞〉二〇一四年一月四日付。中沢和子（幼児教育学者）『教育は何をのこしたか』国土社、一九八七年、六九頁。半藤一利（一九三〇～二〇二一・作家）「文春オンライン」二〇一八年八月一五日。野中郁次郎（経済学者）〈日本経済新聞〉二〇一九年九月三日付。

たとえば、東日本大震災（二〇一一年）発生時の状況については、実際に体験した人だけでなく、報道で事実を知った人も、その瞬間のことを鮮明に覚えている人が多いでしょう。

フラッシュバルブ記憶は、時間が経過しても鮮明に思い出すことができます。ただ、記憶が鮮明であることと正確であることは必ずしも一致しません。実際、フラッシュバルブ記憶に関する研究でそうした事実が明らかにされています。被験者に出来事の詳細について尋ね、時間が経過してから同じように出来事の詳細を尋ねると、両者の内容が一致しないというケースが多いのです。しかも、被験者は自分の記憶が変化していることに気づいていません。フラッシュバルブ記憶のこうした性質は注目しておきたいところです。(8)

また、心理学者のマーク・フリーマン（Mark Freeman）氏は、人が過去を回想することに関して次のように述べています。

> 私たちの思い出し方や語り方は、個人的過去を図式的に、あるいはステレオタイプ的に表現する慣例で覆われており、その多くは私たち自身の個人的経験にとって外的な無数のものに源がある。（『後知恵―過去を振り返ることの希望と危うさ』鈴木聡志訳、新曜社、二〇一四年、一七二頁）

人が記憶している過去の出来事の多くは漠然としています。必ずしも詳細かつ明確な情報が備わっているわけではありません。しかし、それを誰かに伝えるときには、具体的に表現する必要が出てきます。

個人のかぎられた知見を用いて説明するとなると、表現が多少パターン化するのはやむを得ないかもしれません。その際、過去に観た映画のワンシーンがイメージとして浮かんでくる可能性もあります。また、ドラマでお決まりの演出が自分の記憶と重なってしまうこともあるでしょう。記憶を再現するときは、気づかぬうちに何らかの固定観念に影響される可能性があるという点は理解しておく必要があります。

先に紹介した証言が事実なのか、事実を脚色したのか、まったくのつくり話なのか、それとも虚偽の記憶なのかは分かりません。歴史の専門家は、事実でない可能性があることを念頭に、そうした証言の取り扱い方を心得ています。しかし、そうでない人は、証言は事実であるとの前提で耳を傾けがちです。体験談と接する際は、少なくとも「証言」と「事実」を安易に結び付けないようにする姿勢を保っておく必要があるでしょう。

（8）フラッシュバルブ記憶については、福田幸男、菅ひとみ「フラッシュバルブ記憶の特徴（1）――縦断的研究による想起の正確さについて」『横浜国立大学教育紀要』三四（一九九四年）一～一四頁のほか、ターリ・シャーロット／斉藤隆央訳『脳は楽観的に考える』（柏書房、二〇一二年）二〇九～二三五頁参照。

聞いた話を記憶・記録すること

各人が戦争を始めようとして、または既に開戦してから、演説で述べたことは、私自身が聴いた場合でも、各地から私に報告してくれた人々にとっても、語られたとおりに正確に思い出すことは困難であった。それゆえに私は実際に語られたことの全体的な主旨に可能な限り迫りながら、各人がその時々に直面した問題について最も必要なことを述べたと私に思われたとおりに記述することにした。（トゥキュディデス／藤縄謙三訳『歴史1』京都大学学術出版会、二〇〇〇年、二三～二四頁）

これは、古代ギリシアの歴史家、トゥキュディデス（BC460?～BC395）の言葉です。彼は、ペロポネソス戦争（紀元前四三一年～紀元前四〇四年）を記録した著書『歴史』（『戦史』）のなかで、歴史を書き記す難しさについて述べています。

当時、もちろん録音機材はありません。紙（パピルス）やペンはありましたが、高価なうえ、書きにくいものだったため、現在の筆記具のように使うのは難しかったと考えられます。そうなると、頼みになるのは記憶しかありません。しかし、聞いた話を正確に思い出すのは難しいという事実を、彼は率直に認めているわけです。

実際、他人が話した内容を正確に記憶し、そのまま再現するのは容易ではありません。ごく短い話ならともかく、長時間にわたる話をすべて記憶することはできません。特殊な記憶力をもっている人なら可能かもしれませんが、通常は、記憶として残るのは話そのものではなく、話の概略、流れ、そしていくつかのキーワードくらいです。

話を思い出す際は、記憶している断片的な情報を再構成することになりますが、当然、実際の発言とは食い違う可能性が高くなります。

幸い、今日は古代ギリシア時代とは違い、ボイスレコーダーなどの便利なツールがあります。他人の話を文章のなかで再現する必要がある場合は、メモを取るのはもちろん、ボイスレコーダーなどで録音することが重要となります。

聞いた話を記憶し、それを文章で再現するのがいかに難しいかは、経験があれば理解できるでしょう。経験したことがないという人には、一度試されることをおすすめします。

誰かにインタビューをする、あるいは講演などを聴いて、その内容を文章化してみるのです。ボイスレコーダーに録音しながら話を聴き、まずは自分の記憶だけを頼りに書いてみましょう。その後、録音データを再生し、書いた内容の正確さをチェックしてみます。

話の難易度や長さにもよりますが、思わぬところで自分の記憶に大きな誤りがあったことに気づき、驚くかもしれません。自分がどこに注意を向けがちなのか、何を聞き逃しているのか、その傾向を把握しておくことも大切です。

話をすべて録音するのならメモは必要ない、と思う人もいるでしょう。しかし、メモでなければ記録できない事柄もあります。その代表例が固有名詞です。とくに人名は、漢字を正確に書いて記録する必要があります（外国人の場合はスペル）。

日本人の姓は、一説では三〇万種類以上とも言われています。そのなかには、渡辺の「辺」や斉藤の「斉」など、一つの漢字に数十種類の異体字があるものもあります。人名の誤りは読み手の心証を損ねかねません。人名以外でも、書きまちがえをしやすい言葉はしっかり記録しておく必要があります。

メモは、単に言葉を記録するための手段ではありません。耳にした情報を整理するのにも有効です。その一例を挙げましょう。取材のなかで、次のような情報が得られたとします。

-○-○-○-

三郎は二郎よりも早くゴールした。二郎は四郎よりも遅くゴールした。一郎がゴールしたとき二郎はすでにゴールしていた。三郎がゴールしたとき、四郎はすでにゴールしていた。

これはマラソン大会の結果について語られたものです。これを読んで、四人のうち一番遅くゴールしたのは誰かを答えてください。

この例文を聞いただけでは、即座に四人の順序をイメージするのは難しいでしょう。でも、メモ用紙を使って位置関係を図で表しておけば、「一郎」という答えは簡単に出てきます（四郎、三郎、二郎、一郎の順）。

固有名詞、事実関係のほか、数字などのデータもしっかり記録をとって、誤りがないよう注意を払う必要があります。ただ、そうした具体的な事柄にばかりに意識が向けられると、大筋を見誤ってしまう可能性があります。具体的な事柄を話し手がどのような文脈で言っているのかについても注意を払わねばなりません。

話し手が「～だ」と事実を断定的に述べたのか、「～と思う」と個人的な意見を語ったのか、「～かもしれない」と可能性を示したのか。末尾の表現の違いで話の趣旨は大きく変わってきます。そうした話し手のニュアンスにも留意する必要があります。

たとえば、警察や検察で取り調べが行われる際には供述調書が作成されますが、そこで被疑者が「～だったかもしれない」と曖昧な回答をしたものが「～だった」と断定調で書かれ、判決に影響を及ぼす場合があります。表現上はわずかな違いでも重大な問題になることもあるため、話の末尾まで疎かにすることはできません。

8 現場を重視しすぎていませんか？

「見る」と「認知する」の隔たり

次の二つのことについて、ご自身の記憶を思い起こしてみてください。

①一〇〇〇円札には「日本」という文字が全部でいくつ印字されていますか？
②本書の目次は全部で何ページありましたか？

いずれについても、現物を目にした記憶はあるかと思います。でも、その中身は漠然としたものでしょう。答えは、①が二つ、②が一〇ページです。答えは合っていても、自信をもって回答できたという人は少ないのではないでしょうか。あらかじめこのような質問をされると知っていれば、事前に数えていたかもしれませんが、通常、そうした情報を目にしても、あえて数を認知しようとはしないでしょう。

あるテーマについて文章を書こうとするとき、直接現場へ出向いて情報を集める場合がありす。その際、現場で何に注目すべきかは、あらかじめ意識にのぼっているでしょう。ただ、注目すべきポイントが明確であればあるほど、それ以外の情報は視界に入ったとしても十分認知されません。

過去に訪れた場所や見たものについて書く場合も同じです。注目していたものは強く印象に残っていても、それ以外の記憶は漠然としているはずです。

「いつも目にしているものだから知らないはずがない」

「過去に行ったことがあるからよく知っている」

「自分自身のことだから当然分かっている」

自分の記憶に関して、このような言葉を口にする人がいます。でも、先ほど挙げた問いからも分かるように、実際に見た物事のなかで正確に認知しているものは決して多くないのです。

視界に入っていたのに認知できていない――。そんな人の注意力の限界を明らかにした実験があります。

アメリカのハーバード大学で行われた実験では、被験者に一本の動画が見せられました。動画には、六人の男女がバスケットボールをパスするシーンが映っています。登場人物のうち三人が白いシャツ、残りの三人が黒いシャツを着ており、同じ色のシャツを着た人同士がボールをパスしています。

課題は、白いシャツを着た人たちが何回パスをしたかを数えるというものです。動画のなかでは、六人の人物と二つのボールが行き交うため、注意をして見ないと正確には数えられません。

この実験は非常に有名なので、見たことがある人もいるでしょう。もし、見たことがなく、手元にスマートフォンあるいはパソコンがある人は、本書を一旦置いて動画を見てみてください（アドレスはhttp://www.theinvisiblegorilla.com/videos.html検索サイトで「selective attention test」と入力すると出てきます）。

動画内で白いシャツを着た人たちが行ったパスの回数は「一五回」です。でも、これに正解したか否かは重要ではありません。実は、動画のなかにはおかしなシーンがあります。パスをする人たちに混じって、ゴリラの着ぐるみを着た人が登場しているのです。パスをしている輪の中に堂々と入ってきて、途中で立ち止まって胸を叩くなど、目立った動きを

the invisible gorolla, http://www.theinvisiblegorilla.com/videos.html サイト内では他のバージョンの動画も複数紹介されています。

しています。しかし、実験参加者の約半数はゴリラがいたことに気づきませんでした。

同様の実験が何度も行われましたが、やはり半数くらいの人はゴリラを認知することができませんでした。(9)

実験でパスの数を数えさせたのは、注意を特定の事柄に向けさせるためです。ある物事に注意が向けられていると、視界に入っているほかのものが十分認知できなくなってしまうのです。ゴリラが登場する事実をあらかじめ知っていれば、動画を見たとき容易に気づくでしょう。でも、そうした情報がなければ簡単に見落としてしまうわけです。

あてにならない目撃証言

前節の例からも分かるように、人間の注意力は限定的で、認知できるものはかぎられています。現場を見ていたはずなのに、実は大きな事実を見落としていたというケースは珍しくありません。逆に、実際は見ていないものを、見たかのように思いこんでしまうこともあります。「たしかに見た」と思っていた物事が、実は錯覚だったという事例もあるのです。

(9) クリストファー・チャブリス、ダニエル・シモンズ／木村博江訳『錯覚の科学』文春文庫、二〇一四年、一九〜二三頁参照。

そうした認知に関する問題については多くの研究が行われており、人間の認知能力がいかに頼りないものなのかが明らかにされています。この分野の草分けとも言えるのが、認知心理学者のエリザベス・ロフタス（Elizabeth F. Loftus）氏です。ロフタス氏は、さまざまな実験を通して目撃証言の不確かさを証明しました。その実験の一つが次のようなものです。

実験では、まず被験者にある交通事故の映像が見せられました。その後、被験者は二つのグループに分けられ、それぞれに質問が出されます。一方は、「白いスポーツカーが田舎道を走って、農家の納屋の前を通り過ぎたときどのくらいのスピードを出していたか」と問われました。もう一方には、「白いスポーツカーが田舎道を走っていたときのスピードはどのくらいだったか」と尋ねられました。違いは「納屋」の有無です。実は、映像のなかに納屋は映っていません。

一週間後、同じ被験者に対して、映像のなかで納屋を見たかどうかが尋ねられました。すると、前者の質問をされた被験者の一七パーセントが「納屋を見た」と答えたのです。後者の質問を受けた被験者でそう答えたのは三パーセント足らずでした。[10]

別の実験でも、被験者に交通事故の映像が見せられました。ここでも、被験者は二つのグループに分けられ、それぞれに質問が出されます。一方は「二台の車が激突した（smashed）ときのスピードは何マイルくらいだったか」、もう一方には「二台の車がぶつかった（hit）ときのスピードは何マイルくらいだったか」と尋ねられました。

違いは、車が接触したときの表現が「激突した」か「ぶつかった」かという点です。その結果、前者の質問を受けた被験者のほうが、後者の質問を受けた被験者よりも速いスピードだったと答えたのです。

さらに一週間後、被験者に「あなたはガラスの破片を見ましたか」という質問が出されました。実際の映像にガラスの破片は映っていません。それでも、「激突」という表現で質問をされた被験者のほうが「ぶつかった」と質問された被験者よりも多く、「ガラスの破片を見た」と答えたのです。[11]

被験者は全員が同じ映像を見ています。しかし、一つ目の実験では、質問という形で事実と異なる情報が入りこんだことによって、一部の被験者は記憶が書き換えられてしまったのです。二つ目の実験でも、質問に含まれていた言葉から形成されたイメージによって被験者の記憶が歪められてしまいました。これらの結果は、何かを目撃したという記憶がいかに不安定なものであるかを物語っています。

（10）　E・F・ロフタス／西本武彦訳『目撃者の証言』誠信書房、一九八七年、六一頁参照。
（11）　ロフタス、前掲書、七九～八〇頁参照。

これらの例とは文脈が異なりますが、実験室の外でも、外部からの情報によって認知が歪められた事例があります。時は昭和前期、本書の冒頭で紹介した大本営発表にまつわるエピソードです。

戦時中、海軍の鹿屋（かのや）航空基地（鹿児島県）で飛行要務士（戦闘記録の管理などを担う職種）を務めていた人物が、のちに、当時の参謀と戦闘機搭乗員が行っていたやり取りについて語っています。戦果の報告をする搭乗員と参謀が交わしていた会話は次のようなものでした。

参　謀　ほかにはなにか見なかったか？
搭乗員　遠くでオイルタンカーか、空母が燃えていたかもしれません。
参　謀　空母だろう。
搭乗員　そうかもしれません。
参　謀　空母が撃沈されていたのだな。
搭乗員　そうかもしれません。（辻泰明ほか、前掲書、一〇五～一〇六頁）

これは、一種の誘導尋問です。できるだけ多くの戦果を求めていた参謀は、自分の願望に沿う形で話をリードしてしまったわけです。このやり取りによって搭乗員の記憶が改ざんされたか否かは定かでありませんが、報告された「目撃証言」は確実に歪められました。

ちなみに、今日でも警察の取り調べにおいてこうしたやり取り行われ、作成された調書がのちに問題となるケースがあります。

前節で見たとおり、人の記憶は非常に不安定なものです。実際に見たものがそのまま記憶として保存されているわけではありません。気づかぬうちに、外部からの情報によって書き換えられている可能性があるのです。日常のなにげない会話のなかでも、もちろん起こりえます。そうして得られた情報をもとにして文章を書けば、まさに「大本営発表」となってしまいます。

見た物事を言語化する副作用

見た記憶があてにならないのなら、記録に留めておけばいい——。そう思う人もいるでしょう。たしかに、記憶と記録の双方に依拠しながら、より正確な事実を想起する方法は有効です。人の話を聞くときはもちろん、何かを見学するときなど、紙とペンでメモを取ることは非常に重要です。先に見たとおり、人名や固有名詞、数字、言葉ではイメージしづらい事柄を把握するためにメモは欠かせません。とはいえ、そのメモにも落とし穴があります。

たとえば、何かを目撃したとき、見た物事を忘れないようにと、その特徴をメモするとします。人物であれば、顔や目、鼻、口などについて、その大きさや形などを言葉で書き残すわけです。

「丸顔で、垂れ目で、鼻が高くて、口が大きくて……」といった特徴を記録しておけば思い出す際に役立つと思うでしょう。でも実際は、言葉で表現したことによって記憶を正確に想起できなくなってしまう可能性があるのです。そうした現象は「言語隠蔽（いんぺい）効果」と呼ばれます。この現象を明らかにする実験も行われています。

実験は、まず被験者にある人物の顔の特徴を言葉で表現させ、のちにその人物の写真を選ばせるといった方法で実施されました。その結果、目にした特徴を言語化したことによって、逆に記憶が妨げられていることが明らかになったのです[12]。

言葉を使えば、さまざまな物事を詳細に表現できます。しかし、それにも限界があります。人の顔を細かく言葉で表現したとしても、その言葉から元の顔のイメージを再現することはできません。逆に、言葉が本来のイメージを隠蔽してしまうのです。

見た物事に関する記憶が言葉によって変容してしまう現象は、比較的シンプルな実験でも明らかにされています。実験では、まず被験者が二つのグループに分けられました。そして、○が横に二つ並び、それをつなぐ一本の横線が描かれただけの図がそれぞれに示されます。図を提示する際、一方のグループには「めがね」というラベルが付けられました。もう一方のグループには「ダンベル」というラベルが付けられました。

時間を置いて、被験者に記憶している図を実際に描いて再現してもらいました。すると、「めがね」というラベルを見て記憶した被験者のなかに、本来の図にはなかった「めがね」のテンプル（つる）まで描く人がいたのです。一方、「ダンベル」という言葉と一緒に記憶した被験者のなかには、二つの○をつなぐ線を太くして、まさしくダンベルのような図を描く人がいました。[13]

視覚的な情報にかぎらず、聴覚、嗅覚、触覚を通して得た情報でも同じです。メモを取って記憶をサポートするつもりが、逆に記憶を歪めてしまう可能性があるのです。見たり聞いたりした言葉をそのまま言葉として書き記す場面なら、こうした現象は起きないでしょう。でも、言葉以外の情報を言語化する場合には注意が必要なのです。

(12)　言語隠蔽効果はアメリカの心理学者、ジョナサン・スクーラーの研究によって発見されましたが、一九九〇年に発表されて以後、再現性の問題が指摘されてきました。そんななか、波多野文（あや）氏ら日本の研究者がコンピュータシミュレーションを用いた実験を行い、言語隠蔽効果が再現可能な現象であることを実証しています（「名古屋大学 Press Release」二〇一五年六月一一日）。

(13)　ロフタス、前掲書、八二～八四頁。本書では、今井むつみ氏が行った同様の実験に基づいて記載しました（『ことばと思考』岩波新書、二〇一〇年、一八六～一八七頁）。

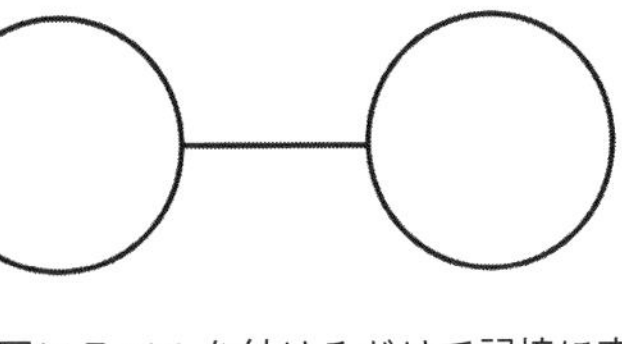

この図にラベルを付けるだけで記憶に変容を来すことがあります。

現場主義の落とし穴

ビジネスの世界でよく耳にする言葉の一つに「三現主義」というものがあります。これは、「現場」、「現物」、「現実」の三つを指します。「現場」に足を運び、「現物」を直接見たり手で触れたりし、「現実」を認識することが重要であるという教えです。

この教訓は、文章を書く場面にもあてはまります。パソコンの前に座っているだけでは説得力のある文章を書くのは難しいでしょう。とくに新聞や雑誌の記者には、この三現主義を実行する姿勢が求められます。書こうとしている事柄について、実際に現場で見たり聞いたりしたことがあるかどうかは、文章の内容を高めるうえで重要なポイントになります。

ただ、そこには落とし穴があります。実際に現場へ足を運ぶと、それだけで「分かったつもり」になってしまう恐れがあるのです。人は自分の体験を過大に評価し、わずかな体験ですべてを知ったと錯覚しがちです。目で見た事実に加え、耳で聞いた声や周囲の音、肌で感じる温度、鼻で嗅ぎ取った匂いなど、五感が刺激されることによって錯覚が助長される場合もあるでしょう。

「現場に行って現実をこの目で見た」、「実際の現場を体験している」、「当事者に直接会って話したことがある」といった語りで、自身の現場体験を伝えようとする人は少なくありません。彼らは、たとえそれが現場のごく一部にすぎなかったとしても、わずかな時間の出来事であったとしても、また遠い過去のことであったとしても、自分の体験に大きな価値を置きがちです。その度合いが強くなると、ほかの情報を拒絶する姿勢にすらつながります。そして、「自分の知っている『事実』こそが正しく、ほかの人が言っている『事実』はまちがっている」と主張する人もいます。

とくに、情報を伝えようとしている相手の知らない人や物、あるいは体験していないことや行ったことがない場所についてはその傾向が強まります。これは、現場がもつある種の「魔力」と言ってもいいでしょう。

実際に現場を訪れたうえで書かれた文章は、読み手も価値が高いものと見なしがちです。「実際に体験した人の話なら信用できる」とか「現場を見たのならまちがいないだろう」と考えてしまうのです。

先に見た戦争体験談がその一例です。同時に、体験談は読み手の心を引き付けます。理屈を並べただけの記述よりも、本人の体験を交えた話のほうが、読み手の関心を引きやすいのは確かです。でも、そういった「価値」や「魅力」が、必ずしも「事実」とイコールで結ばれるわけではありません。

そもそも、一人の人間が現場で見聞きできる物事はかぎられています。全体像を捉えたと思っていても、それは、捉えたように錯覚しているだけです。無意識のうちに、断片的な情報の狭間にある空白部分を埋めたり、頭の中にあるパターンに当てはめたりして、全体を認識したかのように思っているのです。実際は「木を見て森を見ず」の状態なのに、森全体を認識したかのように勘違いしているわけです。

空白を埋めるための情報、当てはめるパターンとして使われるのは、その人がすでにもっている知識や経験です。したがって、その役割を果たすのに適切な知識・経験がなければ、認識される全体像が本来の姿とかけ離れたものになる可能性が高くなります。

取材に際して、先入観をもたないためにあえて事前情報をもたずに現場を訪れるという方法は、場合によっては有効です。とはいえ、見聞きした物事を的確に認識できなければ、現場に行った意味がありません。現場を見る前に、一定の知識や経験を備えておくことは重要です。机に向かうことを否定し、闇雲に現場を見る必要性を強調する人がいますが、それは危険なことにもなりうるのです。

知識や経験と同時に、自分が何を見て、何を見ていないのかを慎重に見極める姿勢も欠かせません。一概に「現場」と言っても、実際は多様な側面があります。自分がどの位置からどの側面を見ているのか、自分の目にしたものが全体のどの部分に相当するのかなど、自らの視点を客観的に捉えるといった意識も必要になります。

さらに、現場にはもう一つの「魔力」が潜んでいます。それは、取材対象に何らかの感情を抱いてしまうことです。現場の状況を客観的に伝える文章を書くのであれば、中立的な立場で取材を進める必要があるわけですが、知らぬ間に立場が偏ってしまうことがあります。つまり、現場で話を聞いた人に感情移入をして、その人が発した言葉を疑うことなく受け入れてしまうのです。まさに、「ミイラ取りがミイラになる」状態です。

逆に、ちょっとした出来事で取材対象に対してネガティブな印象を抱いてしまう場合があります。相手が電話に出なかった。約束の時間に遅れてきた。挨拶がそっけなかった――。これらがマイナスの先入観を生み、その後も歪んだ意識を引きずりながら取材をしてしまうのです。そうなると、得られた情報にまで偏りが生じる恐れがあります。

のちに触れますが、人は見た目の印象にも左右されがちです。自分が目にした最初の印象だけで、その人や物、場所のイメージをつくりあげてしまうのです。ひと目見て、その良し悪しまで決め付けてしまう可能性すらあります。

そうならないため「現場で冷静になろう」と思っていても、心が揺らいでしまうことはあるでしょう。そうした心の動きは誰にでも起こり得ます。現場に赴いた際は、取材対象だけでなく、自分自身を客観的に見ることも意識しておきたいところです。

ここまで読まれた人のなかには、「これは新聞や雑誌の記者に関する話で、自分には関係ない」と思われた人もいるでしょう。でも、必ずしもそうではありません。これは取材する場合にかぎらず、自分が過去に体験した出来事について書くときにも当てはまります。

実際に過去の記憶を呼び起こしてみると分かるでしょう。「○○という場所へ行った」、「○○というイベントに参加した」、「○○という人に会った」という体験を思い出してみてください。そうした体験を通して、「自分は○○について知っている」と思っていませんか？　短い時間の体験で、○○についての全体的なイメージをつくりあげていませんか？

自分の記憶のなかにある「現場」についても、文章に書き表すときには、それがどこまでが客観的な事実と言えるのかと、冷静に振り返ってみる必要があります。

自分たちだけが個性的か

前節では、自分が目にした「現場」について、その向き合い方や注意点を述べてきました。では、現場は現場でも、自分が普段いる場所、すなわち所属している組織やグループを現場として捉える場合はどうでしょう。たとえば、いつも通っている学校や職場について、あるいはそこにいる仲間についての紹介文を書くことになったとします。

その場合、とくに取材をしなくても、内情をそれなりに詳しく書けるかと思います。もちろん、属している期間や付き合いの度合いによっては知らない事実もあるでしょう。それでも、部外者に比べれば多くの情報をもっているはずです。たまたま目撃した現場や、取材で短時間訪れた現場とは違い、外部の人では書けないようなリアルな実情を描写することもできるでしょう。

実際、自分たちを題材にして何らかの文章を書くことは、多くの人が経験しているかと思います。学校に通っているころであれば、卒業文集に載せる作文やクラブ・サークルの紹介記事などがその例として挙げられます。職場でも、パンフレットやホームページに職場・社員を紹介する記事を載せることがあるでしょう。昨今は、インターネット上にもクラスや職場の紹介文が多数掲載されています。

それらの文章でよく使われる言葉に、「個性」というものがあります。「個性的な人が多い」、「みんな個性豊か」といった言葉で、仲間を表現しているのです。その集団に個性的な人が集まっているのは、おそらく事実でしょう。紹介文に書かずとも、自分が所属している組織、グループの仲間について、同様の認識をもっている人が多いのではないでしょうか。

もちろん、そう認識することや「個性的」といった言葉を使うこと自体に何ら問題はありません。ただ、「自分たちは個性豊か」と思う一方で、「外部の人たちはそれほど個性豊かでない」という認識をもっていたら、一度立ち止まって考えたほうがいいかもしれません。「個性豊か」という言葉は、誰にでも当てはまります。世の中に個性的でない人はいません。個性を発揮できない環境に身を置いている人については、個性がないように見える場合もあるでしょう。でも、本来は誰もが個性豊かなのです。

自分に近い人たちについては、一人ひとりの特徴を詳細に認識できます。他方、自分から距離のある人たちについては細かいところまで認識できないので、どうしても画一的に見えてしまいます。たとえば、外国映画に登場する俳優や海外のスポーツ選手を見ているとき、見分けがつかなくなると感じる人もいるでしょう。日本人は一人ひとり区別できる一方で、外国人はみんな似たように見えてしまうのです。

逆に、海外の人から見ると、日本人がみんな同じように見えるようです。日本人の区別のみならず、中国人や韓国人とも見分けがつかず、「アジア系」という大きなくくりで見られてしまうこともごく普通にあります。

こうしたほかの集団（外集団）に属する人を「同じようなもの」として認識してしまう傾向を、心理学では「外集団同質性効果（外集団同質性バイアス）」と言います。無意識のうちに、ほかの集団に属する人をひとくくりにしてしまうこの心理現象が、自分たち以外の人に対する偏見を生んでしまう場合があります。特定の国の出身者をひとくくりにして攻撃する「ヘイトスピーチ」がその一例です。

その場面では、外国の政府と国民・民族を同一視する傾向が見られます。外国政府の政策に対する不満を、その国の国民・民族に向けるのです。一方、そういった攻撃をする当事者らは、自国政府については自分たちと切り離して捉えており、政府への不満を自国民にぶつけたりはしません。

身近なところでも同様の傾向が見られます。外国人が道端にゴミを放置するのを見かけて、「〇〇人はマナーが悪い」と言う人がいます。でも、もし、同じ行為を日本人の知人がしていたらどう思うでしょうか。

電車の座席を広く占有している高校生を見つけて、「最近の若者はマナーがなってない」と言う年配者がいます。もし、同じ行為を自分と同年代の友人がしていたとしたらどう思うでしょうか。そういった行為をした個人を批判したとしても、自分の所属集団そのものに苦言を呈することはないでしょう。

「自分たち」も「それ以外の人たち」も、みんなそれぞれが個性的で、決してひ、と、く、く、り、にできるものではありません。森を遠くの高台から眺めると、全体が一枚の緑の絨毯のように映ります。でも、近くまで行くと、一本一本異なっていることが認識できます。自分の立ち位置が現場から遠いのか近いのか、その距離感を意識しながら物事を見るという心掛けも忘れないようにしたいところです。

そうしたバイアスが現れるのは人を見る場合にかぎりません。研究対象、取材対象と向き合うときにも当てはまります。政治学者の久米郁男氏は、「自らの研究対象にドップリ浸り研究を続けることによって、ついついその対象がきわめて特殊であるという思いにとらわれることがある。

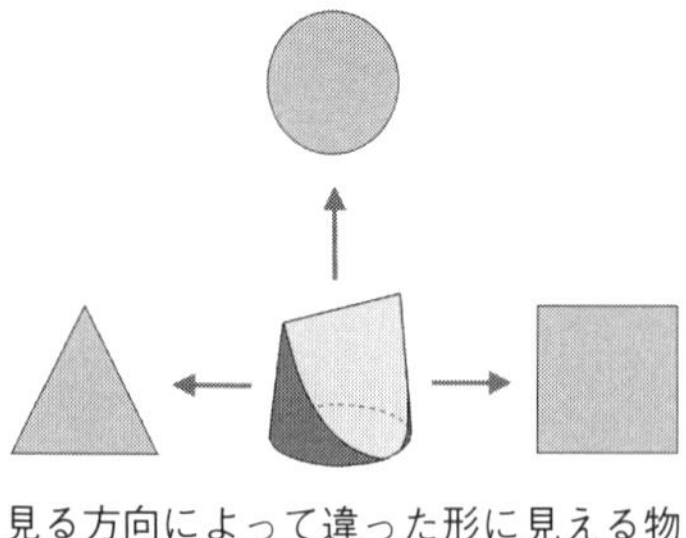

見る方向によって違った形に見える物もあります。

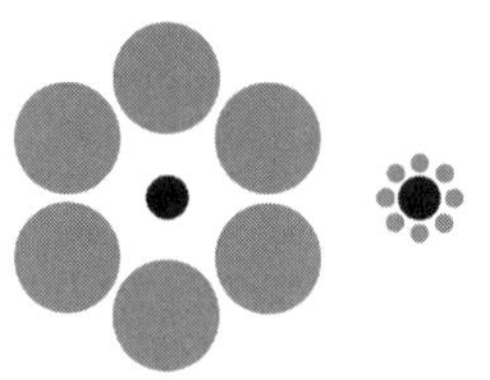

エビングハウス錯視：黒い丸は二つとも同じ大きさですが、周りを囲む図形の影響で、左よりも右のほうが大きく見えてしまいます。

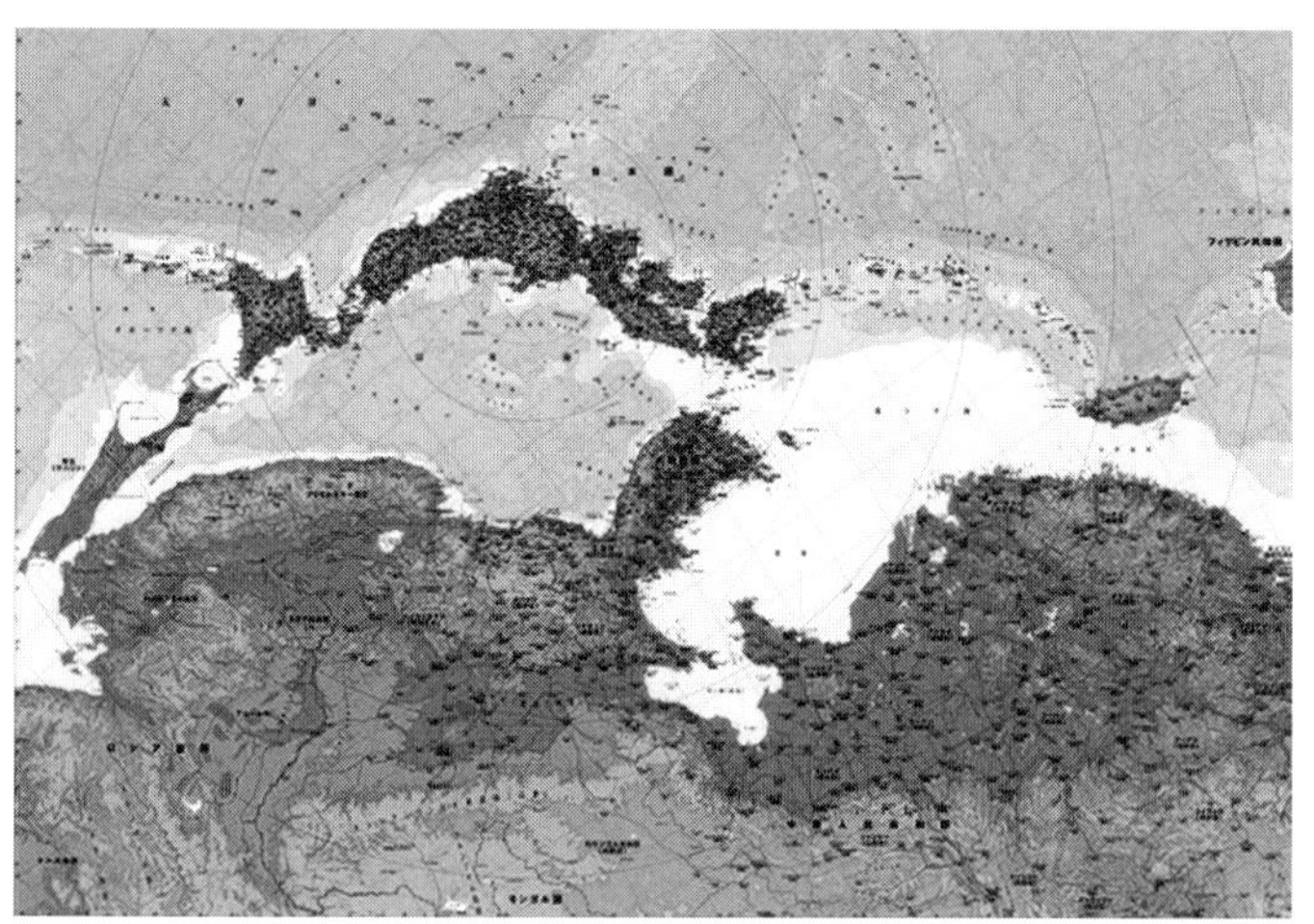

「環日本海・東アジア諸国図（通称：逆さ地図）」富山県が作成した地図を転載。見慣れた地図も、視点を変えると見え方が大きく変わります。
https://www.pref.toyama.jp/1510/kensei/kouhou/kankoubutsu/kj00000275.html

自分の研究対象に没頭するあまり、周りが見えなくなる」（『原因を推論する——政治分析方法論のす丶め』有斐閣、二〇一三年、七八頁）と述懐しています。

この状況に陥るのを避けるための方法として、「正確な記述は、単に記述の対象を深く調べるだけではなく、その対象が他と比較してどのような特色を持つのかを調べることをも必要とする」（前掲書、八〇頁）と述べています。

自分の見ているものがほかと比べて特殊であると感じたら、意識的に周りに目を向けてみる。人に対しても、物事に対しても、常に広い視野で対象を見ることが大切です。

都合のいい情報ばかり集めていませんか？

仮説をいかにして確かめるか

一九六〇年代に、イギリスの心理学者、ピーター・ワェイソン（Peter Cathcart Wason, 1924～2003）がある実験を行いました。その内容は次のとおりです。

まず、被験者に「2－4－6」という三つの数字が提示されます。これは、ある規則に従って並べられています。被験者には、その規則がどのようなものなのか、正解を導き出すことが求められます。その際、被験者は自らの仮説を確かめるために自分でつくった数列を実験者に伝え、それが規則に当てはまるか否かの確認ができます。確かめる数列の数に制限はありません。規則が分かった段階で、被験者は答えを述べます。

これが実験の概略です。非常によく知られた実験なのでご存じの人もいるでしょう。初めてという人は、少し考えてみてください。

「２－４－６」という数列を見て、多くの人はある規則がすぐに浮かんだかと思います。それが正しいかどうかを確認するために、たとえば「８－10－12」、「52－54－56」、「100－102－104」といった数列を考えたのではないでしょうか。例示した三つの数列は、いずれも規則に当てはまります。しかし、答えは「２ずつ増える偶数」ではありません。

「１－３－５」とか「７－９－11」という数列を挙げた人もいるでしょう。これらも規則に当てはまります。でも、「2ずつ増える整数」も正解ではないのです。

ウェイソンの考えた規則とは、「昇順に並べられた数字」です。つまり、「２－７－９」でも「10－99－150」でも、順に増加する数字であれば何でも規則に当てはまるわけです。でも、多くの人はそうした数列を提示しません。「６－４－２」や「10－５－２」といった減少する数字の並びも同様に提示しようとしません。

大抵の人は、思いついた仮説を確かめようと、その仮説に合致した数列ばかりを提示します。「2ずつ増える偶数」だと思ったら、その事例をいくつも出して、自分の仮説の正しさを証明しようとするのです。しかし、一つの仮説にとらわれてしまうと、いくら事例を提示しても「昇順に並べられた数字」という答えにたどりつけません。正解を導き出すには、仮説とは異なる数列を提示して確かめる必要があるのです。

このように、自分が正しいと思う仮説と合致する情報ばかりを集め、仮説に反する情報を避けてしまうことを「確証バイアス」と言います。このバイアスに陥ると、仮説の正しさを証明するために、それと合致する事例ばかりに注目してしまいます。そのいずれもが正しいと確認できると、ますますその仮説に自信を深めていきます。このような状態を避けるためには、自分の仮説と合致しない事例を見いだして確認せねばなりません。あえてまちがえることによって正解に近づける、ということです。

身近に見られる確証バイアス

確証バイアスに陥りやすい場面は、身近なところにたくさんあります。健康に関する情報と接する場面が、その一例として挙げられます。なかでも、ダイエットに関する情報はその典型例と言えるでしょう。

「○○をしたら痩せられた」といった体験談は世の中にあふれています。そうした情報をこまめにチェックして、日々実践している人も少なくありません。ただ、そこでチェックされる情報の多くは、「痩せられた」という、成功した人に関する情報です。「○○をしたら痩せられた」という体験談を一〇人分ほど集めれば、その効果の信憑性はそれなりに高いと感じられるかもしれません。でも、その背後に、成功者の何倍もの人が「○○をしたけど痩せられなかった」という事実があったとしら、その信憑性は一気に低下するでしょう。

しかし、確証バイアスに陥ると、成功しなかった事例には意識が向かなくなります。○○を実践しているときに、「○○をしたけど痩せられなかった」という情報に接したとしても、「例外的な体験談にすぎない」と決めつけ、無視してしまうかもしれません。

神経科学者のターリ・シャーロット（Tali Sharot）氏は、今日の社会で情報を集めることに関して次のように述べています。

> 矛盾しているようだが、豊富な情報が得られるようになると、人は自分の意見にもっと固執するようになる。なぜなら、自分の考えを裏付けるデータを簡単に見つけ出せるからだ。〔中略〕私たちは自分の見解を支持するブログや記事は注意深く読むが、別の考え方を示すリンクにはクリックしようともしない。だがこれは問題の半分にすぎない——もう半分は、

> 水面下で情報の「いいとこ取り」が行われていることに、私たちが気付かないでいる点だ。
> （『事実はなぜ人の意見を変えられないのか―説得力と影響力の科学』上原直子訳、白揚社、二〇一九年、二七頁）

確証バイアスに陥った人は、自分に都合のよい情報ばかりを集めようとします。しかし本人は、自分は中立的な立場で情報に接していると錯覚しているのです。客観的に見れば、偏った情報ばかり選んでいるにもかかわらず、本人はそれを自覚できません。この状態に陥るのは、情報を発信する側がそのように仕向けていることも一因だと言えます。とくに広告媒体では、そうした傾向が見られます。情報を受け取る側には、これを見越して情報に接する姿勢が求められます。

確証バイアスは、賛成と反対が明確に分かれるようなテーマについて論じる際にもよく見られます。昨今の日本では、憲法改正、原子力発電、死刑制度などがその代表例として挙げられるでしょう。いずれのテーマについても、賛成、反対、それぞれについての情報が書籍や雑誌はもちろん、インターネット上にもあふれています。その気になれば、双方の情報をバランスよく読むことも可能です。しかし、すでに賛否の意思を明確にしている人は、逆の立場の情報をあえて読みたいとは思わないでしょう。異なる立場の情報は、「偏っている」とか「まちがっている」という先入観をもつ人からすると、読むこと自体、不快にすら思うかもしれません。

実際、賛成の人は賛成の立場で書かれた情報を、反対の人は反対の理由を明示した情報を選択しがちです。自分の立場に合致した情報に触れることで、結果的に自分の信念をさらに強めてしまうのです。

インターネット検索の罠

こうした確証バイアスが顕著に現れるのが、インターネットにアクセスするときです。今日、何らかのテーマについて資料を集める際、まずインターネットを使うという人が多いでしょう。インターネット上で閲覧できる情報は増加の一途をたどっています。かつては紙でしか読めなかった書籍や雑誌、新聞の情報も、昨今は画面上で閲覧できるケースが増えてきました。簡単なレポートくらいであれば、インターネットで集めた情報だけで書いてしまう人もいるでしょう。

インターネットがまだ影も形もなかったころ、さらにメディア自体がまだ発展途上にあった時代は、正確な情報と信憑性の低い情報が混在するような状態にありました。たとえば、明治の初めごろの新聞では、出所が明確な情報と噂話レベルの情報が、同じ新聞紙面に掲載されるというのはごく普通のことでした。当時は、今日のようにメディアの棲み分けもなされていませんでした。そもそも、集められる情報自体が少なかったのです。

時代が進むにつれて、情報を収集する体制や通信技術が進化していきます。同時に媒体も増加し、情報の信頼度は、媒体を見ればおおよそ見当がつけられるようにもなりました。さらには、政治的スタンスも媒体によって判別できるようになっていきました。

ところが、インターネットの普及によって、再びさまざまな情報が混在するような状態へと変化していきました。インターネットで欲しい情報を探すとき、多くの人はまず検索サイトやSNSにアクセスすることでしょう。しかし、それらを通して情報を得ようとすると、信頼できる情報も出所の怪しい情報も、正確なニュースもフェイクニュースも、すべて同じ画面上に表示されます。

一見すると便利なように思えますが、他方で情報の真偽を見極めづらい状況も生み出します。もちろん、初めから信頼できるサイトが分かっていて、そこに直接アクセスするのであれば差し支えはないでしょう。でも、多くの人は、幅広い情報を得ようと検索サイトなどを利用します。

インターネットにアクセスすると、テーマによっては膨大な量の情報を目の当たりにします。理想としては、それらの出所を確認しながら、一つ一つの情報を冷静かつ客観的に比較・分析するのがよいと言えます。しかし、閲覧できる情報のすべてにアクセスするというのは、現実的には難しいでしょう。結果として、多くの人はそのなかから重要と思われる情報をいくつか選び出し、それらを資料として利用します。

情報を選別する際、テーマに対して中立的な立場で情報を選択できればよいのですが、残念ながら人間はそうしたやり方が得意ではありません。先に見た確証バイアスによって、自分に都合のよい情報ばかりを集めようとしてしまうのです。しかも、本人は確証バイアスに陥っていることに気づきません。

さらに、インターネットにアクセスする際は、クリックするだけで目にする情報を簡単に切り替えることができます。自分の見解と相容れない記述が出てきたら即座にページ閉じて、自分にとって好ましい情報へジャンプすることも可能です。

一人で作業をしていれば、バイアスに陥っていると指摘されることがないので、結果的に、自分にとって好ましくない情報を避け、好ましい情報ばかりに偏る傾向がより強くなります。なかには、情報を比較、検討する前に、自分の意見に合致した都合のいい記述が見つかった段階で情報収集を終えてしまうという人もいるでしょう。「まさに、これが自分の考えていたことだ」と、他人の書いた意見を自分の文章にコピペしてしまうかもしれません。

逆に、自分にとって都合のいい資料が見つからない場合は、それが見つかるまで検索を続けようとします。ダイエット中に体重を測るとき、減っていれば一回で済ませ、減っていないと何度も測り直そうとする人がいますが、これと似たような心理状態です。

こうしたバイアスを避けるには、先の数列の事例と同様、あえて自分の考えに反する情報と向き合うように意識せねばなりません。

「知っていた」という思いこみ

インターネット検索をしている際に陥りやすい「罠」として、もう一つ付け加えておきたいことがあります。それは、画面上で検索を繰り返して多くの情報に触れていると、頭の中の知識とインターネット上の知識を混同してしまうという問題です。つまり、ウェブサイトに載っている情報を眺めているうちに、あたかも自分が知識豊富な人間であるかのように錯覚してしまうのです。

この傾向は、アメリカで行われた研究で明らかになっています。実験では、まず被験者にインターネット検索をさせ、そこで初めて知った情報について、「どこで得たものか」とあとで尋ねました。すると、被験者の多くが記憶違いをして、「もともと知っていた」と答えたのです。もともともっている自分の知識とインターネット上の知識を混同してしまい、明確に区別できなくなっていたわけです。

なかには、検索したこと自体を忘れてしまう被験者も少なくありませんでした。さらに、インターネット検索を利用した人は、検索したことがない情報についても、自分はよく知っていると考える傾向が見られたのです。[14]

今日では、分からないことに直面しても、手元のスマートフォンで簡単に調べることができます。スマートフォンの操作に慣れている人であれば、自分の記憶を引き出すのとそれほど変わらない時間で答えにたどり着けるでしょう。そうなると、「分からない」という感覚をもつ機会が失われがちになります。自分の脳とインターネットが一体であるかのような幻想すら抱いてしまうかもしれません。その結果として、インターネット検索によって得た情報を、以前からもっていた知識であるかのように思いこんだとしても不思議ではないでしょう。

調べて知ったことを、すでに知っていたことであるかのように錯覚すると、他人の意見を自分の意見であるかのように書いてしまったり、情報の出所明記を忘れてしまったりするミスにつながります。場合によっては盗用と見なされてしまうので、十分注意する必要があります。

みんな、自分が正しいと思っている

より良い結論を導き出すうえで、自らの見解と異なる情報・意見にも意識的に触れるようにする姿勢は大切です。「絶対に自分の意見が正しい」と思っている人でも、反対意見にも目を向けるのが理想的であるという点は理解できるでしょう。ただ、単純に賛否両論に耳を傾ければ問題が解決するわけではありません。確証バイアスを避けるための努力が、逆の効果をもたらしてしまう場合もあるのです。

アメリカで行われたある実験が、それを裏付けています。実験では、死刑制度に対して「賛成」

「反対」、それぞれの立場の人が被験者とされました。その被験者に対して、死刑の犯罪抑止効果を肯定するもの、否定するもの、という二種類のレポートが提示されます。そして、いずれの立場の被験者にも、二つのレポートを読むことが求められました。

立場の違う人たちが、ともに逆の見解に触れれば、双方が歩み寄って立場の偏りは少なからず緩和されるといった結果も予想できます。ところが、結果はそれとは逆に、元の立場・主張をさらに強めてしまったのです。

被験者は、自分の立場と異なる意見を読む際、単にそれを無視したり、ねじ曲げて都合よく解釈したりしたわけではありません。自分の意見に反する事実をあるがままに受け止めたうえで注意深く粗探しをし、適切に批判を加えたのです。[15]

先述の心理学者エリオット・アロンソン氏（一一三頁参照）らの言葉を借りると、「新しい情報がそれまでの自分の意見と一致していると、私たちはそれを真正で有益な情報だと判断する。『ほ

(14)　別の実験では、被験者にインターネット検索を利用しながら質問に答えるという経験をさせたところ、その被験者は、自分があらゆる質問の答えを知っているという感覚を高めるようになったという報告もあります（スティーブン・スローマン、フィリップ・フォーンバック／土方奈美訳『知ってるつもり――無知の科学』早川書房、二〇一八年、一四八～一五四頁参照）。

(15)　ギロビッチ、前掲書、八六～九〇頁。

ら、言ったとおりだ！』。しかし不協和が生まれた場合には、新しい情報は偏っていたり内容のないものだと考える。『なんでくだらない主張だ！』」（アロンソンほか、前掲書、二九頁）という思いを抱いてしまうわけです。

こうした傾向は、自分自身が被験者になった場面を想像してみると理解しやすいかもしれません。自分と同じ立場で書かれたレポートを読むときは、多少説得力に欠ける内容であったとしてもそれほど問題視しないでしょう。

一方、自分と反対の立場で書かれたレポートを読むときは、最初から「まちがったことが書かれているレポート」というマイナスの先入観を抱きがちです。細かいところまで注意深く読み、粗探しをしようとするかもしれません。少しでも疑問を挟む余地のある記述が見つかると、批判をぶつけたくなります。読み終わったときには、自分が最初に抱いたネガティブな印象は正しかった、という思いを抱くようになるでしょう。

多くの人は、偏った意見をもっていても、自分は公正中立であると考えています。「冷静かつ客観的に判断したうえで、そうした意見に至った」と主張します。そして、自分に反対する立場の人こそが偏った意見の持ち主であると見なしがちです。心理学者のニコラス・エプリー（Nicholas Epley）氏は、そんな心理に陥っている人たちに向かってこう問いかけます。

「マスコミの報道は偏っていると文句をいう人のうち、自分に有利なように偏っていると文句をいう人はいないことに、気づいたことはないだろうか？」（ニコラス・エプリー／波多野理彩子訳『人の心は読めるか——本音と誤解の心理学』ハヤカワノンフィクション文庫、二〇一七年、一六六頁）

アメリカのコメディアン、ジョージ・カーリン（George Denis Patrick Carlin, 1937～2008）も同じく、そうした人間の心理を的確に表した名言を残しています。

「〔車を運転しているとき〕自分より遅いスピードで運転している人は『間抜けなやつだ』と思い、速いスピードで運転している人は『頭がおかしいんじゃないか』と思う自分に、気づいたことはあるかい？」[16]

「第1部《5》」で根本的な帰属の誤りについて触れましたが、その心理にも通ずるところがあります。確証バイアス、根本的な帰属の誤り、いずれにおいても、当人は自分を正当化する心理に陥っていることになかなか気づくことができません。

エリオット・アロンソン氏らは、確証バイアスを避けるために次のような心構えが必要だと述べています。

(16)　NBC NEWS, George Carlin Was Right: Other Drivers Are 'Idiots' and 'Maniacs', 2015.10.23, https://www.nbcnews.com/business/autos/george-carlin-was-right-other-drivers-are-idiots-maniacs-n449561

> 自分がどう考え、なぜそのように考えるのかを深く理解することが、自己正当化という習慣を断ち切る第一歩だ。そのためには自らの行動や、自分がなぜその選択をしたのかをしっかりと見つめてみよう。時間と、自分をふりかえる作業と、進んでそうしようという気持ちが必要なのだ。（アロンソンほか、前掲書、五四頁）

「自分が正しい」という信念をもつことは、必ずしも悪いことではありません。ただ、そのなかにおいて、自分をさらに客観的に見つめることが大切なのです。

10 情報を鵜呑みにしていませんか？

誤解を招く情報はあふれている

あるレポートに、次のような記述があったとします。

A店の六月の来店客数は、前月比で二倍に増加した。一か月当たりの人数は過去最高である。

みなさんは、この記述からどのようなことをイメージしますか？　これを読んだかぎりでは、A店の経営は好調だという印象を抱くでしょう。来店客数が「前月比で二倍」という表現は、急激に人気が高まったかのような印象を与えます。

でも、この情報だけでは実情は分かりません。一人が二人になっても、一〇〇〇人が二〇〇〇人になっても「二倍」です。基準となる数値次第で、その意味合いも変わってきます。また、前月の五月に来店客数が激減して、六月に通常の来店客数に戻ったという可能性もあります。また、五月の営業日数が六月の半分だったという可能性もゼロではありません。

「過去最高」という言葉も要注意です。もしかすると、A店は開店してから数か月しか経っていないのかもしれません。比較する月数が少なければ、「過去最高」という言葉の重みも変わってきます。

「第1部《4》」で、「結論ありき」で書くことについての注意点に言及しました。書くための情報と接する際にも、これと同じような注意が必要です。

実際、世の中には、意図的に都合の悪い情報を隠して、プラス面だけを強調した記述があふれています。商品やサービスの宣伝では、それほど珍しいことではありません。よい部分を前面に出して、消費者に肯定的なイメージを与えようとしているわけです。

たとえば、抗ウイルス効果のある商品の説明文で、「ウイルス生存率一パーセント」と書かれたものよりも「ウイルス除去率九九パーセント」と書いてあるもののほうがポジティブな印象を抱くでしょう。いずれも伝えている情報は同じです。でも、「ウイルス生存」というネガティブなイメージをもつ文言を使うと、読み手の印象もそちらへ引きずられてしまうのです。

メディアが発信する情報でも同様の記述が見られます。

ある調査で、「賛成：四五パーセント」、「反対：四〇パーセント」、「どちらとも言えない：一五パーセント」という結果が出たとします。これに対して、賛成の立場を支持するA新聞社は、「賛成が反対上回る」といった、賛成の多さを強調する見出しを付けるでしょう。一方、反対の立場に立つB新聞社は、「賛成は過半数に達せず」などと、自社の意向に沿った見出しを掲げるかもしれません。[17]

ここに挙げた例は、いずれも書かれた事柄自体は事実です。虚偽の事実を伝えているわけではないため、ある種の「技法」として広く用いられています。ただ、「第1部《4》」で触れたとおり、広告では書かれた事柄が事実であったとしても、読み手に誤解を与えるような表現をすると、場合によっては違法と見なされます。

シンプルにまとめられた情報を資料として用いるときには注意が必要です。冒頭のような記述があったときは、前後の文脈、あるいはほかの資料と照合して、その記述の背後にある真実を見極めねばなりません。とくに、例文にもある「最高」といった言葉、あるいは「最悪」、「最多」、「最小」という表現が使われていたら、どの範囲を対象にしてそのように表現しているのかについて十分に確認する必要があります。

同じく、「最近」、「近頃」といった曖昧な言葉が使われている場合も注意が必要です。具体的にどの時期と比較しているのか、その比較は事実に基づいているのか、確かめてみる必要があります。

たとえば、「最近の若者はだらしない」とか「近ごろの子どもはひ弱になった」という記述があったら、昔の人はそうでなかったのか、と疑問を挟んでみたほうがよいでしょう。明確な根拠を提示したうえで右記のような主張をするのならまだしも、裏付けもなく、物事を断じた言説には注意せねばなりません。

ほかにも、「日本ならでは」とか「日本人特有」といった趣旨の文章を目にしたら、本当に日本以外の国では見られない物事なのか、と海外にも目を向けてみましょう。また、「〇〇円の経済効果が見込まれる」といったバラ色の未来が提示されていたら、どこか別のところでマイナスの影響が出ないかと視野を広げて考えてみましょう。

---

(17)　同じ情報でも表記を変えるだけで読者に与える印象を変えてしまうことを「フレーミング効果」と言います。「フレーミング効果」については、カーネマン、前掲書で詳しく説明されています。

いずれの場合も、言葉を鵜呑みにせず、疑う姿勢をもつことが重要となります。根拠や出典が書かれていないもの、都合のいい情報だけを見せようとしているものは、参考資料として適当とは言えません。

繰り返しになりますが、これらは書くときにも必要な心掛けです。みなさんが書き手になったとき、こうした「技法」を使う必要に迫られるかもしれません。読み手の立場で考えれば分かるように、それによって相手に誤解を与える恐れがあることは頭に入れておきましょう。場合によっては、書き手に対する信頼が失われるかもしれない、という可能性も認識しておく必要があります。

数値データを見るときの注意

前節では数値に関する文章表現について見てきましたが、数値データを読み解く際も注意が必要です。その事例として、児童虐待に関する報道について掘り下げてみます。

児童虐待は今日大きな社会問題として認識されており、ニュースでも多く取り上げられています。そこでは、個々の事件だけでなく、日本における「件数」も頻繁に報じられています。実際、「件数」は年々増加しており、毎年統計が公表されるたびに「過去最多」という言葉とセットで伝えられています。

さらに、数値の変化がグラフ化されたものを見ると、「件数」が右肩上がりで増加しているという事実はひと目で分かるでしょう。それらを見て、「児童虐待は年々増加している」という印象を多くの人が抱いています。

ここで最多を更新している「件数」は、「児童相談所の虐待対応件数」を指しています。すなわち、警察や家族、学校、近隣住民などから、虐待の疑いがあるとして児童相談所に通告された件数です。これは厚生労働省が年毎にまとめて公表しているものですが、児童虐待の「発生件数」ではありません。

「児童相談所の虐待対応件数」が過去最多を更新している理由の一つが、児童虐待に対する関心の高まりによって、通告される事例が増えたことにあります。「件数」の増加が、必ずしも児童虐待の増加を意味しているわけではないのです。

実際、児童虐待はずっと昔からありました。五〇年前、一〇〇年前の新聞を見ても、そうした事件が頻繁に起きていたことが分かります。ただ昔は、報道がなされても、今日のようにセンセーショナルに報じられるケースは多くありませんでした。また、報道される事例は全体のごく一部にすぎません。昔も今も、表に出てこない事件がたくさん発生しているという事実は押さえておくべきです。

厚生労働省が児童虐待に関する統計を取りはじめたのは一九九〇年です。つまり、「件数」が明確に把握されるようになったのは、ここ三〇年程度でしかありません。この点も承知しておく必要があります。

統計が新聞で報じられる際、記事には「児童相談所の虐待対応件数」、「一九九〇年（平成二年）に統計を取りはじめてから」といった記述が含まれています。それらの文言に注意しながら記事を読んでいけば、ここで述べた事情も分かるでしょう。しかし、見出しに記された「過去最多」という言葉を鵜呑みにし、記事にざっと目を通しただけだと誤った印象を抱いてしまう可能性が高くなります[18]。

なお、これらとは別に、警察庁も児童虐待事件の統計をまとめています。ここでカウントされる数値は「検挙件数」、すなわち虐待を行ったとされる被疑者を特定した件数です。言うまでもなく、これも「発生件数」とは異なります。

公表されている数値そのものが正しくても、読み方を誤るとまちがった認識につながります。数値データを見る際は、この点に十分注意をする必要があります。

何を示すデータなのかを理解する

数値データを見る際に注意が必要なのは、もちろん児童虐待に関する情報だけではありません。ほかの具体例として、次のようなものが挙げられます。

犯罪認知件数——先の児童虐待件数の説明で触れたように、「認知件数」と「発生件数」は異なります。犯罪統計を見る際にも、この点に注意する必要があります。犯罪統計には、犯罪の「認知件数」、すなわち事件が警察に届け出られるなどして警察が犯罪として認知した件数が数値として公表されています。言うまでもなく、これは「発生件数」を表しているものではありません。犯罪が発生しても、警察が認知しなければ、その事件は「件数」としてカウントされないのです。警察が公表する「認知件数」の背後には、統計に反映されない暗数が存在することも頭に入れておかねばなりません。

交通事故死者数——警察庁が発表する「交通事故死者数」の統計には、文字どおり交通事故で亡くなった人の数が掲載されています。ただ、これは事故発生から二四時間以内に死亡した人の数だけを集計したものです。交通事故に遭って病院に運ばれ、二四時間を経過してから亡くなる人もいます。そうしたケースはこの数値に含まれていません。一九九三（平成五）年から警察庁は、事故発生から三〇日以内の死亡者数も集計しています（海外の統計ではこちらが主流）。もちろ

(18)　児童虐待報道については、滝川一廣「〈児童虐待〉は増えているのか」、『敬心・研究ジャーナル』第三巻 第二号（二〇一九年）一～八頁を参照。

ん、三〇日よりもあとで亡くなる人もいます。一概に「交通事故死者数」と言っても、統計で見る数値にはそうした事情があることを覚えておく必要があります。

自殺者数——自殺に関する統計には、警察庁が発表するものと厚生労働省が発表するものの二種類があります。それぞれ集計方法が違うため、同じ政府統計でも両者の数値は異なります。警察庁は、国籍にかかわらず自殺死体を発見した時点で自殺者数をカウントしています。これに対して厚生労働省は、日本国籍のある日本人のみを対象に、住民票の所在地に基づいて、死因が自殺であったものを「自殺死亡数」としてカウントしています。また厚生労働省は、当初は死因が不明で、のちに自殺と判明した場合でも、その届出がないかぎり自殺としてはカウントしていません。このように、公式統計が複数存在するケースもあるのです。

メディアは、報道に際して情報の省略を避けられません。情報がコンパクトにまとめられていれば、読み手にとっては情報の把握が容易になります。しかし、先に挙げたような点に注意しないと、誤って解釈してしまう恐れがあります。それを避けるためには、メディアが伝える二次情報だけでなく、一次情報、すなわち数値が記された元データも確認する必要があります。

切り取られた情報を見て「分かったつもり」になるのでなく、元の情報にも目を向けてみるのです。物事を長期的、俯瞰的に捉える意味で、元データに当たるのは有効だと言えます。ただし、この場合も、そのデータが何を示すものなのかを理解したうえで見るようにしましょう。

また、繰り返しになりますが、自分の主張を裏付けるのに都合のいい数字だけを利用するといった「技法」も避けねばなりません。確証バイアスに陥って、結論を裏付けるデータばかりを探そうとしていないかと、一度自分自身を振り返ってみましょう。偏った視点でデータと向き合えば、そこから得られる情報もまちがいなく偏ったものになります。

グラフがもたらす誤解

数値データが情報として伝えられるとき、よく用いられるのがグラフです。単なる数字の羅列も、グラフ化されると全体像の把握がしやすくなります。数値がどのように変化したのか、どれだけ数値に差があるのかといった点についても、グラフは言葉より雄弁に伝えてくれます。ただ、分かりやすいがゆえに、グラフは誤解を招きやすいという危険性をはらんでいます。

グラフ1は、日本の過去五年間（二〇一六年～二〇二〇年）における殺人事件の認知件数（未遂を含む）の推移を示したグラフです。このグラフを見たかぎりでは、次のような説明ができそうです。

日本では近年、殺人事件が増加傾向にある。二〇一六（平成二八）年に九〇〇件を下回ってい

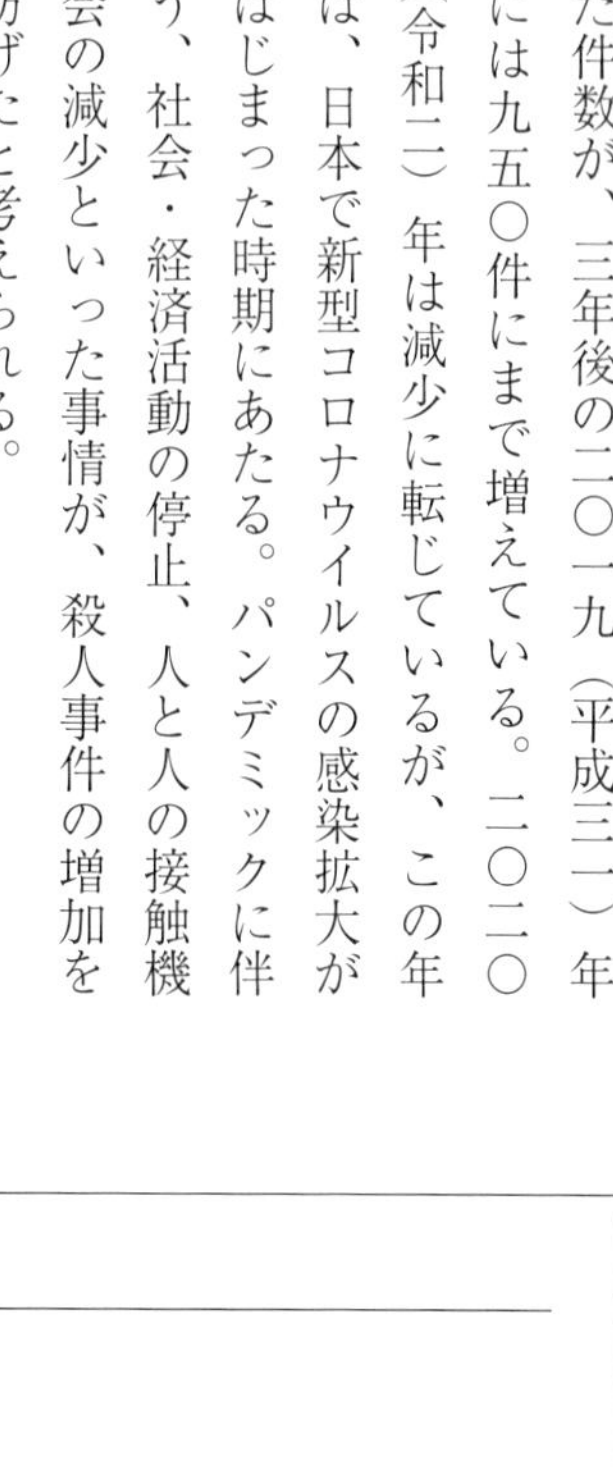

た件数が、三年後の二〇一九（平成三一）年には九五〇件にまで増えている。二〇二〇（令和二）年は減少に転じているが、この年は、日本で新型コロナウイルスの感染拡大がはじまった時期にあたる。パンデミックに伴う、社会・経済活動の停止、人と人の接触機会の減少といった事情が、殺人事件の増加を妨げたと考えられる。

グラフ1

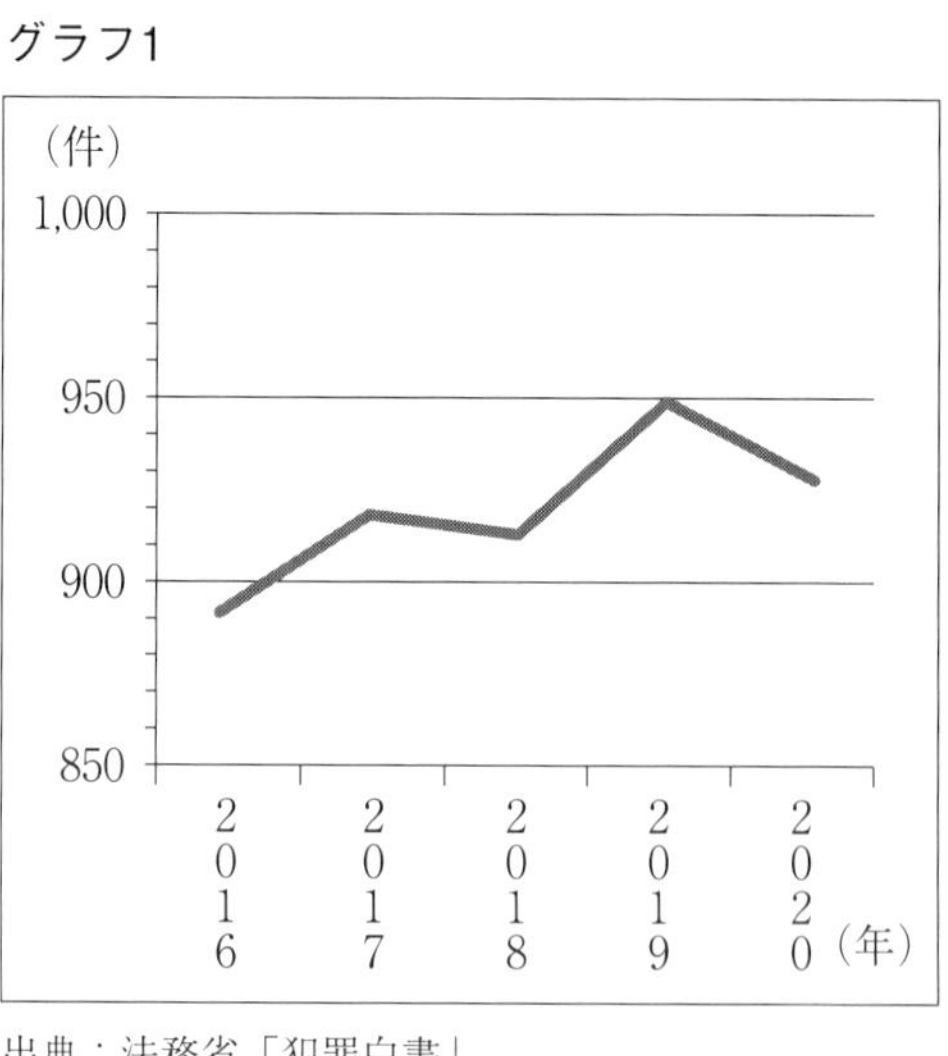

出典：法務省「犯罪白書」

警察庁が二〇一一（平成二三）年一一月に実施したアンケートでは、「ここ一〇年で日本の治安はよくなったと思うか」との質問に対し、六割以上が「悪くなった」と回答しています。グラフの対象期間よりも前に行われたアンケートではありますが、すでに多くの人が治安の悪化を感じていたという事実は、ここに挙げた仮説を裏付けていると考えられそうです。[19]

続いて、**グラフ2**をご覧ください。これも、日本における殺人事件の認知件数の推移を示したグラフです。こちらのグラフは、一九四六（昭和二一）年から二〇二〇年までの変動を描いたものです。これを見ると、戦後の混乱期に殺人事件は増加したものの、一九五四（昭和二九）年をピークに減少に転じていることが分かります。近年は、一〇〇〇件以下でほぼ横ばいになっている状況も、グラフから見て取れます。

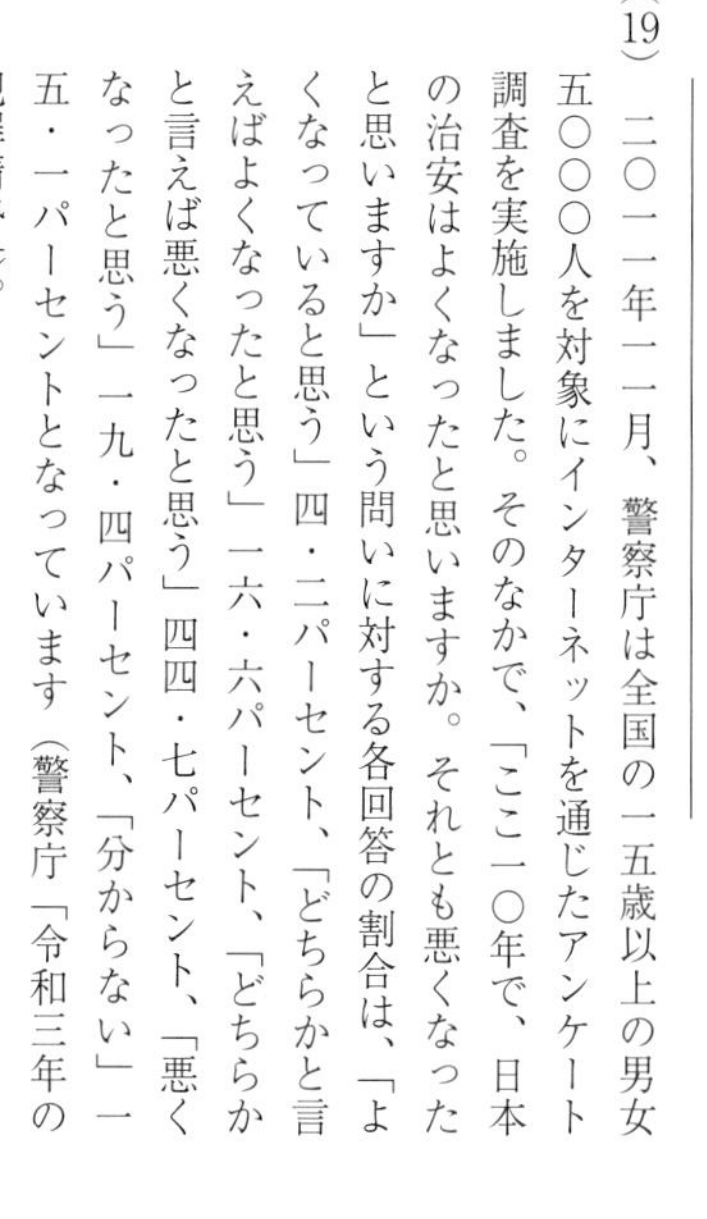

（19）　二〇二一年一一月、警察庁は全国の一五歳以上の男女五〇〇〇人を対象にインターネットを通じたアンケート調査を実施しました。そのなかで、「ここ一〇年で、日本の治安はよくなったと思いますか。それとも悪くなったと思いますか」という問いに対する各回答の割合は、「よくなっていると思う」四・二パーセント、「どちらかと言えばよくなったと思う」一六・六パーセント、「どちらかと言えば悪くなったと思う」四四・七パーセント、「悪くなったと思う」一九・四パーセント、「分からない」一五・一パーセントとなっています（警察庁「令和三年の犯罪情勢」）。

グラフ2

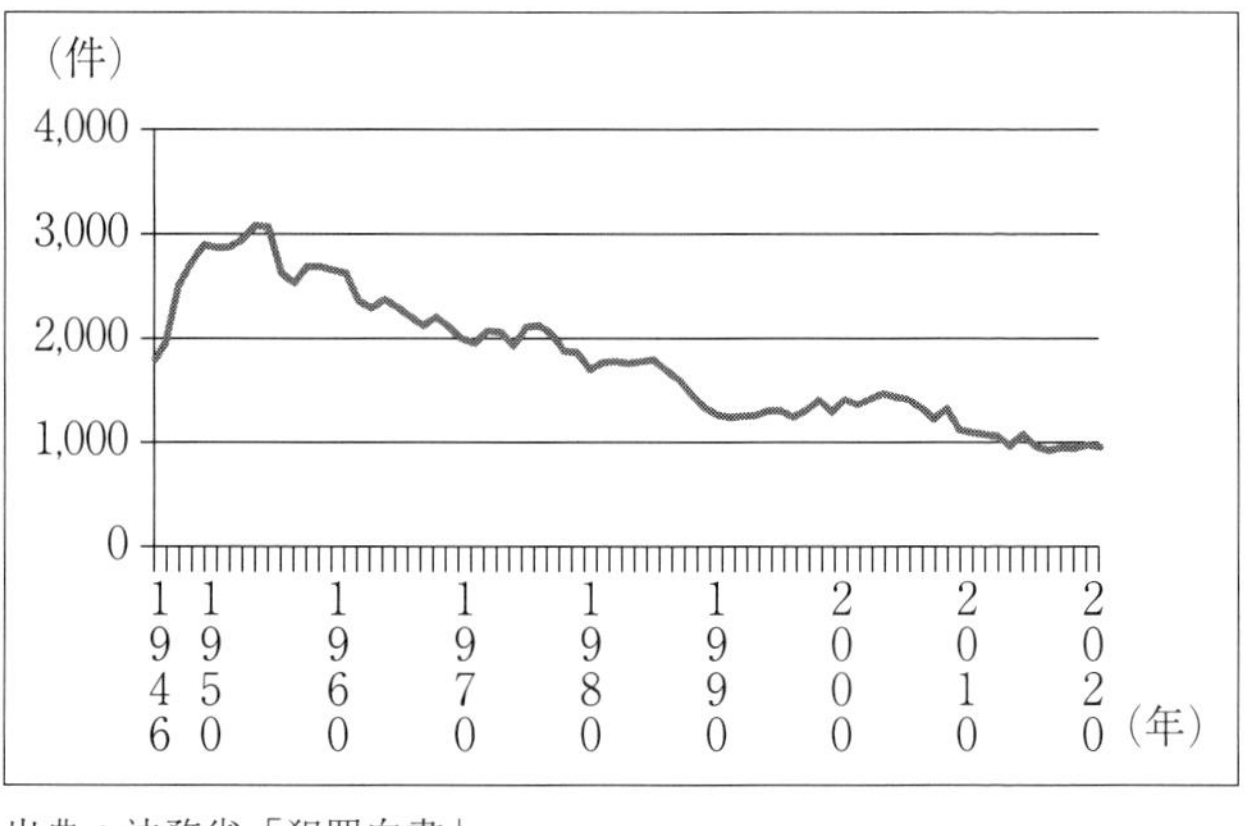

出典：法務省「犯罪白書」

先に見た**グラフ1**は、**グラフ2**の右端部分に相当します。**グラフ1**では増加傾向が読み取れた変動も、戦後約七五年という長期的な視点で見ると、誤差範囲内の変化にしか見えません。ここから、「殺人事件が増加傾向にある」という結論を導き出すのには無理があるでしょう。また、「治安が悪化している」という言説にも疑問符が付きます。

グラフ1と**グラフ2**では、期間だけなく縦軸の数値幅も異なります。その幅が変われば、変動が小さく見えることも、逆に大きく見えることもあります。つまり、この性質を利用すれば、つくり手の意向次第で都合のいい形に見せられるということです。もし、「日本の治安が悪化している」という言説を広めたいのであれば、**グラフ1**のように右肩上がりの部分を切り取って変動幅を大きくして、読み手の印象を操作すればいいわけです。言うまでもなく、それは事実を伝えるという目的を果たすものではありません。

グラフ3も、日本における殺人事件の認知件数の推移を示したグラフです。ここでは、アメリカのデータも表示されています。

グラフを見ると、日本の数値はほとんど変化していないような印象を受けます。縦軸の目盛りが変わると、**グラフ1・2**で見た変動は、ないに等しいものに見えてしまいます。このグラフを使えば、「日本は昔も今も治安がいい」と主張することもできるでしょう。

ただ、このグラフは両国の認知件数をそのままグラフにしただけのものです。日本とアメリカの人口差は考慮されていません。人口の異なる集団を比較する場合は、「人口一〇万人当たり」の数値に変換して表示するのが一般的です。通常はこのような乱暴なグラフは示されません。それでも、日本の治安のよさを印象づけるという「目的」を果たしたい場合は、その手段として使われる可能性があるでしょう。

グラフがあれば、数値の差や変動をひと目で理解できます。ですが、見た目の印象だけで結論を下さないよう注意せねばなりません。グラフを読み解く際には、それが何を示すものなのかということはもちろん、その裏に何らかの意図が隠されていないかということについても、慎重に見る必要があります。

グラフ3

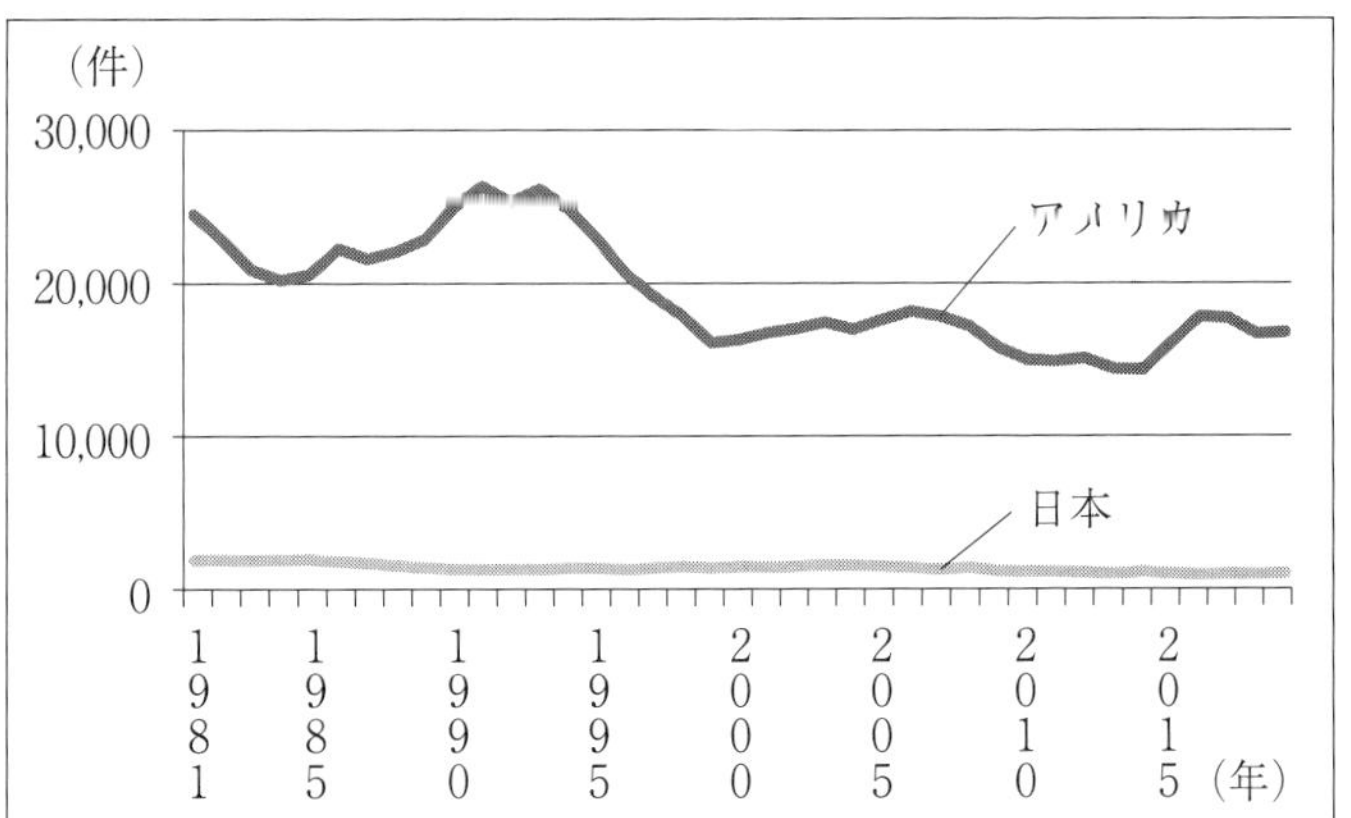

出典：FBI, Crime in the United States 2000, https://ucr.fbi.gov/crime-in-the-u.s/2000（1981-1999）
FBI, Crime in the United States 2019,
https://ucr.fbi.gov/crime-in-the-u.s/2019/crime-in-the-u.s.-2019/topic-pages/tables/table-1（2000-2019）

信頼できる情報を得るには

ここまで、情報を集める際に注意したいポイントについて、陥りやすい罠、バイアスを軸に紹介してきました。では、具体的にどこから出される情報を信頼し、どのような資料を使えばいいのでしょうか。ここでは、この点について触れたいと思います。

入手した情報が正確か否かを判断する基準としては、まず出所が明らかにされているかどうかがポイントになります。大まかに見て、国や自治体、学術・研究機関、新聞社をはじめとする報道機関が出している情報であれば信頼度は比較的高いと言えるでしょう。ただし、これはあくまでも今日の日本における一般論です。国や報道機関が意図的に誤った情報、偏った情報を発信するという例は珍しくありません。とくに専制国家、あるいは戦争に関与している国にはプロパガンダがあふれています。

もちろん、日本でも問題が指摘されるケースは多々ありますが、先に挙げた組織では、基本的には発信する情報に対する内外のチェック体制が構築されており、批判を含むフィードバックが受けられる状態にあります。その意味では、ひとまず信頼を置いてもよい、と言えるでしょう。一方、ＳＮＳなどに出回る出所が明らかでない情報、運営管理者が明確にされていないウェブサイトの情報などに対しては十分な注意が必要となります。

事件・事故などの出来事、統計データといった一般的な情報であれば、出所を確認することである程度「信頼度」は測れるでしょう。問題となるのは、人によって意見、見解が分かれるようなテーマに関する情報です。そうした情報は、どこから発信されたものにせよ、中身を慎重に見極める必要があります。情報を発信する側がチェリーピッキングをしていたり、確証バイアスに陥っていたりするケースが少なくないのです。

たとえば、食品添加物の人体への影響について書かれた資料を探す場合、食品メーカーが公表しているものと、消費者団体が公表しているものの間に隔たりが見られることは想像できるでしょう。書籍や雑誌にせよ、インターネット上の情報にせよ、出所の信頼性と同時に、どんな立場の人・組織が発信しているのかにも注目する必要があります。

ワクチンの有効性、原子力発電所の安全性、死刑制度の存廃、安楽死の賛否——。世の中には、立場や見解の分かれるテーマがたくさんあります。いずれについても、両サイドから多種多様な意見が発信されています。とくにインターネット上では多くの人の意見が飛び交い、時に激しい議論が起きています。こうしたテーマは、「中立・客観」をうたう報道機関の間でも大きな隔たりが見られる場合があるので、さらなる注意が必要となります。

ここに挙げたような難しいテーマについては、さしあたり専門家の意見を頼りにするのが確かだと言えます。素人が根拠を示さず唱える意見よりも、その分野で研究を積み重ねてきた専門家が発する意見のほうが的確である可能性が高いのはまちがいありません。

もちろん、例外はあります。特定の企業や団体の利益になるよう、偏った情報を流す専門家もいないわけではありません。また、情報を受け取る側が「有名大学に所属している」とか「テレビによく出演している」といった理由だけで、専門家の信頼度を高く見積もってしまうことがあります。専門家の意見に触れる際にも、一定の冷静さは欠かせません。

イギリスの哲学者、バートランド・ラッセル（Bertrand Arthur William Russell, 1872～1970）は『懐疑論（Sceptical Essay）』のなかで、専門家の意見と向き合うことに関して次のように述べています。

（一）専門家の意見が一致している場合は、これと反対な意見は、確実だとみなすわけにはいかない。（二）専門家の意見が一致しない場合は、専門家でないものは、どの意見も確実とすることはできない。（三）専門家がこぞって、あるはっきりした意見には十分な根拠がないと主張する場合は、普通の人は、自分の判断をさし控えた方がいい。（『懐疑論』柿村峻訳、角川文庫、一九六五年、九頁）

ラッセルは、右記こそが懐疑主義の要諦（ようてい）だとしています。一〇〇年近く前（一九二八年）に書かれたものですが、今でも説得力があります。

専門家の意見に対して、やみくもに不信感を訴える人は少なくありません。そう思わざるを得ないケースがあるのは確かでしょう。専門家だから常に正しい判断ができるというわけではありません。ゆえに、ラッセルが言うように、複数の専門家の意見を参考にして判断するわけです。

同様に、インターネットで何かを調べるときでも、一つのサイトだけでなく、複数のサイトを確認することは、「正しい情報」にたどり着くうえにおいて欠かせない心がけとなります。

『サピエンス全史――文明の構造と人類の幸福』（柴田裕之訳、河出書房新社、二〇一六年）の著者としても知られる歴史学者、ユヴァル・ノア・ハラリ（Yuval Noah Harari）氏は、情報の海のなかで「どのようにして洗脳を避け、現実と虚構を区別するか」について、自身の経験則を二つ披露しています。

第一に、信頼できる情報が欲しければ、たっぷりお金を払うことだ。〔中略〕第二の経験則は、もし何らかの問題が自分にとって格別に重要に思えるのなら、関連した科学文献を読む努力をすることだ。（『21 Lessons　21世紀の人類のための21の思考』柴田裕之訳、河出書房新社、二〇一九年、三一五～三一六頁）

世の中には、黙っていても入ってくる情報と、自分から手を伸ばさないと得られない情報があります。大まかに見て、前者の情報は政治的、経済的利害の絡むものが多くを占めます。つまり、発信者が、多くの人に情報を伝えることで何らかのメリットを得ようとしているわけです。自分あるいは組織・団体に対する支持者を増やす、自社の商品・サービスを購入してもらう、といった目的のもとに情報が発信されているということです。そうした情報が少なからず偏りをはらんでいることは明らかでしょう。

逆に、自分から手を伸ばさないと得られない情報は、その可能性が低いと考えられます。実際にお金を払うかどうかはともかく、品質の高い情報を得るには一定のコストがかかるのです。

第二の「関連した科学文献を読む努力をすること」は、研究者など一部の人以外にとってはハードルが高いかもしれません。直接科学文献を読むのは難しくても、そのエッセンスに触れることは比較的簡単にできます。実際、学術研究をベースにして、一般向けに書かれた記事や書籍は多く見られます。なかには、科学文献の著者自身が専門的な話をかみ砕いて執筆したものも少なくありません。そうしたところから情報を得るのがよいと言えます。

今日、インターネット上には無数の情報が蓄積されています。かつては入手の難しかった多くの情報にも、簡単かつ無料でアクセスできるようになりました。とはいえ、黙っていても入ってくる情報よりも、自分から手を伸ばして得た情報のほうが信頼度が高いことに変わりはありません。簡単に手に入る情報の多くはそれ相応の価値しかない、と言っても差し支えないでしょう。本当に価値ある情報を得るには、それなりの金銭や時間、労力が必要だという点は心に留めておきたいところです。

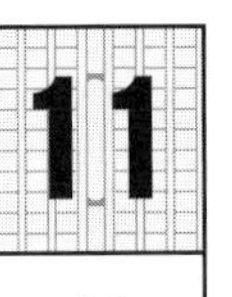11 あなたがもつ知識・常識は正確ですか？

ありふれた説明文を読み解く

まず、次の二つの文章を読んでみてください。

①地球規模で環境破壊が進むなか、世界各地で森林面積は減少の一途をたどっている。とくに、人口大国の中国、インドはその傾向が著しい。日本も例外ではなく、減少率こそ鈍化しているものの、マイナス傾向は続いている。

②昨今、気候変動の影響で世界的に自然災害が増加し、死者数も増えている。地震や津波による

被害で亡くなる人も少なくない。過去一〇〇年間の統計を見ると、自然災害による死者数は一〇〇年前の二倍以上にまで増加していることが分かる。

いずれも環境問題について述べた、ごくありがちな言説です。それほど違和感なく読めたという人もいるでしょう。こうした地球環境の「実情」を伝える記述は、媒体を問わずよく見かけます。そこでは、ここに挙げたような「事実」を前提にして、「我々はもっと環境問題に対する意識を高めねばならない」とか「環境問題を解決するためには〇〇をすべきだ」といった結論が記されています。

問題とされる「事実」を取り上げ、それについて自分の考えを述べることに何ら不都合はありません。しかし、前提となる「事実」そのものがまちがっていたら、それに対していかに的確な意見や対策を述べても、まったく説得力をもたないでしょう。誤った情報を資料として用いてしまうと、いくら頑張って文章を仕上げても意味がありません。

実は、冒頭に挙げた文が、まさに誤った「事実」を述べた実例なのです。いずれも、書かれた内容は正しくありません。実情をごく簡単に説明すると次のようになります。

①地球上の森林面積が減少しているのは事実ですが、近年、その減少速度は低下しています。国

別で見ると、ブラジルやインドネシアなどで大きく減少している一方、中国やインドでは逆に増加しています[20]（一九九〇～二〇二〇年）。日本の森林面積は、ここ半世紀についてはほとんど変化していません。

②世界的に自然災害が増えているのは確かです。それに伴う経済的な損失も増加しています。しかし、災害対策の向上などにより、自然災害によって亡くなる人の数は一〇〇年前に比べて大幅に減少したというのが事実です[21]。

日本人の死因についての印象

次はクイズです。次に挙げるのは飲食に関する死因の事例ですが、これら三つを、日本における年間死亡者数の多い順に並べ替えてください。

---

(20)　国際連合食糧農業機関（FAO）「世界森林資源評価二〇二〇（FRA2020）Main report 概要」林野庁訳。なお、中国は国内で森林保護を積極的に進める一方で、海外の木材（森林）を買い漁っているため、世界規模で見ると必ずしも森林保護に寄与しているとは言えない状態にあります。

(21)　ハンス・ロスリングほか／上杉周作・関美和訳『FACTFULNESS――10の思い込みを乗り越え、データを基に世界を正しく見る習慣』日経BP、二〇一九年、七九頁、Gapminder : Natural disasters, https://www.gapminder.org/topics/natural-disasters 参照。

Ａ　**誤嚥性肺炎**（食べ物を飲みこむときに誤って肺に入ってしまったことで引き起こされる肺炎）
Ｂ　**食品による窒息**（気道閉塞を生じた食物の誤嚥。餅などの食べ物を飲みこんだときに気道がふさがり窒息を起こすこと）
Ｃ　**食中毒**（食品に付着した細菌やウイルスによって引き起こされる病気）

いかがでしょうか。答えは、「Ａ→Ｂ→Ｃ」の順です。厚生労働省がまとめた二〇一九（令和元）年のデータでは、「Ａ誤嚥性肺炎」が四万三八五人、「Ｂ食品による窒息」が四二〇六人、「Ｃ食中毒」が四人となっています。[22] このデータを見て、意外に思われた人もいるのではないでしょうか。

誤嚥性肺炎は、若い人には馴染みの薄い病気ですが、高齢者の多くがこの病気で亡くなっています。二番目の食品による窒息も高齢者に多く、乳幼児にもよく見られます。

医療機関や福祉施設で働いている人は別として、多くの人はＡ、Ｂの事例に直接遭遇したり、耳にしたりする機会は少ないでしょう。これらの出来事はニュースで報じられることも多くありません。そうした事情を考えると、この二つの死亡者数が食中毒よりも少ないと思ったとしても仕方ないでしょう。

食中毒は、患者数こそ一万人を超えていますが、死亡者数は四人に留まっています。多くの人は、これが一番多いと思われたのではないでしょうか。食中毒の原因となる細菌・ウイルスとしては、サルモネラ菌、Ｏ１５７、ノロウイルスといったものが挙げられます。発生しやすいシーズンになると、各メディアがこれらの名称を連呼し、注意を促すようになります。

それを耳にした人たちも、食中毒に対する認知度を高めます。同時に、場合によっては死亡するケースがあることも伝えられるため、危険であるという認識を強く抱く人は少なくありません。そうした背景が、食中毒で多くの人が亡くなっているというイメージを生み出しているのです。

事実だと思いこんでいたことが実は事実ではなかった、という事例は少なくありません。本や新聞、雑誌、あるいはインターネットで得た情報がまちがっていたために誤った知識を身につけてしまうこともあるでしょう。でも、一番多く見られるのが単純な思いこみなのです。

「第2部《8》」で見たとおり、人の認知は非常に歪みやすいものです。正確に認知したつもりでも、実際は事実と異なっているというケースは珍しくありません。全体のごく一部分しか認知していないにもかかわらず、全体像をつかんだかのように錯覚してしまうことも、ごく普通にあります。

誤った知識をもったまま、そのテーマについて文章を書こうとすると、当然内容は実態から外

(22)　厚生労働省「人口動態統計」二〇一九年、同「食中毒統計調査」二〇一九年参照。

れたものになってしまいます。前提となる事実が誤っていれば、いくら読みやすく、分かりやすい文章を書いても、それはただの空論にすぎません。自分の知識に自信をもっている人ほど、そうした失敗を犯しがちです。

「第2部《8》」の冒頭（一三二頁）で、「一〇〇〇円札には『日本』という文字が全部でいくつ印字されていますか？」という問いかけをしました。多くの人は、正解が分からなかったのではないでしょうか。この事例のように、自分が「知らない」と自覚できる場合は正しい情報を得るために確認しようという意識が働きます。しかし、自分は正しい事実を「知っている」と思いこんでいる場合は、確認する必要性を感じません。そのため、もし知識に誤りがあったとしても、それを正す機会を逃してしまいます。

自分が常識だと認識していること、当たり前だと思っていることに対して、あえて疑いの目を向けてみるという姿勢も重要です。自分の意見を論じる前に、その前提となる自分の知識がまちがっていないか、まずは確認してみましょう。

使う言葉の意味を確認する

文章を書くときに使う言葉についても、自分の「常識」を疑ってみる必要があります。まず、次に挙げた日本語に関する問題を解いてみてください。

問い　次に挙げた慣用句などについて、それぞれ（ア）と（イ）どちらの意味が正しいと思いますか。

①憮然（ぶぜん）（例文：憮然として立ち去った）
（ア）失望してぼんやりしている様子
（イ）腹を立てている様子

②敷居が高い
（ア）相手に不義理などをしてしまい、行きにくい
（イ）高級すぎたり、上品すぎたりして、入りにくい

③がぜん（例文：我が社はがぜん有利になった）
（ア）とても、断然
（イ）急に、突然

答えは、①が（ア）、②が（ア）、③が（イ）です。いくつ正解しましたか？

この問題は、文化庁が毎年実施している「国語に関する世論調査」で出されたものです。順に二〇一八年度、二〇一九年度、二〇二〇年度からの抜粋です。いずれの結果もニュースなどで報

じられていますので、記憶されている人もいるでしょう。

調査では、①については、正解の（ア）と答えた人が二八・一パーセント、（イ）と答えた人が五六・七パーセントでした［調査では（ア）と（イ）の両方、（ア）と（イ）とはまったく別の意味、分からない、といった回答もあり］。同様に、②は（ア）二九・〇パーセント、（イ）五六・四パーセント、③は、（ア）六七・〇パーセント、（イ）二三・六パーセントとなっており、①と同様に不正解者が正解者を大幅に上回っています。

この例のように、多くの人が本来とは違った意味で認識している言葉は決して少なくありません。作文に際して、誤って理解している言葉をそのまま使ってしまうと、読み手に誤解を与える可能性があるだけでなく、書き手自身の評価を貶めることにもつながります。

書こうとしている言葉について、自分の知識に自信がなければ、調べようという意欲が生じます。「この言葉の使い方はおかしくないだろうか？」という疑問が湧けば、正しいか否かを確認しようとするでしょう。あるいは、その言葉を使わないという選択肢もあります。しかし、そうした疑問を感じなければ、調べようという意欲は起きません。もし、それがまちがっていたとしても、気づかないまま完成のときを迎えてしまいます。

ちょっと背伸びをして、気の利いた表現を使おうとするときにこうしたミスを犯しがちです。普段あまり使わない言葉を書こうとするときや、少しでも自分の知識に曖昧さを感じたときは、一旦立ち止まり、躊躇せずに辞書を引いて確認するようにしましょう。

作家の井上ひさし（一九三四～二〇一〇）は、作文をする際は常に辞書を自分のそばに置いておくようにとすすめています。辞書なしで文章を書こうとするのは、「『私はたいへんな料理人よ』と言いながら、実は包丁を一本も持っていないのと同じくらいひどいことです[23]」と述べています。

辞書は紙でも電子でも構いません。必要なときに調べられるよう、手元に置いておきましょう。「言葉は生き物」とも言われるように、言葉の意味・使われ方は時代とともに変化します。本来は誤用であったものが、多くの人が誤ったまま使用を続けたことで一般化していった言葉も少なくありません。また、時代とともに新しい言葉が登場する一方で、使われなくなった言葉もあります。そうした言葉の変化についても、必要に応じて確認しておく必要があります。そのためにも、辞書はできるだけ最新のものを準備しておくことをおすすめします。

時代の変化に乗り遅れない

先に、環境問題、および日本人の死因についての例文を紹介しました。それぞれについてみなさんの認識を確認したわけですが、そこで示した「正解」は、あくまでも現時点における事実に

(23)　井上ひさしほか、文学の蔵編『井上ひさしと141人の仲間たちの作文教室』新潮文庫、二〇〇二年、四四頁。

すぎません。地球環境も日本人の死因も、今後変化する可能性があります。ある時点における事実が、時間の経過とともに変化し、事実でなくなるケースはごく普通にあるのです。とくに社会情勢に関する事柄は常に変化しているので、情報を入手する際は、最新のものを選ばねばなりません。

世界的ベストセラーとなったハンス・ロスリングの『FACTFULNESS――10の思い込みを乗り越え、データを基に世界を正しく見る習慣』（一八五頁前掲）に次のような記述があります。

> 知識に賞味期限はないと思えば、安心できる。一度学んだことはいつまでも使えるし、学び直す必要もないと考えれば、気が休まる。〔中略〕しかし、社会科学では基礎の基礎になる知識でさえすぐに賞味期限が切れる。牛乳や野菜と同じで、いつも新鮮なものを手に入れたほうがいい。何事も変わり続けるからだ。（前掲書、二三二頁）

知識には賞味期限がある、という事実は肝に銘じておく必要があります。人口などの数値はもちろん、国の元首や首相、法律なども、当然ながら時とともに変わっていきます。日本政府がウクライナの首都を「キエフ」から「キーウ」へ呼称を変更した（二〇二二年四月）ように、実体は変わらず呼び方だけが変わるといったケースもあります。

また、かつての歴史の授業では、鎌倉幕府の成立年の一一九二年を「いいくに（一一九二）つくろう鎌倉幕府」と唱えながら覚えていました。しかし、現在の教科書では、鎌倉幕府の成立年は一一八五年とされています。こうした例はメディアでもたびたび取り上げられているので、ご存じの人も多いでしょう。

自然科学も例外ではありません。かつては理科の授業で太陽系の惑星は九つと教えられました。覚えるときは、「水金地火木土天海冥」[24]と唱えられていました。しかし、二〇〇六（平成一八）年に冥王星は「準惑星」に格下げされ、現在は太陽系の惑星数は八つとされています。ほかにも、古くは人の染色体の数が四六本でなく、男性四七本、女性四八本と考えられていて、教科書にもそう記載されていたという例があります[25]。

どのような文章を書く場合でも、知識の再確認、アップデートは不可欠です。とはいえ、一般知識とされる事柄であれば、まちがって書いたとしてもそれほど大きな問題にはならないでしょう。誤りが発覚しても、大抵の場合は訂正すれば事態は収束します。それが直接社会に波紋を広げるようなことは稀と言えます。

---

(24)　惑星の位置の変化により、「水金地火木土天冥海」とされた時期もあります。
(25)　一九二九（昭和四）年に刊行された『博物通論教科書：教授参考資料』（吉田貞雄、精華房）などにそうした記述が見られます。

一方、世の中の規範にかかわる事柄では、「知らなかった」では済まされないケースがあります。差別や偏見、ハラスメント（嫌がらせ）とされるものがこれに該当します。かつてはそれほど問題視されなかった言動が現在でも許されると思いこみ、同じ言動をして非難される事例は後を絶ちません。

文章の事例ではありませんが、二〇一七（平成二九）年にあるテレビ番組が糾弾されるという出来事がありました。この番組には、お笑いタレントが約三〇年前に人気を博したキャラクターに扮して登場しました。すると、視聴者から批判が殺到したのです。そのキャラクターが、性的マイノリティに対する差別に当たると見なされたわけです。

かつては笑いのネタとされていたものが、現在では差別と見なされる。制作者は、そうした世の中の変化を理解していなかったのでしょう。これは、知識と同様、社会規範にまつわる「常識」が変化している象徴的な事例だと言えます。

昨今は、「セクシャルハラスメント（セクハラ）」、「パワーハラスメント（パワハラ）」、「カスタマーハラスメント（カスハラ）」、「レイシャルハラスメント（レイハラ）」など、さまざまな言動が「ハラスメント」と認識されるようになりました。これらを容認しないことも今日では「常識」とされています。しかし、そうした変化を認識せず、「ハラスメント」という言葉が広まっていなかった時代の感覚をもち続けている人がまだまだたくさんいます。

二〇二一年八月、アメリカ・ニューヨーク州知事のアンドリュー・クオモ（Andrew Mark Cuomo）氏が、複数の女性からセクハラの告発を受けて辞任に追いこまれました。その際、テレビ演説で次のような発言をしています。

自分の認識では、私は誰とも一線を越えたことはありません。ですが、その線が書き換えられていたことを理解していませんでした。世代的、文化的な変化を、私は十分に認識していなかったのです。[26]

クオモ氏の弁明の詳細はともかく、自分自身に対する認識は妥当なものだと言えます。自分の行為が許容されるか否かの「一線」が時とともに変化したことを、いまだに認識できていない当事者は少なくありません。

文章を書く際にも、このような時代の変化を認識する必要があります。昔は普通に使われていた言葉でも、今日では不適切とされているものはたくさんあります。障がい、人種、民族、職業、ジェンダーなど、さまざまな分野で差別的と捉えられている言葉があるのです。

（26）NBC NEWS, Read highlights from Cuomo's resignation remarks, 2021.8.11. https://www.nbcnews.com/politics/politics-news/read-highlights-cuomo-s-resignation-remarks-n1276510（筆者訳）

なかでも、ジェンダーに関する言葉への認識は近年大きく変化しています。たとえば、「女医」、「女傑」、「女工」といった言葉は使われなくなりました。「看護婦」は「看護師」、「助産婦」は「助産師」、「保母」は「保育士」にそれぞれ変えられています。また、「女々しい」、「女だてらに」、「男勝り」といった表現は不適切とされています。

年代が上の人ほど、言葉の変化に後れをとる傾向があります。一方、変化を素早く捉えて、先走る形で言葉遣いに敏感になる人もいます。時代の変化に対応していくのは大切だとはいえ、過剰な言葉狩りや自主規制は慎んだほうがいいでしょう。まずは、ここで挙げたような広く認識されている言葉について十分に確認し、改める必要がある言葉はしっかりと改めていくことが重要です。

12 分かった気になっていませんか？

自分の知識と合致する情報

次に挙げるのは、アメリカの歴史に関する一文です。短い文ですが、ここからどのような歴史的な背景がイメージできるでしょうか。

A　一九四一年、アメリカ陸軍省は馬匹（ばひつ）調達数が南北戦争以来最少の二万頭になったと発表した。

一九四一（昭和一六）年といえば、日本軍がアメリカの真珠湾攻撃を実施した年、つまり太平洋戦争がはじまった年です。馬匹とは馬のことで、ここでは軍用馬を指します。その数が「最少」になったという記述です。

南北戦争（一八六一年～一八六五年）当時、騎兵（馬に騎乗した兵士）は陸上戦において重要な役割を果たしていました。しかし、その後は機械化が進み、騎兵の利用価値は低下していきます。

第一次世界大戦では戦車や装甲車が登場し、騎兵の活躍の場は失われていきました。また、物資の運搬にも、馬でなく自動車が使われるようになっていきます。そうした歴史から考えると、一九四一年当時、アメリカ陸軍では馬の重要性はかなり低下していたと言えます。馬匹調達数が「最少」になったということは、アメリカ陸軍の機械化の進展を裏付ける発表であったと考えられます。

ここまでは、学校の教科書で習った知識でも想像できるでしょう。歴史好きな人であれば、もっとさまざまな背景がイメージできるのではないでしょうか。

では、同様に次の文Ｂからは、どのような歴史的な背景が想像できますか。

Ｂ　一九四一年、アメリカ陸軍省は馬匹（ばひつ）調達数が南北戦争以来最多の二万頭に達したと発表した。

Ａで「最少」と書かれていたところがＢでは「最多」になっています。先の説明文を読んで納得された人は、Ｂの記述に対しては違和感をもったことでしょう。「なぜ『最多』なのか」と。すでにお気づきの人もいるでしょうが、実は、あとで挙げたＢが正確な記述で、最初に紹介したＡは正しくありません。アメリカ陸軍省は、一九四一年に馬匹の数が南北戦争以来最多の二万頭に達したことを、満足げに発表したというのが事実です。

第二次世界大戦がはじまった当時、アメリカ陸軍内には牧歌的とも言えるような空気が漂っていました。一九世紀に比べれば機械化が進んでいたとはいえ、ドイツやソ連に比べると、その装備は極めて貧弱なものでした。陸軍は、航空機の開発・拡充を推進する一方で、地上軍のほうは旧態依然としていたわけです。

馬匹の数を誇っていた事実からも分かるとおり、すでに時代遅れとなっている騎兵を重視する風潮すらありました。第一次世界大戦の記憶は風化し、陸軍の幹部らは実際の戦闘について非常に楽観的に考えていたようです。[27]

イギリス陸軍も同様でした。機甲部隊はあったものの、アメリカ陸軍と同じく装備は貧弱なものでした。日本陸軍の装備が旧態依然としていたことはよく知られています。とはいえ、開戦当初においては米英の陸軍が必ずしも優れた装備をもっていたわけではないのです。

太平洋戦争を描いた映画やドラマでは、先端に銃剣を装着した銃を持つ日本兵がアメリカ軍の機関銃の前に敗れ去るというシーンがよく描かれています。銃にかぎらず、兵士が持つ装備、輸送手段など、あらゆる面でアメリカ軍が進んでいたことが映像から見て取れます。体験記や小説にもそうした記述が少なくありません。こういった事例から、当時のアメリカ陸軍は、すでにあらゆる面で近代化が進んでおり、優れた装備を保持していたという印象がもたれがちです。

日本軍は、先進的な装備をもったアメリカ軍と戦って敗れた――。こうした歴史に関する知識をもっていると、BよりもAのほうが事実としてすんなりと受け入れられるでしょう。知識が先入観として働くと、Aに対して疑問が生じにくくなります。Aは短い文ではありますが、既存の知識と結び付くことで、もっともらしいストーリーが生成されてしまうのです。一方、Bは、既存の知識と合致しにくいため、事実ではないと思ってしまいます。

(27)　ポール ファッセル／宮崎尊訳『誰にも書けなかった戦争の現実』草思社、一九九七年、一三頁参照。

自分のもっている知識に当てはまりそうな情報を目にすると、疑問を抱くことなくそれを事実として受け入れ、知識を裏付ける要素として吸収しがちです。知識に合致するものであれば、初めて耳にした情報であっても、「そんなことは分かりきっている」とか「それは当たり前だろう」と、あたかも前から知っていたかのように思いこんでしまう場合すらあります。これは、「第２部《９》」で見た確証バイアスにも通ずる心理だと言えるでしょう。

もっともらしく書かれている情報は、違和感なく頭の中に入ってきます。ただ、そこに罠が潜んでいる可能性があります。違和感なく読めることと、内容が正確であることは必ずしも一致しません。自分の知識に合致するように見えても、まちがっている記述はあります。スムーズに消化できた情報が必ずしも正しいとはかぎらない、ということは心に留めておきたいところです。

「ハロー効果」の影響力

先ほど挙げた事例では、当時のアメリカ陸軍について「近代的」や「先進的」というイメージをもっていた人は、Ａに対して違和感を抱くことはなかったのではないでしょうか。「映画やドラマで見た当時のアメリカ軍は、日本軍よりも近代的な装備をもっていた。だから、あらゆる面においてアメリカ陸軍は近代化が進んでいたにちがいない」と思われたことでしょう。

このように、断片的な情報によって全体的な印象が左右されてしまうことを「ハロー効果」と言います。目立った特徴を目にすると、ほかの部分も同じように思えてしまう心理現象です。「ハロー（halo）」とは、後光すなわち仏像や仏画、キリスト教絵画に描かれた聖人のうしろに表される光を意味します。

一流大学を卒業しているから、仕事でも素晴らしい能力を発揮してくれるだろう。高級時計を身につけているから金持ちであるはずだ。犬をかわいがっていたから優しい人にちがいない――。これらはハロー効果の典型例です。日常生活で、他人に対してそういった決めつけをしてしまうことは誰にでもあるでしょう。

逆に、だらしない服装をしているから仕事も雑にこなすのだろう、といったネガティブな印象をもつのも同様の心理です。こちらは「ホーン効果」と言います。「ホーン（horn）」は、悪魔の角を意味します。「ネガティブ・ハロー効果」とも呼ばれます。

しかし、どのような物事にも、いかなる人にも多様な側面があります。一つの特徴が全体に共通するとはかぎりません。ハロー効果は無意識のうちに起こる心理現象ですが、これによって情報収集に歪みが生じてしまう場合があります。

先に紹介したダニエル・カーネマン氏（一〇〇頁参照）は、ハロー効果（ネガティブ・ハロー効果）について次のような事例を挙げて説明しています。

「ヒトラーは犬と小さな子供が大好きだった」という文章が何度聞いてもショッキングなのは、あれほど残酷な人間にこのような情愛の痕跡を認めることが、ハロー効果によって作り上げられた人物像に反するからである。（カーネマン、前掲書〈上〉、三五〇頁）

アドルフ・ヒトラー（Adolf Hitler, 1889～1945）が、一般に「残虐」や「冷酷」といったイメージを強くもたれているのは周知のとおりです。彼についての説明文を書くよう求められ、手にした資料に「犬と小さな子供が大好きだった」という記述があったら、大抵の人は違和感を抱くでしょう。誤った事実と見なして除外したり、極めて例外的な事実として無視したりするかもしれません。

逆に、幼いころから残虐だったというイメージを裏付けるエピソードがあったら、興味を引かれるとともに、その話を違和感なく受け入れることでしょう。

ここでも確証バイアスが働きます。自分の信念と合致する情報を受け入れ、合致しない情報を遠ざけてしまうのです。頭の中に特定のイメージが形成されてしまうと、それを変えるのは容易ではありません。

ヒトラーは個人に関する情報が多数公にされていますが、情報の少ない人物の場合でも同様の心理が働きます。カーネマン氏は、「あなたはどうしても、手持ちの限られた情報を過大評価し、ほかに知っておくべきことはないと考えてしまう。そして手元の情報だけで考えうる最善のストーリーを組み立て、それが心地よい筋書きであれば、すっかり信じ込む。逆説的に聞こえるが、知っていることが少なく、パズルにはめ込むピースが少ないときほど、つじつまの合ったストーリーをこしらえやすい」（カーネマン、前掲書〈上〉、三五二～三五三頁）と述べています。

情報が少ないときのほうがストーリーをこしらえやすいというのは、非常に危うい心理だと言えます。人物の一側面を見ただけでその人の全体像をつくりあげて、知ったつもりになってしまう――。実際、そうした安易な人物評は世の中にあふれています。

たとえば、連続殺人事件の容疑者としてある男性が逮捕されたとします。その容疑者の人物像について取材して記事を書くとしたら、どのような情報を得たいと思うでしょうか。取材に際しては、人を殺したという結果につながる筋書きに合致したものを重視するでしょう。確証バイアスによって、思い描いた筋書きに合う情報ばかりに注目し、それに反する情報を遠ざけていくのです。

生い立ちに困難を抱えていた、攻撃的な性格だった、過去に犯歴がある、といった推測を裏付けるような情報が見つかると思わず飛びついてしまうかもしれません。断定には至らなくても、「それが犯行につながったのではないだろうか」という記事が完成すると、書き手は当初想定した筋書きに対する自信をさらに深めていくでしょう。そして、その人物に対するネガティブな印象は確固なものとなり、筋書きに合致しない情報が出てきても簡単には揺らぎません。たとえ、あとで誤認逮捕であることが明らかになったとしても。

断片的な情報でも、自分の知識と矛盾がなければ無批判に受け入れてしまう。それに基づいてイメージをつくりあげ、さらに信念を強めていく――。人は、そうした流れで自分にとって都合のいい解釈をして、物事を分かったつもりになってしまう傾向があります。

資料と向き合うときは、自分がバイアスに陥っていないか、自分自身を客観的に見ることも大切です。資料で目にした断片的な無批判に受け入れ、対象のイメージを固めている自分がいたら、一旦立ち止まってみましょう。

先入観が認識を歪める

二〇二〇年九月二三日、イギリスの裁判所で信じがたい出来事がありました。その日、黒人の女性弁護士、アレクサンドラ・ウィルソン（Alexandra Wilson）氏が仕事で裁判所を訪れました。裁判所の入り口で警備員は彼女に名前を尋ねると、被告人のリストを開いて名前を探しはじめたのです。彼女が「私は法廷弁護士です」と言うと、警備員は謝罪し、彼女を中へ案内しました。

彼女が法廷へ行くと、別の弁護士から「法廷の外で待つように」と告げられました。その弁護士も、彼女が被告人だと勘違いしていたのです。さらに、彼女が法廷の中に入り、検察官のところへ向かうと、今度は裁判所の職員から、大声で「法廷に入ってくるな！」と言われました。

結局、彼女は裁判所で一日に三度も被告人とまちがえられたのです[28]。

この裁判所があるロンドンは多民族都市で、さまざまなルーツをもつ人たちが暮らしています。もちろん、黒人も少なくありません。ただ、黒人女性で弁護士になる人はわずかです。裁判所に勤めている人でも、黒人女性の弁護士に会う機会がほとんどなかったのかもしれません。この状況に、黒人に対するネガティブな先入観が相まって、裁判所の職員らはウィルソン氏を被告人とまちがえたのでしょう。裁判所に黒人が来た、すなわちその人物は被告人にまちがいないと、分かった気になってしまったのです。

そうした背景があったとしても、黒人女性をひと目見て被告人と断定してしまうという風潮は非常に深刻な問題だと言えます。しかも、そうした決めつけを行う人の多くは、自分が偏見をもっているとは思っていません。この事実からも問題の根深さがうかがえます。

人を特定のカテゴリーに当てはめて見てしまうこと、そうした偏見、思いこみ、固定観念のことを「ステレオタイプ」と言います。とくに、人種、民族、ジェンダーについてのステレオタイ

（28）　The Guardian, 2020.9.24.

プは根が深く、社会でさまざまな問題を引き起こしています。

例として挙げたような話は自分に関係ない、と思う人もいるでしょう。しかし、ステレオタイプは誰しもが少なからずもっています。たとえば、「自動車修理工と看護師の夫婦」と聞いたとき、どのような人たちを頭に思い浮かべますか。多くの人は、自動車修理工の男性と看護師の女性をイメージしたのではないでしょうか。

落ち着いて考えれば、男女が逆の可能性もあることが分かると思います。でも、会話のなかでふとこのような言葉が出てきたら、無意識のうちに自動車修理工の男性と看護師の女性という前提で話を進めていくでしょう。実際にその夫婦と会ったとしても、夫が自動車修理工で妻が看護師という前提で接してしまうかもしれません。勝手な思いこみで、その二人について分かった気になってしまっているのです。

アメリカのジャーナリスト、ウォルター・リップマン（Walter Lippmann, 1889～1974）は、著書『世論（Public opinion）』において、ステレオタイプに関して「われわれはたいていの場合、見てから定義しないで、定義してから見る」[29]と述べています。まさにその言葉どおりでしょう。

日本人の場合、血液型のステレオタイプも広く共有されています。「A型は几帳面」、「B型はマイペース」といった特徴を信じている人も多いようです。このステレオタイプに科学的根拠がないことはすでに明らかにされています。それでも、これを信奉する人がいるという事実は、ステレオタイプがいかに強固なものであるかを示していると言えます。

人を含め、物事をカテゴリーやパターンに当てはめて考えることが、必ずしも悪いというわけではありません。偏見のあるなしとは関係なく、誰もがやってしまうことです。それは、むしろ人が生きていくうえで欠かせない思考でもあります。もし、見たり聞いたりした物事すべてを、まったく未知のものとして認識していたら、どんな物事も言葉で表現できなくなってしまうでしょう。(30)

ただ、そうした思考は一方で物事の認識を歪めます。「彼はO型だから大ざっぱだ」と思いこんでしまうと、その人の几帳面な部分を見落としてしまうかもしれません。もし、資料を読む際に「○○人は□□だ」という記述があったら、その著者はほかの国民・民族と比較したうえで述べているのか、□□という特徴は本当に○○人だけに見られるものなのか、と疑ってみたほうがいいでしょう。

先に紹介した心理学者、ニコラス・エプリー氏（一八二頁参照）は、ステレオタイプについて次のように述べています。

(29)『世論（上）』掛川トミ子訳、岩波文庫、一九八七年、一一一頁。
(30) ロスリングほか、前掲書、一九〇頁参照。

ステレオタイプは、たんに相手を観察するだけでなく、説明までしようと試みることが多い。集団同士に違いがあるとき、その説明としてお手軽なのは、集団のメンバーに何か本質的で内在的で不変的な理由が存在するせいだ、とすることだ。（ニコラス・エプリー、前掲書、二一五頁）

表面的な特徴に基づいて特定のカテゴリーに当てはめるだけでなく、その特徴を遺伝や血筋といった言葉で説明しようとする。そこに科学的根拠があるかどうかは問われません。この姿勢が差別・偏見に結び付くことは容易に想像できます。そうした偏った認識に基づいて書かれた文章が適切か否かは、言うまでもないでしょう。

13 安易にストーリーをつくりあげていませんか？

歴代アメリカ大統領の不思議な一致点

アメリカ合衆国第一六代大統領エイブラハム・リンカーン（Abraham Lincoln, 1809～1865）、第三五代大統領ジョン・F・ケネディ（John Fitzgerald Kennedy, 1917～1963）、この二人の間には不思議な共通点が多数あることで知られています。この話題はテレビや雑誌の企画などで幾度も取り上げられているので、ご存じの人も多いでしょう。代表的な共通点は左記のとおりです。

・リンカーンが下院議員に初当選したのは一八四六年、ケネディが下院議員に初当選したのは一九四六年で、ちょうど一〇〇年違い。
・リンカーンが大統領に選出されたのは一八六〇年、ケネディが大統領に選出されたのは一九六〇年で、ちょうど一〇〇年違い。
・リンカーンとケネディは、ともに大統領在任中に子どもを亡くしている。
・リンカーンとケネディは、ともに金曜日に妻の目の前で頭を銃で撃たれて亡くなった。
・リンカーンが暗殺された場所はフォード劇場で、ケネディが暗殺されたときにはフォード社のリンカーンに乗っていた。
・リンカーン暗殺の容疑者ブースは一八三九年生まれ、ケネディ暗殺の容疑者オズワルドは一九三九年生まれで、ちょうど一〇〇年違い。
・ブースとオズワルドは、ともに裁判が行われる前に暗殺された。
・後任大統領の姓はいずれもジョンソンで、南部の出身である。
・リンカーンの後任、アンドリュー・ジョンソン（Andrew Johnson, 1808～1875）は一八〇八年生まれ、ケネディの後任、リンドン・ジョンソン（Lyndon Baines Johnson, 1908〜1973）は一九〇八年生まれで、ちょうど一〇〇年違い[31]。

こうした一致点から、ケネディはリンカーンの生まれ変わりにちがいないと考える人がいます。同じくアメリカの大統領に関する不思議な共通点として、「テカムセの呪い（Tecumseh's Curse）」も広く知られています。これは、インディアンのショーニー族の酋長であるテカムセがかけたとされる「呪い」のことで、西暦の最後がゼロで終わる年に選出された大統領を死に至らしめるとされています。実際、該当年に就任した大統領は、いずれも在任中に亡くなっています（**表**を参照）。

例外もあります。一九八〇年に就任したロナルド・レーガン（Ronald Wilson Reagan, 1911〜2004）は一九八一年三月三〇日に銃撃を受けましたが、生還して任期を全うしています。また、二〇〇〇年に就任したジョージ・W・ブッシュ（George Walker Bush）も二〇〇九年に無事任期を終えています。ブッシュ氏の任期が満了となった時点で「呪い説」は説得力を失ったように思えますが、今なおその呪いが続いていると信じる人は少なくありません[32]。

アメリカの歴代大統領については、これら以外にも、亡くなった日に関して不思議な共通点が見いだされる事例があります。第二代大統領ジョン・アダムズ（John Adams, 1735〜1826）は一八

表　西暦の末尾が０で終わる年に就任した大統領

・**ウィリアム・ハリソン**（William Henry Harrison, 1773〜1841） 1840年就任し、1841年４月４日に肺炎で死去。
・**エイブラハム・リンカーン**（前掲） 1860年に就任し、1865年４月14日に銃撃され、翌日に死去。
・**ジェームズ・ガーフィールド**（James Abram Garfield, 1831〜1881） 1880年に就任し、1881年７月２日に銃撃され、９月19日に死去。
・**ウィリアム・マッキンリー**（William McKinley, 1843〜1901） 1900年に就任し、1901年９月６日に銃撃され、９月14日に死去。
・**ウォレン・ハーディング**（Warren Gamaliel Harding, 1865〜1923） 1920年に就任し、1923年８月２日に脳卒中で死去。
・**フランクリン・ルーズベルト**（Franklin Delano Roosevelt, 1882〜1945） 1940年に就任し、1945年４月12日に脳卒中で死去。
・**ジョン・F・ケネディ**（前掲） 1960年に就任し、1963年11月22日に銃撃されて死去。

二六年七月四日に亡くなっていますが、この日はアメリカ合衆国の独立記念日です。ジョン・アダムズは、その独立宣言の署名者の一人として知られています。彼は、それからちょうど五〇年後に亡くなったのです。

独立宣言の署名者のなかには、第三代大統領に就任するトーマス・ジェファーソン（Thomas Jefferson, 1743〜1826）も含まれます

（31）Historical Notes: A Compendium of Curious Coincidences, TIME, 1964.8.21.　Devon Link, Fact check: A 1964 conspiracy theorymisrepresents Lincoln and Kennedy's similarities, USA TODAY, 2020.6.6.

（32）Martin Kelly, Did Tecumseh's Curse Kill Seven US Presidents?, Thought. co, 2020.12.10, https://www.thoughtco.com/tecumsehs-curse-and-the-us-presidents-105440

が、彼もアダムスと同じく、一八二六年七月四日に亡くなっています。この二人は、同じ場所で事故や事件に巻きこまれたわけではありません。それぞれがまったく別の場所いて、数時間差で臨終を迎えたのです。さらに、第五代大統領ジェームズ・モンロー（James Monroe, 1758～1831）が息を引き取ったのも一八三一年の独立記念日の当日でした。この事例にも、何らかの因果関係があると考える人がいます[33]。

本題から外れた話が続きましたが、アメリカ史に興味がない人でも、このような事例を読んで少なからず興味が掻き立てられたのではないでしょうか。「これだけ一致点があるということは、人知の及ばない何らかの力が働いたのではないか」と。

しかし、結論を言えば、いずれも単なる偶然がもたらした結果にすぎません。密接な関係がありそうに見えるのは、錯覚でしかないのです。このような例は、いずれも確証バイアスの典型例でもあります。

ケネディとリンカーンについては、一致している点だけを並べたにすぎません。ともに在任中に銃で暗殺されるというインパクトのある共通点があるため注目されがちですが、一致しない点は無数にあります。出身地、所属政党、前任大統領の名前、配偶者の名前、その生年、亡くなった時の年齢など、いずれも異なります。無条件で事例を挙げられるのであれば、適当に選んだ二人の人物の間に共通点を見いだすのはそれほど難しくはないでしょう。

「テカムセの呪い」については、あと付けの俗説にすぎません。在任中に亡くなった大統領はほかにもいます。在任中に暗殺未遂にあった大統領も複数います。そもそも、この呪いが実際にかけられたという証拠はどこにもありません。

三人の大統領が七月四日に亡くなったのも、単なる偶然です。何かの日付が一致するというケースはとくに珍しくありません。たとえば、三九人いる集団のなかで、誕生日の一致する人がいる確率は、計算上八八パーセントになります。現時点（二〇二三年三月）で故人となったアメリカ大統領は三九人いますので、死亡日についても九〇パーセント近い確率で一致することになります。

一致する対象者が三人になると数値は下がりますが、それでも約七パーセントの確率です。その日が七月四日に特定されると確率は格段に低くなりますが、それでもゼロにはなりません。三人の死亡日が七月四日で一致したのは「奇跡」のように思えますが、偶然の範囲内での出来事なのです。(34)

先に触れたとおり、人には物事を何らかのパターンに当てはめて考える習性があります。そう

(33)　Bruce Martin, Coincideces: Remarkable or Random?, SKEPTICAL INQUIRER 1998.9・10, pp23-28.

することで、世の中を理解しようとしているわけです。この習性によって、単なる偶然で起きた出来事に対しても、なにがしかの原因があってそういう結果が生じたにちがいないと思いこんでしまうのです。

ケネディはリンカーンの生まれ変わりだ。「テカムセの呪い」は実在した。三人の大統領が七月四日に亡くなったのには何らかの意図が働いている――。先に挙げた事例を見て、直感的にそう感じた人もいるでしょう。

人は、偶然という結論を好みません。複数の事柄に一致点が見られると、何らかの関係性を見いだしたいという衝動に駆られるのです。そして、関係のない断片的な出来事が確証バイアスによって結び付けられ、ストーリーが生み出されていきます。

人がストーリーを紡ぎ出そうとする心理は、次の事例からも分かります。

意図を見いだそうとする本能

掲載した図は、心理学者のフリッツ・ハイダー（Fritz Heider, 1896～1988）とマリアンネ・ジンメル（Marianne Simmel, 1923～2010）が一九四四年に行った実験で使用したアニメーションの一部（イメージ）です。実際のアニメーションは、インターネットで「Heider and Simmel animation」と入力して検索すると閲覧できます。短い動画ですので、興味をもたれた人はぜひご覧ください。

動画では、大小の三角形と小さい丸が、一部分が動く長方形の内外を動き回ります。文字も音声もありません。

非常にシンプルなアニメーションですが、これを見た人はそこにストーリーを見いだします。体の大きいいじめっ子と二人の小さい子、虐待する親と二人の子、三角関係にある男女など、見る人によってその設定は異なります。単なる図形を擬人化すると同時に、擬人化されたものが何らかの意図をもって動いていると考えて、一連のストーリーが生み出されていくわけです。

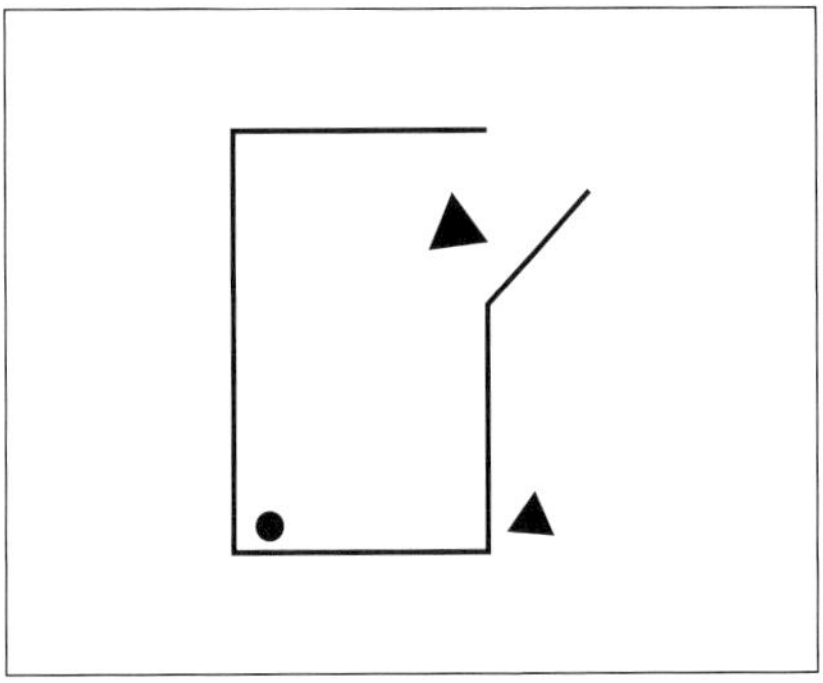

アニメーションのイメージ

(34)「ある集団のなかに誕生日の一致する人がいる確率はどれだけか？」という問いに対して、多くの人は低い数字を想像しますが、実際には思い浮かべた数字よりも高い確率で一致する人がいます。たとえば、集団の人数が二三人であれば五〇パーセント、七〇人いれば九九・九パーセントを超える確率で誕生日が一致することになります（自分と同じ誕生日の人がいるという意味ではない）。こうした直感と実際の数値が大きくかけ離れる現象は、「誕生日のパラドックス」として知られます。なお、本文中の数値は、カシオ計算機（株）高精度計算サイト「keisan」（https://keisan.casio.jp）で算出したものです。

アニメーションを見なくても、この図を目にしただけで、何となく状況が想像できるのではないでしょうか。

大きな図形が小さな図形に近づいていく動きがあると、力の強いものが弱いものに何らかの圧力や危害を加えようとしているように見えるかもしれません。小さな図形のあとに大きな図形が同じルートで移動すると、逃げる人とそれを追う人がイメージできそうです。

このアニメーションは、そうしたイメージが浮かびそうな動きを実験者が計算して作成したものです。それでも、視界に入るのは単なる図形の動きでしかありません。

人は、目で見た出来事に対して、そこに何らかの意図が働いていると推測して理解しがちです。実際、アニメーションを見た人の多くは、あたかも図形には心があり、意図をもって動いているかのように感じます。

アメリカの心理学者、ロブ・ブラザートン（Rob Brotherton）氏は、こうした心理を「意図探知機」という言葉を使って説明しています。人は、この意図探知機によって、「世界で起こっている『すべてのこと』は、誰かが意図したからであると想定」してしまうのです。もちろん、そうしたバイアスをどれだけもっているのかには個人差があります。

同氏は、このアニメーションを見たとき、図形が感情をもったキャラクターであると強く考える人ほど、陰謀論を信じやすい傾向があると述べています。[35] たとえば、二〇〇一年九月一一日に起きたアメリカ同時多発テロ事件は、実はアメリカ政府による自作自演である、といった説を信じる傾向が強いということです。

先に見た「テカムセの呪い」を信じたり、三人の元アメリカ大統領が七月四日に亡くなった背景には何らかの謀略があると考えたりするのも、同様の心理と言えるでしょう。災害が起きたときに「天罰だ」と言ったり、事故に遭った人に「罰が当たった」と言うのも同じです。

明確な根拠を積み重ねたうえで結論を出すのではなく、断片的な情報、表面的な印象を関連づけてストーリーをつくり出す。さらに、そこに何らかの意図を見いだす。そうやって安易な想像によって紡ぎ出した考えを、短絡的に結論として決めつけてしまう――。このような姿勢が、正しい事実を書いて伝えるという目的から外れるのは言うまでもないでしょう。

次節では、物事に関係性を見いだしてストーリーをつくり出す心理について、文章を書くための資料と向き合う場面に即して掘り下げていきます。

相関関係と因果関係の違い

ある調査で、次のような二つのデータが得られたとします。

---

(35) ロブ・ブラザートン／中村千波訳『賢い人ほど騙される――心と脳に仕掛けられた「落とし穴」のすべて』ダイヤモンド社、二〇二〇年、二五〇～二六一頁参照。

・ビールの売上額は春から夏にかけて右肩上がりで伸び、八月にピークを迎えた。
・熱中症による救急搬送の件数は春から増加傾向を見せ、八月に最多となった。

両者の数値を折れ線グラフに表すと、似たような形を描くでしょう。変動のパターンだけに注目すると、「ビールが売れると熱中症になる人が増える」という仮説が見いだされそうです。「アルコールには利尿作用があるため、ビールを飲みすぎると脱水症状に陥る場合がある」という、裏付けに適した説明を添えることもできるでしょう。でも、実際のところ、両者に直接的な因果関係はありません。気温の上昇に伴って起きる変化が、ただ一致しているだけなのです。

二つの事柄について、一方が変化するのに合わせてもう一方も変化するような関係を「相関関係」と言います。また、一方の変化が原因となってもう一方が変化するような関係を「因果関係」と言います。ここで挙げた事例では相関関係は見いだされますが、因果関係はありません。どちらも気温の上昇という要素によって同じ動きをたどるため、あたかも因果関係があるかのように見えてしまうのです。

相関関係があるものを見つけたとき、そこに因果関係がなくても、あると思いこんでしまうことがあります。このような誤った推測を「擬似相関」と言います。複数のデータから安易に結論を導き出そうとすると、そうした錯覚に陥りやすくなります。

また、そもそもまったく関係のない二つの事柄に因果関係があると思えてしまう場合もあります。たとえば、「洗車をすると雨が降る」といった話を聞いたことがある人は多いでしょう。言うまでもなく、「洗車をする」という行為と「雨が降る」という出来事について、その結び付きを示す科学的な根拠はありません。

因果関係があるように思えるのは錯覚です。それでも、洗車をしたあとに雨が降ったという偶然の出来事を印象深く記憶していると、あたかも洗車をする行為が雨を引き寄せたかのように思えてしまうのです。

入手した情報を分析する際にも、そうした錯覚に陥る場合があります。複数の情報に一致点が見いだされると、自分の経験や知識と照らし合わせて、関連があるという結論に直感的に飛びついてしまうのです。先に紹介したアメリカ歴代大統領の事例がその典型と言えます。

人には、物事をパターン化して認識しようとする習性があります。複数の事実に同じような傾向があることに気づくと、その間に因果関係を見いだそうとする衝動に駆られてしまうのです。本来は何らかかわりがなくても、関連するに違いないという思いこみが強いと、擬似相関に騙される可能性が高まります。

先述のデヴィッド・ロバート・グライムス氏（二二二頁参照）が言うように、「私たちは生まれつき、原因と結果がはっきりとしている単純な物語を好む性質がある。しかし、物事が複雑に絡み合った現実においては、そのような物語はむしろ例外的だ」（グライムス、前掲書、九六頁）という事実は肝に銘じておく必要があります。

因果関係をうたった情報に注意

世の中には、因果関係がないにもかかわらず、それをほのめかすような情報が少なくありません。健康や美容をはじめとする商品広告にそうした傾向が見られます。「○○を飲んだら□□になった」といった複数の証言に加え、データを使って言葉巧みに説明された記述を目にした消費者は、思わずその広告を信じてしまいます[36]。

「○○というサプリメントを飲んだら体重が減った」という記述があったとします。この文を額面どおりに受け取ると、サプリメントを飲むことと体重が減ったことに因果関係があるように思えるでしょう。でも、そう述べた人は、サプリメントを飲むと同時に食生活の改善や何らかの運動をはじめていたのかもしれません。あるいは、ほかのサプリメントを併用していたのかもしれません。そうした隠れた要因の影響によって、あたかも因果関係があったかのような錯覚がもたらされた可能性があります。

「第２部《８》」で紹介した「バスケットボールのパスの回数を数える実験」を行った心理学者のクリストファー・チャブリス氏らは、この点に関して次のように述べています。

「私たちはできごとを時系列でとらえ、前のことが後のことを生じさせたと考える。そのため、一つの結果にはかならず複数の理由や原因があるという事実が、くもらされる」（チャブリスほか、前掲書、二五七頁）

人は、前後の辻褄（つじつま）の合った分かりやすいストーリーを好みがちです。何かの問題が起きたとき、原因をいくつも挙げられるより、一つの決定的な原因を示されたほうが自然な感覚を得られます。そうした心理が錯覚につながるのです。

誰かがまちがった発言をしたとき、その背景に複雑な事情があったとしても、「バカだから」のひと言で済ませてしまう人がいます。これは「第1部《5》」で紹介した「根本的な帰属の誤り」の例でもありますが、そうした安易に導き出した理由を出来事と結び付けて納得したような気になる人ほど、疑似相関を見抜くのが難しいと言えます。

商品広告以外にも、安易に因果関係を主張する記述は世の中にあふれています。「外国人が増

（36）健康や美容に関する商品広告に対しては、「医薬品、医療機器等の品質、有効性及び安全性の確保等に関する法律（医薬品医療機器等法）」（旧・薬事法）によって、表示できる内容に規制がなされています。たとえば、医薬品ではない健康食品について、「ガンが治る」とか「動脈硬化を予防する」といった効能効果をうたうことはできません。

えたから治安が悪化した」、「戦後教育が日本を衰退させた」、「ゲームの普及がキレる子どもを増やした」などがその例です。そうした大きなテーマにおいて、結果をもたらした原因を特定するのは容易ではありません。ここに挙げたような主張に出合ったら、本当に因果関係があるのか、その結論に至った根拠を冷静に見極める必要があります。

そもそも、結論とされている主張自体がまちがっている可能性もあります。明確な根拠を示さず、闇雲に結論を強調するような記述は取り扱いに注意せねばなりません。

社会学者の高根正昭（一九三二～一九八二）は、「因果法則を確定するための三つの条件」、すなわち因果関係が成り立つための条件として次の三つを挙げています。

①まず独立変数の変化が、従属変数の変化に先行するという、時間的順序が確立されなければならない。
②次に両変数間の共変関係を確かめねばならない。
③そして最後に他の重要な変数が、変化しないという条件を確立しなければならない。（『創造の方法学』講談社現代新書、一九七九年、八三頁）

前節で見た「ビールが売れると熱中症になる人が増える」という仮説に当てはめると、①「ビールが売れた」という事実（独立変数）が「熱中症になる人が増えた」という事実（従属変数）よりも先に起きている必要があります。②ビールの売り上げが減ったとき、同様に熱中症になる人も減少しているかどうかを確かめねばなりません。③別の重要な変数（気温など）が、同じように変化していないことが明らかである必要があります。

これらの条件が満たされてはじめて、因果関係があると結論づけられるわけです。

ただ、「脳はいったん何らかの信念を築くと、それが不完全だろうと不備があろうと見直したがらない」と、神経科学者のハナー・クリッチロウ（Hannah Critchlow）氏は指摘します。そして、「脳はこうした信念に力を注ぐようになり、裏付けとなる証拠を探しつつ否定的な情報を無視してその信念を強化する」[37]のです。

人は、因果関係があるという確信を一度もつと、それに固執してしまいます。さらに、確証バイアスによってその「因果関係」に合致した事実ばかりに注目するようになってしまうのです。自らの脳がそうした厄介な性質をもっていることも自覚しておくべきです。

世界的ベストセラー『ブラック・スワン（The Black Swan）』の著者として知られる、ナシー

---

(37)　ハナー・クリッチロウ／藤井良江訳、八代嘉美監訳『「運命」と「選択」の科学―脳はどこまで自由意志を許しているのか？』日本実業出版社、二〇二一年、一八六頁。

ム・ニコラス・タレブ（Nassim Nicholas Taleb）氏は、同書のなかで次のように述べています。

> 因果を深読みしすぎるという問題が付きまとうのはマスコミだけではなくて、広く一般の人に当てはまる。〔中略〕私たちは筋立てのある話を聞きたいのだ。それ自体はべつに悪くない。ただ、筋立てのおかげで現実の姿が歪められてしまっていないか、もっとちゃんと調べないといけない。（『ブラック・スワン――不確実性とリスクの本質（上）』望月衛訳、ダイヤモンド社、二〇〇九年、一四五頁）

情報、データと接するとき、それらが何を表しているのか、冷静に見る目をもつこと。もし、関係が見いだされたとしても安易にその答えに飛び付かないこと。さらには、因果関係が示された情報があっても、それが事実なのか疑ってみること――。そうした心掛けを忘れず、落ち着いて資料および自分の考えと向き合うようにする必要があります。

相手を見据える

書くときに意識したいポイント

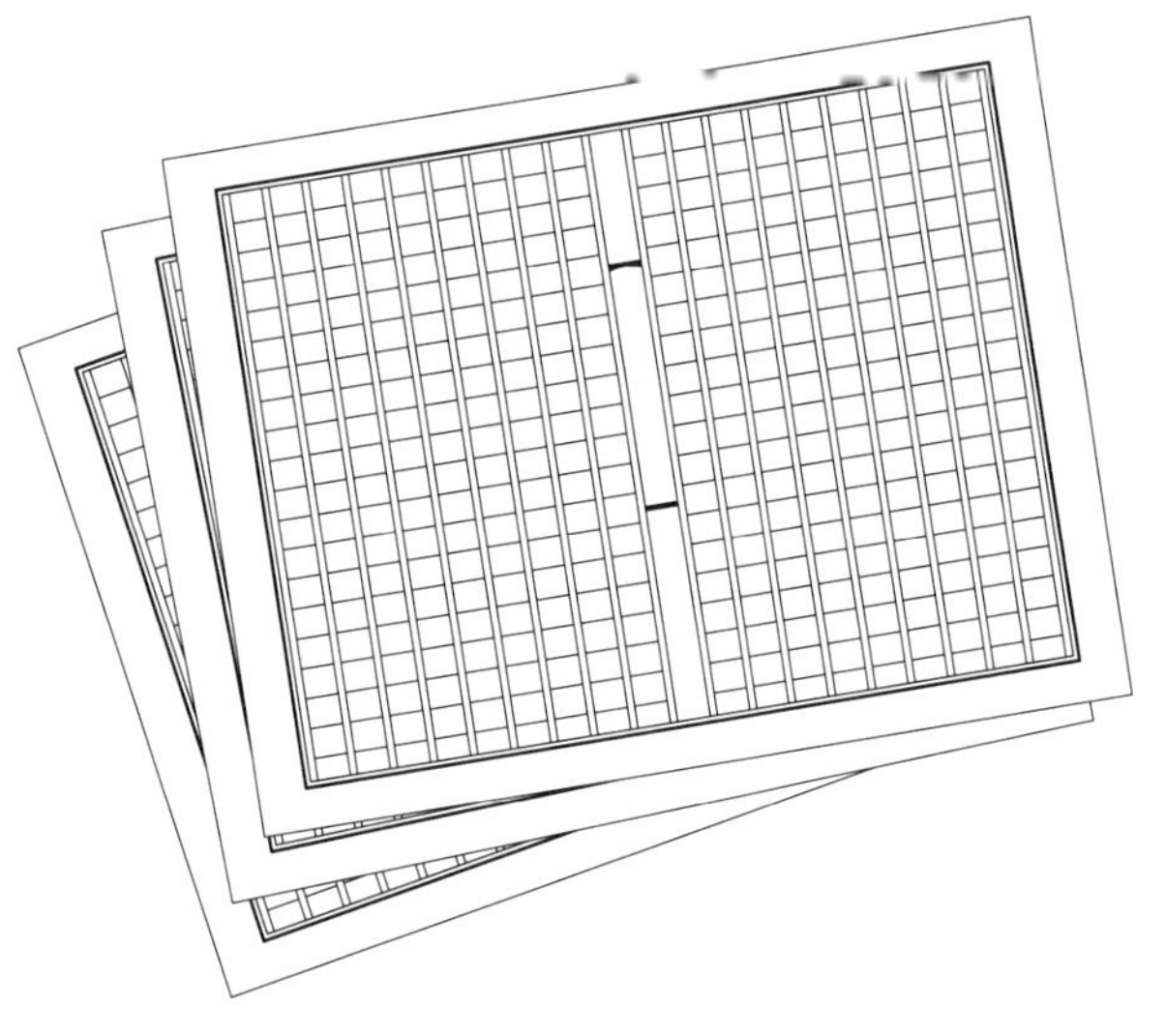

プロローグ　作者自身が解けない試験問題

> あるとき、娘が、国語の試験問題を見せて、何(な)んだかちっともわからない文章だという。読んでみると、なるほど悪文である。こんなもの、意味がどうもこうもあるもんか、わかりませんと書いておけばいいのだ、と答えたら、娘は笑い出した。だって、この問題は、お父さんの本からとったんだって先生がおっしゃった、といった。へえ、そうかい、とあきれたが、ちかごろ、家で、われながら小言幸兵衛(こごとこうべえ)じみてきたと思っている矢先き、おやじの面目まるつぶれである。教育問題はむつかしい。（小林秀雄『読書について』中央公論新社、二〇一三年、六六頁）

これは、文芸評論家の小林秀雄（一九〇二～一九八三）が、一九五八（昭和三三）年一月五日付の〈毎日新聞〉に寄せた記事です。自分の書いた文章であるにもかかわらず、そのことを忘れて「悪文」という評価まで下してしまったというエピソードです。

たまたま書いたのを忘れていただけ、ということであれば、笑い話として済ますこともできるでしょう。小林のように文筆を生業とする人であれば、自分で書いた文章のなかに覚えていないものがあったとしても不思議ではありません。ただ、小林は次のように続けています。

> 実は、同じ経験を、その後、何度もしたのである。（前掲書、六六頁）

自分の書いた文章を、自分のものではないように感じてしまう。自分の文章をあとから読み返して違和感を覚えてしまう。そうした体験をしたのは、小林だけではありません。実際、多くの書き手が似たような体験をしているのです。

ジャーナリストの池上彰氏は、『伝える力』（ＰＨＰビジネス新書、二〇一二年）のなかで次のような体験談を書いています。

> 私の文章も、中学校や高校、大学などの国語の試験問題に多数使われています。最初、入試問題に使われたときはショックでした。エッ、うれしかったんじゃないか、って!? いいえ、落ち込んだのです。入試問題に使われるほどわかりにくい文章なのか、と。〔中略〕いざ自分の文章が国語の試験問題に採用されて、その問題を解いてみると、今度は答えがわからないということもありました。

たとえば「傍線部に関して、筆者が言いたいことを次の五つの中から一つ選べ」という設問があります。どれどれ、私の言いたいことは？　と問題に当たってみると、うーん、私が言いたいことはこの中にはないんだけど……ということもありました。あるいは、三つぐらいは確かに全然違うな。でも、残りの二つはどちらも言いたいことなんだけど……ということも。

しかし、問題の「正答」は存在しているわけです。それによって、点数が分かれ、合否も左右される。なんだか割り切れない気持ちになります。（前掲書、九二～九三頁）

池上氏の場合は、自分で書いた文章であることは認識していますが、試験問題となった自分の文章を前にして、納得できない思いを抱いています。

同様に、自分の文章が試験問題に採用された経験をもつあるライターは、「はじめに問題文を読んだとき、自分の書いた文章だとすぐにわかった。でも、設問に目を通してあらためて読み返すと、なぜか自分の文章でないような錯覚を覚えた」（筆者、二〇一六年）と、当時を振り返っています。

なぜ、こうした現象が起きるのでしょうか。批評家の若松英輔氏の記述に、そのヒントがあります。

私の書いた文章が、入学試験に用いられることがあります。後日、その問題が送られてくるのですが、作者である私が、解けない問題もあるのです。冗談のようですが、本当です。ですから、精確にいうと、受験生が見つけなくてはならないのは、作者のおもい、ではなく、出題者のおもいです。

ですが、出題者の理解が間違っているとは限りません、その理解の方がより深いところにたどり着いていることも少なくないのです。作者である私は、自分の実感と違うからといってそれを否むことはできませんし、異なる見解を拒絶するのは、大変もったいないことでもあります。（『詩を書くってどんなこと？』平凡社、二〇一九年、二〇～二一頁）

「受験生が見つけなくてはならないのは、作者のおもい、ではなく、出題者のおもい」と捉えると、違和感の原因が見えてきます。つまり、試験問題になった文章は、元の作者ではなく出題者のものだということです。

コラムニストの堀井憲一郎氏も同様の見解を示しています。

設問者が聞いているのは、著者の私の本当の考えなどではない。

いまここに出されている問題文から何を読み取れるか、それを問うているのである。

著者であろうと、自分の勝手な考えを書いても（選んでも）正解にはならない。〔中略〕
私が対峙しているのは、出題者である。
この「問題を作った人」が何を考えているのか、ただただ、それだけを考えて読めばいいのだ。極端な話、著者なんかどうでもいい（いいわけじゃないんだけど、でもまあ極論すればそうなる）。（「大学入試国語、問題文の著者本人が自ら解いて気づいた『読解力』の本質」『現代ビジネス』二〇二〇年一月八日　https://gendai.ismedia.jp/articles/-/69671?imp=0）

「第1部《3》」で触れたとおり、文章（著作物）には著作権があります。その著作権（著作者人格権）は著作者、すなわち文章を書いた本人に帰属すると法律で定められています。法的な文脈において、文章が書き手のものであることは明らかでしょう。ただ、これはあくまでも文章の所有権についての話です。

他人の書いた文章を、読み手が自分の所有物だと主張することはできません。でも、他人の文章をどう読み、どのように理解するかは読み手の自由です。試験問題の出題に際しては、その読み手が問題作成にあたります。出題者は、元の文章に書かれた言葉に基づいて内容を解釈したうえで、新たな「書き手」として問題を作成するわけです。つまり、問題文の書き手は、元の作者から試験の作成者に代わったと認識しておく必要があるのです。

書き手は、さまざまな思いを抱いて文章を書きます。一つ一つの言葉に、特別な思いを込めて書きあげるかもしれません。伝えたいことがたくさんあるなか、文字数制限のために仕方なく多くを割愛するかもしれません。わずか数十文字の文を書くために、何日も悩むかもしれません。このように、書き手がいかなる心境で書いたとしても、読み手が目にするのは書かれた文字だけです。

読み手は、言葉として表現されていない書き手の思いまでは読み取れません。読み手が受け取った書き手の思いは、あくまでも書かれた言葉から推測したものです。そこで想像された思いが、書き手の本来の思いと一致するとはかぎりません。読み手が、書き手の意図とは異なる解釈をしたとしても、基本的にそれを正す術はないのです。

法的には自分の著作物であっても、書き手から読み手に渡った瞬間から、その文章は読み手のものになるのです。つまるところ、「自分の文章」も、書き手の手元を離れてしまえば「他人の文章」になってしまうということです。

第1部で書く目的を見定めること、第2部で書く内容を見極めることについて、それぞれ述べてきました。しかし、これらの課題をクリアしたとしても、読み手に届いた段階で文意が変化してしまう可能性があります。第3部では、文章の良し悪しが決まる最後の関門となる読み手に焦点を当て、そこを見据えて書くことについて解説していきます。

14 読み手をイメージできていますか？

「猿に見せるつもり」で書く

「憲政の神様」、「議会政治の父」とも称される尾崎行雄（一八五八～一九五四）は、二〇代のころ、福澤諭吉（一八三五～一九〇一）に文章の書き方について尋ねたときのエピソードを書き残しています。

私は福澤先生を訪ねて、著述についての御意見を伺ったことがある。その時先生は、毛抜きで鼻気〔毛〕を抜きながら、変な目付で斜めに私の顔を見て、

『おみェーさんは、誰に読ませるつもりで、著述なんかするんかい』

と問われた。私はその態度や言葉づかいに、思わずムッとしたが、力めて怒気を抑え、襟を正して儼然と、

『大方の識者に見せるためです』

と答えた。すると先生は、

『馬鹿！　猿に見せるつもりで書け！　おれなどは何時も、猿に見せるつもりで書いてるが、世の中はそれで丁度いいの』
だと喝破した後、例の先生一流の、人を惹付けるような笑い方をされた。
（『日本憲政史を語る（上）』モナス、一九三八年、六四頁）

「猿に見せるつもりで書け」というのは極端な表現ですが、そうした意識は文章を書くときの重要なポイントです。「識者」すなわち知識・教養のある人以外にも分かるように書こうと心掛けることを、尾崎行雄は「実用的著述の極意」としています。

プロローグで述べたとおり、文章は書き手から読み手に渡った瞬間から読み手のものになります。書き手がいくら思いを込めて書いた文章でも、読み手が理解できなければ、それは文字の羅列でしかありません。したがって、書く段階で、書き手はそれを誰が読むのかをイメージすることが重要になります。

初めから読み手が分かっている場合なら、その人をイメージするのは難しくありません。専門用語を使った難解な文章であっても、相手が用語をすべて理解しているという前提があれば、とくにかみ砕いて書く必要もないでしょう。

一方、自分の書いた文章を誰が読むのかが明確でないケースはごく普通にあります。読み手が不特定多数になる場合もあるでしょう。そんなときでも、読み手をイメージするというポイントは変わりません。

話し方を指導するセミナーでは、「大勢の人の前で話すときでも、特定の一人に向かって話すよう意識するのがよい」と教えられます。漠然と大勢の人に目を向けるのではなく、一人の聞き手に伝えようと意識するのです。不特定多数が読み手となる文章を書く場合も、同じく特定の誰かに向けて書くことがキーポイントになります。

もちろん、特定の誰かといっても、人は一人ひとり価値観も考え方も異なります。読み手に個人差があるのは当然です。漠然と誰かを想定しても、その人とほかの大勢が異なる反応を示す可能性はあるでしょう。ただ、人は多様である反面、似たような思考・行動をする傾向があります。

先に紹介したターリ・シャーロット氏（一五四頁参照）は、「私たちの行動の大半は、相違点ではなく共通点によって説明がつく」と述べています。続けて、「多くの場合、人々の反応の八〇パーセントは平均的な反応から予測でき、個人差によって説明できるのは約二〇パーセントにすぎない」（シャーロット、前掲書、六六頁）と言います。この説に基づいて考えると、読んだときの反応は、読み手が誰であれだいたい共通すると言えます。

ある文章に対して誰かが「分かりやすい」、「おもしろい」、あるいは「何を言いたいのか分からない」といった感想を漏らしたとしたら、ほかの人もおおよそ同様の感想を抱く可能性が高いと言えるでしょう。ただし、これはあくまでも読み手の反応、とくに感情面について言えることです。書かれた内容に対する意見が一致するという意味ではありません。

また、どんな媒体でも、実際に手に取って読む層は限定されます。読み手がその文章を、どのようなタイミングで、どのような場所で、何のために手にするのか、といった点が分かれば、その人物像もある程度は想像できるでしょう。

これらを踏まえたうえで、どんな人たちが読み手になるのかを大まかに想定します。そのなかで、初学者（もしくは初心者、新人など）にあたる人を具体的にイメージするのが適当だと言えます。その人に対して、伝えたい事柄をスムーズに伝えられる文章に仕上げていくのです。

尾崎行雄も福澤諭吉も、当時、新聞や雑誌など不特定多数の人が読む媒体に記事を書いていました。先に挙げたやり取りもそうした媒体に書くことを想定しています。「猿」という比喩が適切かどうかはともかく、福澤が尾崎に伝えたかったのも、初学者に相当するような人をイメージして書くということです。

「そんなことは当たり前」と思われる人もいるでしょう。でも実際、世にあふれる文章には、こうしたイメージをせずに書いたと思われるものが少なくないのです。「自分はちゃんと読み手を意識して書いている」という一方で、「この程度の言葉が理解できないようでは話にならない」などと書き手の基準で勝手に線引きしていないかと、自分自身を振り返ってみましょう。

書いている自分自身もイメージする

言葉というものは、ひとたび書きものにされると、どんな言葉でも、それを理解する人々のところであろうと、ぜんぜん不適当な人々であろうとおかまいなしに、転々とめぐり歩く。そして、ぜひ話しかけなければならない人々にだけ話しかけ、そうでない人々には黙っているということができない。

まさに、ネット社会の特徴を言い表した言葉です。ブログやSNSをはじめとして、ネット上に書かれた文章は頻繁に共有や引用がなされます。友人に読んでもらうつもりで書いたものが、転々とめぐり歩き、気づかぬ間に不特定多数の人に拡散してしまうケースも珍しくありません。インターネット上の文章は、まさに「黙っていることができない」生き物のようなものだと言えます。

実は、この文章は現代社会について描写したものではありません。古代ギリシアの哲学者・プラトン（B.C.427～B.C.347）が、『パイドロス』（藤沢令夫訳、岩波文庫、一九六七年、一六六頁）のなかでソクラテス（B.C.470～B.C.C399）の言葉として記したものです。二〇〇〇年以上前の話です。言うまでもなく、この当時インターネットは影も形もありません。印刷機もまだ存在しません。

それでも、ソクラテスは文字として書かれた言葉がどういう性質をもつのか、まるで未来を見据えていたかの如く的確に言い表していたのです。

実際、ソクラテスは書き言葉の危険性に気づいていたがゆえに、自分の言葉を自身では一切書き残していません。ソクラテスは続けて次のように語っています。

> あやまって取りあつかわれたり、不当にののしられたりしたときには、いつでも、父親である書いた本人のたすけを必要とする。自分だけの力では、身をまもることも自分をたすけることもできないのだから。（前掲書、一六六頁）

ある文章に対して、読み手が誤解したり反感を抱いたりした場合、書き手は読み手に本来の意図を伝えたいという思いに駆られます。読み手が特定されていて、内容に関して冷静にやり取りができる状況であれば、「父親である書いた本人」が助けを出すのは有効だと言えるでしょう。しかし、インターネット上に拡散してしまった場合、書き手が介入するとかえって炎上を招く可能性があります。

先に見たとおり、読み手が不特定多数であったとしても、そこで示される大方の反応は共通しています。とはいえ、なかには予想もつかない反応を示す人がいるのも事実です。とくにSNS

では、極端な意見をもった人に遭遇しがちです。知人に読んでもらうことを想定して書いた文章が、まったく想定していなかった人に読まれ、非難を受けるといったケースもあります。ゆえに、インターネット上に書きこみをする場合は、とくに慎重さが求められます。そこでは、読み手をイメージすると同時に、書き手としての自分の姿もイメージするのが有効です。一例として、次のように考えてみるのがよいでしょう。

インターネットにアクセスして文章を書くことは、メッセージボードに文章を書いて、それを掲げて街頭に立つ行為にたとえられます。掲げられた文章は、基本的に、通りがかった人は誰でも読むことができます。仲間だけに読んでもらうことを想定して書いたものでも、実際は不特定多数の人の目に触れるような状態になっています。

メッセージボードを掲げてしばらくすると、あなたの文章を見つけた知人らが近くにやって来て、「いいね」と声をかけてくれるかもしれません。でも、ほとんどの人は見向きもせずに通りすぎていきます。なぜなら、同じようにメッセージボードを掲げている人が無数にいるからです。

一部の著名人の周りには人だかりができるものの、大半は仲間が数人集まる程度でしょう。あなたはメッセージボードを追加しながら次々と文章を掲げますが、とくに何事もなく時が過ぎていきます。

ところが、メッセージボードに書いて掲げていたある文章を、遠くを歩いていた見ず知らずの人がたまたま目にします。そして、厳しい表情で近づいて来て、メッセージボードに「けしからん！」と書いてあなたに向けて掲げてきます。その様子は通りすぎる人たちにも丸見えです。やがて、それを見ていた人が集まって来て、同じく非難の言葉を書いて掲げるようになります。事態は次第にエスカレートし、「消えろ」とか「死ね」といった言葉まで掲げる人が出てきます。

こうして炎上が起きるわけです。単に読み手をイメージするのでなく、書いた言葉を大衆に向けて掲げている自分の姿をイメージすれば、言葉を書きこむという行為に対してより慎重になれるでしょう。炎上という不測の事態も、ある程度は抑止できるかもしれません。自分が何をしているのか、客観的に思い描いてみることが重要です。

ツイッター（Twitter、現X（エックス））の場合は、自分が直接書いた文章でなく、他人の文章をリツイート（引用して投稿すること）して問題になるというケースがあります。実際の行為としては、指先でリツイートボタンをタップするという些細なものにすぎません。でも、リツイートも、他人がメッセージボードに書いて掲げていた文章を自分のメッセージボードに書き写して掲げる行為であると考えれば、その行為に責任が伴うというのは理解できるでしょう。

客観的に見れば、やっている行為自体は、元の文章を書いた人と変わりません。したがって、元の文章に問題があれば、それをリツイートした人も同等の責任を負うことになります。内容によっては、名誉棄損などで訴えられる可能性もあります。

「いいね」ボタンをタップするのも同じです。指先一つの行為であっても、実質的には、メッセージボードを掲げている人の近くで同調する意思表示をしているのと同じです。誰かに対する誹謗中傷であれば、名指しされた人からすると、同調する人が大勢いればそれだけで大きなプレッシャーとなります。

「いいね」をしたことで何らかの法的責任が問われるか否かについてはさまざまな議論がありますが、実際に裁判所がこれを「名誉棄損」と認めた事例もあります。

ジャーナリストの伊藤詩織氏を誹謗中傷するツイートに対して、国会議員の杉田水脈氏が繰り返し「いいね」を押した行為について、東京地方裁判所は二〇二二年三月二五日、名誉棄損には当たらないとの判断を示しました。しかし、同年一〇月二〇日、東京高等裁判所は一審判決を変更し、「いいね」を押した行為は「名誉感情を侵害するものと認めることができる」として、伊藤氏の訴えを認めています。

また、インターネット上では多くの人が匿名で書きこみをしていますが、匿名だから自分を特定されないというわけではありません。その場では分からなくても、ネット上には発信者情報が残っています。「街頭」に設置された無数の監視カメラによって、姿が記録されているようなものです。誰も見ていないと思っていても、あとでデータを解析すれば当事者は特定できてしまうのです。

書き手と読み手の認識を一致させる

人間が自由に駆使できる言葉の数は、人間が表現しようとする概念の数より少ない。（リップマン、前掲書、九四頁）

先に紹介したウォルター・リップマン（二〇六頁参照）の言葉です。人は、日常の物事に対してさまざまな思いを抱きます。しかし、その思いを表現する言葉は決して多くありません。味や匂い、形といった抽象的なものを伝えようとするとき、それを的確に表現する言葉がいかにかぎられているかが分かるでしょう。

言葉の不足を補うために使われるのが比喩表現です。「〇〇のような」という表現を使えば、抽象的な物事を具体的に伝えられます。ただし、相手が「〇〇」を知っていることが前提になります。「オカピ（鯨偶蹄目キリン科オカピ属に分類される動物）」という動物を知らない人に「オカピのような」という表現を使っても、思いは伝えられません。

文中に比喩表現（直喩）を使うとき、書き手は、読み手がたとえに使うものを知っているかどうかを想像して言葉を選ぶでしょう。「このたとえを使えば分かってもらえるだろう」と。読み手と認識を共有せねばならないのは、比喩表現にかぎりません。文中に書く言葉は、いずれも、書き手と読み手の認識が一致している必要があります。

先に挙げた「オカピ」のような認知度の低い言葉を記載する場合は、「四肢と尻に縞模様があるウマに似た動物」といった説明が必要かもしれません。一方、「餅」という言葉であれば、通常、説明を加えることはないでしょう。

「今朝、餅を焼いて食べた」という記述があったら、大抵の読み手は同じようなシーンを思い浮かべると考えられます。でも、「今朝食べた餅のような形」という記述をする場合は注意が必要です。

たとえば、書き手が東北出身で、角餅をイメージしながら「餅のような形」と書いたとします。これを九州出身の読み手が読んだときには、丸餅が頭に浮かぶかもしれません。同じ言葉でも、一方は四角、一方は丸をイメージしてしまうわけです。

前後の文脈で理解できる場合もありますが、このケースでは、読み手の事情を考えれば、単に「餅」と書くのでなく「角餅」あるいは「丸餅」と書くのが適切だと言えるでしょう。特殊な例ではありますが、自分の常識が相手にとっては常識でない可能性があることは頭に入れておく必要があります。

何かを書いて表現する際は、どうしても省略や要約が必要になります。一つ一つの事柄に逐一説明を加えていたら、膨大な情報量になってしまうでしょう。それでも読み手に物事を伝えられるのは、読み手と書き手が共通の知識や認識をもっているからです。逆に言えば、読み手と知識や認識を共有できていなければ、書いたことは読み手に正確に伝わらないということです。

人は自分の知っていること、経験したことに基づいてしか物事を理解できません。さらに、読み手は受け取った情報を自分の知見の範囲内で解釈するため、伝えられた情報が書き手のイメージとはまったく違ったものに変化してしまう可能性もあります。

文章を通して、書き手と読み手のイメージを完全に一致させるのは容易ではありません。それでも書き手は、これをいかに一〇〇パーセントに近づけられるかを考えながら文章を書く必要があります。誰がその文章を読むのかを把握し、認識の違いをできるだけ少なくするという努力が書くときには求められるのです。

不特定多数が目にする文章を書く場合は、とくにこの点に留意しなければなりません。読み手が大勢いれば、イメージをまったく共有できない相手が含まれる可能性は高くなります。場合によっては、認識の違いからトラブルに発展してしまう場合もあります。インターネット上では、内輪受けを狙ってSNSに書きこんだ言葉が第三者の目に留まり、不適切発言と見なされて炎上するといった事例が珍しくありません。仲間内では冗談として通用する言葉が、ある人にとっては侮辱や差別と解釈されてしまう恐れもあるわけです。特定の人だけが読む文章なのか、不特定多数の目に触れる文章なのか、インターネット以外でもこの点については十分に見極めておく必要があります。

「知識の呪い」を解く

本書では、これまでにさまざまなバイアス（先入観・思いこみ）を紹介してきました。読み手をイメージするときにも、あるバイアスが現れることがあります。「知識の呪い」と呼ばれるものです。これは、「自分の知っている物事は相手も知っているだろう」という思いこみのことです。

知識は、学習を経て獲得していくものです。生まれたときから頭の中に知識が詰まっている人はいません。しかし、人は一度知識を獲得すると、それを知らなかったときの心境を忘れてしまいます。そのため、自分のなかでは常識だと思っている物事を相手が知らなかったとき、疑念を感じてしまうのです。なかには、知らない相手に対して軽蔑感すら抱いてしまう人がいます。

他人に何かを教える立場にある人は、このバイアスに陥りがちです。「これぐらい知っているだろう」という思いこみを抱いたまま相手に説明しようとする人が少なくありません。「この程度のことが分からないようでは話にならない」と、勝手に線引きをして相手を見下す人もいます。

日常的に専門用語や業界用語を使う環境にいる人も、このバイアスに陥る傾向があります。特定の業界や学界、あるいは会社など、内輪では当たり前のように使われている言葉が、外部の人にはまったく理解されていないという事実に気づかないのです。

知識に個人差があるのは自明です。文章で何かを伝えるとき、知識の有無を読み手の問題として片づけてしまうこともできるでしょう。でも、書いた内容を読み手に理解してもらえなければ、書く目的は果たせません。文章は基本的に一方通行です。対面で話すときのように、相手が分かっているか否かをその場で確認することもできません。

「知っているはず」という思いこみで書き進めると、意図が伝わらないだけでなく、思わぬ誤解をもたらす可能性もあります。そうした事態を避けるためにも、「初学者」をイメージすることが重要なのです。

「知識の呪い」によって無意識に難しい言葉を使ってしまう場合がある一方で、格好をつけるために意図的に難しい言葉を使おうとする人がいます。外出するときに服装や髪型を気にするのと同様に、文章を書くときにも読み手の目を意識して、知的に見られたいという衝動に駆られるわけです。

そのため、背伸びをして、難しい言い回しや専門用語、カタカナ語を使ってしまいます。書き手はそれで自己満足に浸れるかもしれませんが、結果的には逆効果になる恐れがあります。文中に難しい言葉が盛りこまれていれば、読み手は書き手に対して「知的」という印象を一時的に抱く可能性はあるでしょう。でも、読んでいる途中で「分からない」という認識が強まると、そうしたポジティブな印象はあっけなく消え去ってしまいます。

たとえば、企業の経営理念のなかには、抽象的で難解な言葉を並べただけのようなものが見られます。企業の「飾り」としてなら、それで十分役割を果たしているかもしれません。「中身はよく分からないが、何らかの理想に向かって進んでいる」という印象は与えられます。でも、それ以上の役割を果たすことはないでしょう。

少なくとも、社員が理念の中身を十分理解し、共有できなければ理念をつくった意味がありません。ビジネス文書や論文、レポートならなおのこと、「飾り」つくるために書くという人はいないでしょう。

フランスの小説家、アルベール・カミュ（Albert Camus, 1913～1960）は、「悪しき作家とは、読者に理解できない自己の内部での文脈を考慮にいれながら書く人びとのことだ[1]」と述べ、読み手が内容を読み解けないこと承知で書くような書き手を批判しています。

ドイツの哲学者、アルトゥール・ショウペンハウエル（Arthur Schopenhauer, 1788～1860）も、同様の文脈で次のように述べています。

「大切なのは普通の語で非凡なことを言うことである[2]」

自分を素晴らしく見せようと読み手が理解できない難しい言葉を使うのでなく、読み手が理解できるやさしい言葉を使って素晴らしいことを言う――。飾ることよりも、まずは理解してもらうことを先に考えましょう。

外国人の読み手への配慮

ここまで、読み手をイメージする必要性について述べてきました。そこで想定される読み手は、同じ言語を理解できることが前提となります。本書の読者の場合は、当然、日本語が理解できる人ということになるでしょう。ただ、日本語が理解できるといっても、その習熟度には個人差があります。とくに、日本語を母語としない外国人のなかには、日本語の読み書きが十分できない人が大勢います。

日本に居住する外国人の数は年々増加傾向にあり、二〇二〇（令和二）年時点で総人口の約二パーセントを占めています。そのなかには、会話はできても読み書きに苦労している人が少なくありません。そうした人たちが読み手に含まれるときは、書く場合にさらなる配慮が必要となります。

（1）『カミュの手帖 第一』高畠正明訳、新潮社、一九六二年、七〇頁。
（2）『読書について 他二篇』斎藤忍随訳、岩波文庫、一九六〇年、六九頁。

外国人にも配慮した簡単で分かりやすい日本語を「やさしい日本語」と言います。この言葉が生まれたのは、一九九五年一月一七日に発生した阪神・淡路大震災がきっかけとされています。

この震災では、日本に居住する多くの外国人も被災しました。しかし、日本語を十分に理解できない外国人被災者には必要な情報が伝わりませんでした。この経験から「やさしい日本語」の必要性が強く訴えられるようになったわけです。具体的な内容については、国や自治体が手引書を作成して啓発を進めています。

そのなかで、埼玉県が作成した手引書に「やさしい日本語の作り方」として、書く際の留意点が八項目挙げられています。

1　「です」、「ます」形を使う。
2　日常よく使われる語彙を使う。
3　わかりにくい言葉は、説明や言い換えを付け加える。
4　カタカナ外来語は、なるべく避ける。
5　二重否定は使わない。
6　文末表現は単純にする。
7　あいまいな表現は避ける。

8　尊敬語、丁寧語は使わない。

（埼玉県総合政策部国際課『外国人にやさしい　日本語表現の手引２００６』二〇〇六年二月）

簡潔にまとめられたものではありますが、分かりやすさを実現するポイントが的確に示されています。そのなかで、「4　カタカナ外来語は、なるべく避ける」という項目は、読み手をイメージするうえで勘違いしがちな点でもあります。

英語圏出身の外国人でも、日本で使われているカタカナ語をすべて理解しているわけではありません。たとえば、「ノートパソコン」という言葉は日本では日常的に使われていますが、英語圏では通じません。英語では「laptop（ラップトップ）」が一般的です。そもそも「パソコン」という言葉自体が和製英語です。英語では普通に「computer（コンピューター）」と言います。こうした和製英語や、本来の意味とは違う使われ方をしている英語は決して少なくありません。

外国人よりもさらに対象者の少ない事例になりますが、視覚障がい者に向けた文章にも一定の配慮が求められる場合があります。言うまでもなく、視覚障がい者は書かれた文字をそのまま認識することができません。点訳（点字化）されたもの、あるいは音訳（音声化）されたものが使われます。そのため、言葉によっては伝わりにくいケースが出てきます。

たとえば、「公園」という言葉は、点字や音声では「こうえん」としか表現できません。「講演」、

「公演」、「後援」といった同音異義語とまちがえてしまう可能性があります。文脈から判断できる場合は問題ありませんが、分かりづらい場合は訓読みで補足を付けるなどの工夫がなされたうえで訳されています。視覚障がい者向けの文章とあらかじめ分かっている場合は、そうした問題を考慮に入れながら書く必要があります。

一般的なビジネス文書や論文、レポートなどを書く場合は、このようなポイントを必ずしも意識する必要はありません。ここで紹介したのは、あくまでも外国人や視覚障がい者が読み手に含まれるケースにおいて気をつけたい事柄です。それでも、読み手をイメージするトレーニングとして、そういった人たちを想定して文章を書いてみるのもよいでしょう。

ここでは読み手をイメージすることの重要性を述べてきましたが、対象はあくまでも「読み手」です。決して「読み手さま」ではありません。読み手のなかには、自分の頭で理解しようという努力をまったくせず、分からない責任をすべて書き手に押し付けようとする人がいます。そうした読み手にまで配慮する必要はありません。読み手に配慮することを、読み手におもねることと勘違いしないようにしてください。

分かりやすさを追求するあまり、伝えねばならないことを歪めたり、大切な事柄を削ったりしては本末転倒です。「過ぎたるは猶及ばざるが如し」の言葉どおりです。

15 書けば読まれると思っていませんか？

読みたい文章、読みたくない文章

ここは自由の国だ。みなさんには私に手紙を書く権利があるが、私には、それを読まない権利がある。（M. Thomas Inge（ed.）Conversations With William Faulkner, Univ Pr of Mississippi, 1999, P.100.）

アメリカの小説家、ウィリアム・フォークナー（William Faulkner, 1897～1962）の言葉です。

前節では、書くときに読み手をイメージする必要性について述べてきました。ただ、想定していた読み手に文章を届けられたとしても、その人が絶対に読むという保証はありません。読み手と想定していた人が、読み手になることを拒否する可能性もあるのです。これは、逆の立場で考えれば理解できると思います。

好きな作家の書いた小説、気になる事件について書かれた新聞記事、親しい人から届いた手紙――。こうした「文章」が手元にあったら、早く読みたいという気持ちに駆られるでしょう。では、次のような「文章」を手渡されたらどのような気持ちになるでしょうか。

興味のないイベントの案内状、買う予定のない商品のチラシ、支持していない政党のパンフレット――。これらを手にしてもあまり読みたいという気持ちにはならないでしょう。場合によっては、読まずにゴミ箱に捨ててしまうかもしれません。こうした媒体に書かれている文章の質が、先に挙げたものに比べて劣るというわけではありません。プロの書き手が作成したものもあるでしょう。印刷して広く配布するものなら、内容も精査されていると思われます。それでも後者は、手にした人にとって「価値の低い文章」と見なされてしまうのです。

文章の品質は、一般的な基準に従ってある程度まではその良し悪しを判断できます。他方、文章の価値は、読み手によって大きく異なります。ある人にとっては価値の高い文章、すなわち「読みたい文章」であっても、別の人にとっては「読みたくない文章」として価値の低いものと位置づけられてしまうことがあるのです。

書き手としては、当然「読みたい文章」と見なしてくれる人の手に渡ってほしいと思うわけですが、すべての文章が思いどおりの相手に届くとはかぎりません。書くときに想定していた読み手が、「読みたい文章」として受け取ってくれないこともあるでしょう。文章を読んでもらえたとしても、「本当は読みたくなかったが、仕事だから仕方なく目を通した」と愚痴を言われるかもしれません。

一生懸命書いた文章なら、誰しも読みたいと思っている人が進んで手に取り、最後まで興味をもって読んでくれるようにと願うでしょう。しかし、残念ながら、そうならない場合が多いというのが現実です。

「プッシュ型」と「プル型」

マーケティングの世界では、「プッシュ（push）型」と「プル（pull）型」という言葉がよく使われています。

「プッシュ型」とは、顧客や利用者に対して積極的に働きかけていくスタイルを指します。具体的には、顧客に電話をかけたり、直接訪問したりして、自社の商品やサービスをアピールする営業方法がこれに当てはまります。これに対して「プル型」は、顧客や利用者のほうから働きかけてくるスタイルを指します。インターネット上に広告を出して、興味をもった人がクリックするのを待つという営業方法がその一例です。

文章も同じく、大きくこの二つのタイプに分けられます。「プッシュ型」の文章の分かりやすい例が、配布型の広告に載っている文章です。街頭で配られたり、ポスティングされたりするチラシがこれに該当します。これらは、読みたいという欲求をもっているか否かにかかわらず、相手に押し付けられます。そのため、大半は読まれないと考えられるでしょう。

一方、「プル型」の文章の例として挙げられるのが、人気作家の書いた小説や、新聞に掲載されたニュース記事です。好きな作家がいる人は、その人の作品が刊行されると、早く手に入れようと行動を起こします。世の中の動きを知りたいという欲求をもつ人は、進んで新聞を手に取ろうとするでしょう。必要であれば、そのためにお金を払います。読み手が、読みたいという欲求を抱いて手にしたものなので、読まれる可能性が高いと言えます。

「プッシュ型」と「プル型」の区分けは、もちろん便宜的なものです。イベントの告知や業務連絡、手紙など、内容次第でどちらにもなり得るものもあります。すべての文章が必ずどちらかに分類されるという意味ではありません。

また、学校で課題として出されたレポートや論文、会社に提出する報告書や企画書も、ケースによってどちらにも相当します。それでも、その大半は「プッシュ型」と捉えて差し支えないでしょう。学校の先生も会社の上司も、多くは読みたくて読むというより、やむを得ず読むといったほうが当てはまるのではないでしょうか。

なかには、優秀な学生・部下のアイデアを心待ちにしている、あるいは粗探しをするために読むのを楽しみにしているという人がいるかもしれません。しかし、多くのケースでは、多忙ななかで半ば押し付けられるような形で読むことになると考えられます。業務で受け取る以上、まったく目を通さないということはないでしょうが、好んで読まれるケースは少ないと考えておいたほうがいいでしょう。

世の中には文章があふれています。紙かデジタルかを問わず、さまざまな情報が氾濫しているため、多くの人はすでに満腹の状態になっていると言えます。そんななかで「プッシュ型」の文章を相手に差し出すのは、食事を終えた人の前に料理を並べるようなものです。いくら高級なものでも、残さずおいしく食べてもらうのは容易ではありません。

たとえ読み手に届ける形が「プッシュ型」であったとしても、そこに相手にとって重要な事柄が書かれたものならしっかり読んでもらえるはずだ、と思う人もいるでしょう。でも、そうならないのが現実です。

先述の神経学者、ターリ・シャーロット氏（一五四頁参照）は、飛行機内で上映される機内安全ビデオ（乗客に酸素マスクの使用方法や脱出経路などを説明する動画）を引き合いに出して、人々にメッセージを伝えることがいかに難しいかを論じています。

職場でも家庭でも、何か大切なことを伝えなければならないとき、私たちは直感的に相手がそれを聞きたがっていると思いがちである。しかしこの直感は間違っている。命を救うかもしれない情報にさえ注意を払わない人間が、あなたの言うことに耳を傾けるとは考えにくい。（シャーロット、前掲書、一三二頁）

伝える側が「大切な情報」だと思っていても、受け手が「今は必要ない情報」と判断してしまえば、ただの「押し付けがましいもの」と化してしまいます。たとえ命を救うかもしれない重要な内容であったとしても、「プッシュ型」の情報を受け取ってもらうのは容易なことではありません。

最近の航空会社は、この問題に対処すべく、乗客に機内安全ビデオを見てもらえるよう、内容に工夫をこらしています。エンタメの要素を取り入れたり、有名人を登場させたりするなど、さまざまな方法で「見たい」という意欲をかき立てているのです。

文章の場合にも同じことが言えます。すなわち、「プッシュ型」の文章をしっかり読んでもらうには、読み手に少しでも「読みたい」という意欲を起こしてもらう工夫が必要になってくるということです。

「気に入ってもらえる」という誤解

「プッシュ型」と「プル型」、いずれの形で読み手に渡るにせよ、自分が一生懸命書いた〝傑作〟は、「読んだ人は必ず気に入ってくれるはずだ」と思いがちです。「これを読んだら絶対に感動する」と、自信をもつ人もいるでしょう。

でも、実際のところ、読み手は必ずしも書き手が思っているようには感じてくれません。先に、

「読んだときの反応は、読み手が誰であれだいたい共通する」と書きました。しかし、書き手と読み手の間で、このパターンは当てはまらないのです。

人は、相手も自分と同じように感じ、同じように考えるという思いこみを抱きがちです。これを心理学では「偽の合意効果」と言います。これもバイアスの一種です。本書で何度か紹介した心理学者のリー・ロス氏は、このバイアスについてある実験を行っています。

実験では、何らかの言葉が書かれた大きなメッセージボードが用意され、それを学生ボランティアに首からぶら下げてもらいました。学生は、その姿でキャンパス内を歩き、出会った人の反応を記録するよう依頼されます。「もしも気が乗らないなら、この実験への協力を断ってもよい」とも告げられました。

そして、この依頼を受け入れた学生、依頼を断った学生それぞれに対し、ほかの学生がどれだけこの依頼に合意するか、その割合を推定させました。

その結果、依頼を受け入れた学生は、自分と同じように合意する学生のほうが多いと推定しました。ボードを下げて歩くくらい大したことではないと思った人は、ほかの人も多くが肯定的な反応を示すと考えたのです。一方、依頼を断った学生は、自分と同じく断る学生のほうが多いと推定しました。ボードを下げて歩くことは恥ずかしいと感じた人は、ほかの人たちもこの依頼に対して否定的な反応を示すと考えたわけです(3)。

言うまでもなく、双方が抱いた、多くの人は自分と同じような印象をもつという推定は、必ずしも現実と合致するものではありません。

偽の合意効果というバイアスがあるとはいえ、やはり自分が力を注いで仕上げた文章には、読み手にも自分と同じように感じてもらいたいと思うものです。書籍のように、書きあげるのに多大な時間と労力がかかるものであればなおさらでしょう。

そんな書籍に関して興味深いデータがあります。「ホーキングインデックス（The Hawking Index）」と呼ばれるデータで、本の読み手のなかで何パーセントが最後まで読んだかを示した数値です。アメリカの数学者、ジョーダン・エレンバーグ（Jordan Ellenberg）氏がアマゾンキンドル（Amazon Kindle）のデータを解析して導き出したものです。

二〇一四年に彼が分析した一一冊のうち、トップはドナ・タート（Donna Tartt）氏の世界的ベストセラー小説『ゴールドフィンチ（The Goldfinch）』でした。ホーキングインデックスの数値は九八・五パーセントです。ほとんどの読み手が最後まで読んだと考えられます。

もちろん、最後まで読まれることと内容が高く評価されることは必ずしもイコールではありません。それでも、これだけの数値が得られれば、書き手もとりあえずは納得できるでしょう。

さて、ほかの作品ですが、軒並み五〇パーセントを下回っています。F・スコット・フィッツジェラルド（Francis Scott Key Fitzgerald, 1896～1940）の小説で、レオナルド・ディカプリオ主演で映画化された『グレート・ギャツビー（The Great Gatsby）』[(4)]は二八・三パーセント、本書で何度か言及したダニエル・カーネマン氏の著書『ファスト&スロー（Thinking, Fast and Slow）』は六・八パーセント、「ホーキングインデックス」の語源になった、物理学者のスティーブン・ホーキング（Stephen William Hawking, 1942〜2018）の『ホーキング、宇宙を語る：ビッグバンからブラックホールまで（A Brief History of Time）』は六・六パーセントと、いずれも低い数値に留まっています。

さらに、日本でも話題になったトマ・ピケティ（Thomas Piketty）氏の『21世紀の資本（Capital in the 21 Century）』は二・四パーセント。そして最下位になったヒラリー・クリントン（Hillary Rodham Clinton）氏の自伝『困難な選択（Hard Choices）』はわずか一・九パーセントでした。[(5)]

(3) ギロビッチ、ロス、前掲書、三四〜三五頁参照。実験では、この依頼を受け入れる学生と断る学生、双方の性格についても推論するように求められました。その結果、依頼を受け入れた学生は、受け入れなかった学生に対して非協力的で神経質といった印象を述べています。一方、依頼を断った学生も、受け入れた学生は変わっている、といったネガティブな印象を示しました。

(4) 映画の日本語タイトルは『華麗なるギャツビー』。

(5) Jordan Ellenberg, "The Summer's Most Unread Book Is...", The Wall Street Journal, July 3, 2014. Camilla Turner, "Top ten most famous books we never finish", Daily Telegraph, October 7, 2014.

ここで取り上げられたものは、いずれもベストセラーになった作品です。当初は関心をもって手にした本でも、多くの人は最後まで読まなかったということです。数字はあくまで参考値であるとはいえ、本を買っても最後まで読まない人が多いのは確かだと言えます。

書き手は、少なからず「気に入ってもらえる」という思いを抱いて作品を刊行したはずです。でも、読み手の多くはその思いに合意しなかった、ということもできるでしょう。もちろん、本の内容は評価しながらも、何らかの事情で最後まで読めなかったという人がいるかもしれません。ボリュームや難解さがネックになった可能性もあります。いずれにせよ、「プル型」に相当する文章でも読み切る人は多くないというのが事実だと言えます。そう考えると、「プッシュ型」の文章がどう扱われるかは、もはや明らかでしょう。

ここからも、「プッシュ型」文章の場合は、読み進めてもらうために何らかの配慮が必要であることが分かります。少なくとも、読みはじめる前に読み手が不快感を抱いたり、文字を追うのに苦痛を感じたりするような文章にすることは避けねばなりません。

そのために必要なポイントの一つが文章の「見た目」です。次は、この点について説明していきます。

16 見た目を軽視していませんか？

文章はまずは見た目が重要

まずは、次の二つの文章を読んでみてください。

A　文章は内容が重要なのはもちろんだが、見た目も疎かにしてはいけない。

B　文章は内容が重要なのは**もちろんだが**、**見た目も疎か**にしてはいけない。

お気づきのとおり、A、Bともに文の内容は同じですが、見た目は違います。Bはフォント、サイズ、色をところどころ変えてあります。何らかの意図があって、紙面のなかで一文だけBのようなデザインにしたのであれば、読み手も納得できるかもしれません。でも、文章全体にこうした統一感のない表記がなされていたとしたらどう思うでしょうか。読む意欲は確実に削がれるでしょう。

いくら素晴らしいことが書かれた文章でも、読み手が手に取った瞬間にネガティブな印象をもってしまうと、内容に対する印象も少なからず低下します。これは「第2部《12》」（二〇一頁）で見たホーン効果（ネガティブ・ハロー効果）によるものです。

文字の良し悪しと内容の良し悪しは、直接的には関係ありません。それでも、文章の見た目という表面的な特徴によって書かれたもの全体の印象が左右されてしまうのです。もちろん錯覚ですが、人はどうしても目立って見える特徴に影響されてしまいます。

ここで挙げた文は、あえて極端な例として作成したものです。通常、ワープロを使えばこうした表記の乱れは生じません。また、雑誌に記事を掲載する場合など、書き手が直接紙面デザインにタッチしない場合であれば、こういった問題をさほど気にする必要はないでしょう。

ただ、手書きの文章を直接提示する場合は、見た目の美しさが読み手の印象に大きな影響を与えます。書き殴ったような汚い文字が紙面にぎっしり詰めこまれていたとしたら、まちがいなく印象は悪くなるでしょう。「書き方が雑だから、内容も雑であるに違いない」と決めつけられてしまうかもしれません。逆に、きれいな文字が、適度な余白を設けて丁寧に書かれていれば、内容にも少なからず期待が高まります。

文章の見た目の良し悪しが大きく影響する場面の一つが就職活動です。求人への応募に際しては、履歴書をはじめとする書類の提出が求められます。ワープロで作成されるケースも増えているとはいえ、採用者、応募者ともに、手書きが好ましいと考える傾向は今も残っています。文字を書くことに自信のない人にとって、手書きでの書類作成は非常に高いハードルと感じられるでしょう。

就職活動をサポートする人たちは、手書きに自信のない人に向けて、「文字はうまくなくてもいい。丁寧に読みやすい文字を書くことが重要だ」と助言しています。実際、一部の職業は別として、採用担当者が文字の良し悪しで人物を評価することはありません。とはいえ、これは表向きの話です。

文字がうまいか否かという事実は、読み手が意識しなくても人物の評価に影響を与えます。先に述べたとおり、汚い文字、あるいは稚拙な文字を目にした時点で、読み手は内容を評価する前にマイナスの心象を抱いてしまうのです。手書きの場合、文字がうまいほうが有利であることは否定できません。上手な字で、かつ丁寧に書かれたもののほうが、相手によい印象を与えられるのは事実です。

一方、ワープロを使えば誰でもきれいに文字の表記ができます。手書きにまったく自信がないという人は、可能であればワープロで作成したほうがよいでしょう。ただし、見た目の問題が自動的にクリアされるというわけではありません。体裁を整えることが不可欠です。文字自体はきれいでも、文字が小さすぎる、行間が詰まりすぎている、余白がないといった読みづらい体裁では、乱雑な手書き文字と同じような印象を与えかねません。

文字や体裁に加えて、文章のボリュームにも配慮が必要な場合があります。これから読もうとしている文章はどれほどの分量なのか、これがひと目で分かるか否かによって、読み手に与える印象は大きく左右されます。とくに「プッシュ型」の文章では、どれだけ読んだらいいのかがあらかじめ分かれば、読み手の抵抗感は軽減されるでしょう。

たとえば、ビジネス文書はできるだけA４判用紙一枚にまとめるのがよいとされています。その理由の一つが、読み手の負担感を抑えることにあります。一枚に収まっていれば、文章のスタートとゴールが一目で分かるので、どれだけ読めばいいのかを、紙をめくって確かめる必要がありません。最初の段階で文章の終わりを見せる配慮は、「プッシュ型」の文章では思いのほか重要なポイントとなるのです。

文字で読み手の心理が変わる

文字の読みやすさは読み手の印象を大きく左右するわけですが、影響を受けるのは単にイメージの良し悪しだけではありません。心理学の各種実験から、読み手の心理にさまざまな影響を与えることが明らかになっています。

アメリカで行われたある実験では、まず学生に日本の海苔巻きのレシピが渡されました。レシピは二種類あり、一方は読みやすいフォント（Arial）で、もう一方は読みにくいフォント（Mistral）で書かれています。内容に違いはありません。

被験者は、二種類のうちいずれかのレシピを受け取って読みました。その後、海苔巻きをつくるのにどれくらいの時間がかかるか、実際につくってみたいと思うか、さらにレストランの料理人がつくる場合にどれくらいの技術が必要か、といった質問が被験者に出されました。

・読みやすいフォント（Arial, 12 point）　a recipe for a Japanese roll
・読みにくいフォント（Mistral, 12 point）　*a recipe for a Japanese roll*

その結果、読みにくいフォントのレシピを読んだ被験者は、もう一方のレシピを読んだ被験者に比べて、海苔巻きをつくるのには長い時間がかかると予測しました。また、自分でつくろうという意欲も示しませんでした。そして、料理人は海苔巻きをつくるのに高い技術が必要であると考えました。文字の読みにくさが、海苔巻きづくりに対してハードな印象を与えたのです。一方、読みやすいフォントのレシピを読んだ被験者は、これとは逆の反応を示しました。

これ以外に、トレーニングについて書かれた文章を学生に読ませるという実験も行われています。ここでも、読みやすいフォント（Arial）と読みにくいフォント（Brush）の二種類が用意され、読んだ学生にトレーニングに要する時間や、やってみたいと思うか、といったことが尋ねられました。

・読みやすいフォント（Arial, 12 point）　an exercise routine

・読みにくいフォント（Brush, 12 point）　*an exercise routine*

結果は、レシピのときと同じです。読みにくい書体の文章を読んだ学生は、もう一方の学生に比べて、トレーニングには多くの時間がかかると考えたとともに、やってみようという意欲を示しませんでした。書かれている言葉は同じでも、文字が読みやすいか否かによって、読み手は内容に対しても異なるイメージを抱いたわけです(6)。

読みやすい書体か否かという点は、書かれた内容の真実性にも影響を与えます。すなわち、内容に問題がなくても読みにくい書体で書かれていると、読み手がその内容に対して抱く真実性までもが低下してしまうのです。逆に、読みやすい書体であれば、それだけで説得力をもたせられます。

書体の読みやすさだけでなく、文字の色が濃くて見やすい、さらには使われている言葉が発音しやすいといった、なめらかに読める条件を満たしていれば、書かれた内容に対する印象も高まります。[7]

挙げた例を見るかぎりでは、読みやすい文字で文章を書けば、プラスの効果がもたらされると考えられます。一方、これとは逆の結果を示す研究もあります。

これもアメリカで行われた実験で、学生に読みやすい書体と読みにくい書体で書かれた二種類の文章が渡されました。もちろん、内容は同じです。その後、書かれていた内容に関するテストが行われると、読みにくい書体の文章を読んだ学生のほうが高い成績を得たのです。これは、文字が読みにくいがゆえに、被験者が文章により注意を向け、内容を理解しようとした結果であると考えられています。[8]

この結果を見ると、読みにくい文字も悪いことばかりでないと言えそうです。ただし、これは

（6）Hyunjin Song and Norbert Schwarz, If It's Hard to Read, It's Hard to Do: Processing Fluency Affects Effort Prediction and Motivation, "Psychological Science", Volume 13—Number 10 (2008), pp.986–988.

（7）デビッド・ロブソン／土方奈美訳『The Intelligence Trap――なぜ、賢い人ほど愚かな決断を下すのか』日本経済新聞出版、二〇二〇年、一八八～一九一頁参照。

（8）Elisabeth Donahue, Font focus: Making ideas harder to read may make them easier to retain. Princeton University, October 28, 2010, https://www.princeton.edu/news/2010/10/28/font-focus-making-ideas-harder-read-may-make-them-easier-retain

被験者が実験で文章を読まざるを得ない状況にあったという前提があります。読みにくくすれば注意深く読んでもらえるとはかぎりません。日常的な場面では、読みにくい書体で書かれた文章を提示された場合、読み手はその時点で拒否反応を示すかもしれません。「プッシュ型」の文章の場合は、なおさらその可能性が高いと言えるでしょう。

文字の読みやすさが読み手に与える影響についてはさまざまな研究が行われており、まだ一定の結論には至っていません。たとえば、認知心理学を研究している谷上亜紀氏（滋賀大学）は、書体の違いは読みやすさに影響を与えるものの、文章の理解度には影響しなかった、という実験結果を発表しています[9]。

それでも、文字が読み手の心理を大きく揺さぶる可能性があるのは確かです。手書きするにせよ、ワープロを使うにせよ、文字や体裁にも十分配慮したほうがいいということだけは頭に入れておいてください。

ビジュアルを有効に活用する

「第2部《8》」で、バスケットボールのパスの回数を数える実験を紹介しました。その際、実験で使われた動画について次のように説明しました。

「動画には、六人の男女がバスケットボールをパスするシーンが映っています。登場人物のうち三人が白いシャツ、残りの三人が黒いシャツを着ており、同じ色のシャツを着た人同士がボールをパスしています」

これ自体はとくに難しい説明ではありません。注意深く読めば、どんな場面かは頭の中でイメージできるでしょう。ただ、急いで読み進めようとすると、どんな状況か想像できず、読み返した（あるいは読み飛ばした）という人もいるかと思います。さらに設定が複雑になれば、注意深く読んでも即座に状況をイメージするのが難しくなるでしょう。

そうした説明文のなかに、実際の実験動画の写真が挿入されると、頭の中は一気にクリアになります。説明文で省略されていた細かい情報も視覚的に認識できるので、状況をより深く理解することができます。まさに「百聞は一見に如かず」の言葉どおりです。

文章のなかに写真を組みこむことは、文章の真実性を高めるうえでも効果を発揮します。これは、海外で行われたある実験からも分かります。

実験では、数十名の有名人それぞれについて書かれた文章が被験者に提示されました。文章はコンピューターの画面上に次々と表示されていきます。そのなかには、文章だけのものと、文章と一緒に本人の写真が表示されるものがあります。表示に際して、被験者の半数には「この有名

（9）　谷上亜紀「文章の書体が読みやすさと記憶に及ぼす影響」『彦根論叢』第四二二号、二〇一九年一二月・冬号参照。

人は生きている」という主張が同時に表示され、残りの半数には「この有名人は死んでいる」という主張が表示されました。そして、被験者には、その「主張」が正しいか否かを、それぞれ三秒以内に判定するよう求められました。

実験の結果、被験者は文章だけを見せられたときよりも、写真と一緒に文章を提示されたときのほうが、「主張」が正しいと回答する傾向が見られました。とくに、被験者の知らない有名人が出てきたとき、写真によって「主張」を信じる傾向が高まりました。つまり、写真が文章の説得力を高めたということです(10)。

この実験の内容も、言葉だけで簡潔に説明するのが難しいため、状況をイメージしづらかったかもしれません。実験の詳細はともかく、写真を添えたことによって言葉の説得力が増したという結果は注目しておきたいところです。

文章の説得力を高めるのは写真だけではありません。図も非常に有効なツールとなります。「第2部《7》」（一一七〜一一八頁）で記憶の分類について説明しました。これを図式化すると左図のように表せます。言葉の説明では分かりづらかったものが、図の形にするとひと目で理解できます。

また、「第2部《10》」では殺人事件の認知件数の推移をグラフで示しました。これをもし言葉だけで説明しようとしたら、非常に長い文章になってしまうでしょう。読み手がその説明を読ん

図　記憶の分類（一例）

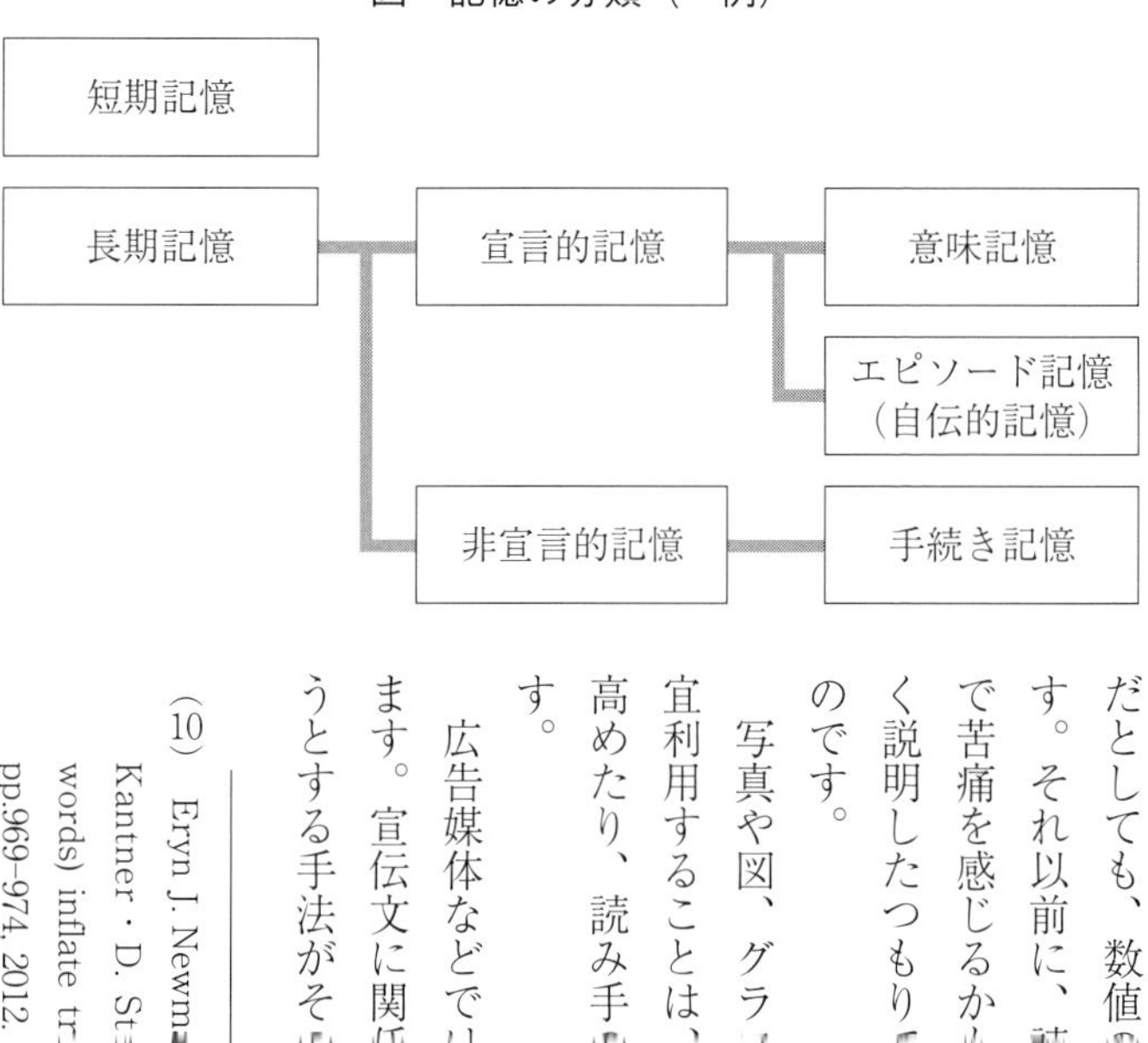

だとしても、数値の変化をイメージするのは難しいと思います。それ以前に、読み手は淡々と続く説明文を目にしただけで苦痛を感じるかもしれません。書き手が丁寧に分かりやすく説明したつもりでも、逆効果になってしまう可能性があるのです。

写真や図、グラフ、あるいは表などビジュアルの要素を適宜利用することは、理解の助けとなるだけでなく、説得力を高めたり、読み手の苦痛を和らげたりする役割も果たすのです。

広告媒体などでは、この効果を「悪用」したものも見られます。宣伝文に関係のない写真や図を添えて説得力を高めようとする手法がその例です。また、「第2部《10》」で見たグ

（10）　Eryn J. Newman・Maryanne Garry・Daniel M. Bernstein・Justin Kantner・D. Stephen Lindsay, "Nonprobative photographs (or words) inflate truthiness," BRIEF REPORT, Psychon Bull Rev 19, pp.969–974, 2012.

ラフ1（一七四頁）、**グラフ3**（一七七頁）も「悪用」が可能なグラフの一例と言えるでしょう。そうした不適切な形で使うのは、もちろん避けねばなりません。読み手に対する配慮として適切に用いるのであれば、ビジュアルは非常に有効なツールだと言えます。

話すように書けばいいと思っていませんか？

読み手はその場にいない

話すことと書くこと、どちらも誰かに何かを伝える行為です。その手段として言葉を使うことも共通しています。しかし、言葉の使い方は同じではありません。前者は言葉を音声として発し、後者は言葉を文字で表します。伝える手段が異なれば、その伝わり方にも違いが生まれます。言わずもがなかもしれませんが、書くという行為について再認識する意味で、両者の違いを今一度確認しておきましょう。

情報を音声で伝えるときと文字で伝えるときの違いとしてまず挙げられるのが、相手との距離です。基本的に、話したことはその場で即座に相手に伝わり、書いたことは別の場所で時間を置いてから相手に伝わります。もちろん、録音した音声を聞かせたり、筆談をしたりといったケースもあります。それでも、大まかに見て、情報を伝える人と受け取る人が空間的、時間的に離れているか否かは、「話す」と「書く」の特徴的な違いだと言えるでしょう。

その場にいる人に向けて話すとき、相手に伝わるのは言葉だけではありません。表情や視線、身振り手振りからも話し手の思いがにじみ出ます。声の大きさやトーンを変えるだけでも、相手に与える印象は大きく変化します。さらには、服装など外見的な要素も重要なメッセージになるでしょう。

他方、文章の場合は言葉以外に伝わる要素がほとんどありません。読み手は、基本的に書かれた文字だけからメッセージを受け取ります。そのため、話すときに比べると、一つ一つの言葉の重要性が大きくなります。

ただ、書き手を明確に認識できているケースでは、その人の外見が文章の評価に影響することもあります。実際、美人が書いた論文について、評者が男性の場合、高く評価される傾向が見られるという研究結果があります。[11] とはいえ、読み手が文章を読んでいる最中に書き手が言葉以外のメッセージを伝えられるわけではありません。

（11）越智啓太『美人の正体』実務教育出版、二〇一三年、六〇～六三頁参照。

たとえば、「いいね」という言葉を口で発するとき、相手に向けて満面の笑みを浮かべてはっきり言うか、目を背けながら半笑いでつぶやくかによって相手に伝わる印象は大きく変わります。顔が見えなくても、口調、声のトーンで意志が伝わります。

しかし、同じ言葉を書いて伝えた場合、読み手には「いいね」という三文字以外に相手の気持ちを知る手がかりがありません。伝える側の言葉をどのようなニュアンスで受け取るかは、読み手次第となるのです。

メールやＳＮＳを使ってメッセージを伝える際、誤解を避けようと、文の最後に（笑）といった文字や絵文字を使って気持ちを表すケースが見られます。伝える側の意志を表現するうえでは有効な方法ですが、こうしたツールの使用は基本的にカジュアルな場面にかぎられます。当然ながら、ビジネス文書など、フォーマルな文章でそうしたものは使えません。

また、言葉を受け取る相手が途中で「何が言いたいのか分からない」という反応を示した場合、目の前に相手がいれば、言葉を言い換えたり説明を補足したりすることができます。でも、文章で伝える場合は、その場で対応することができません。読み手が内容を誤解したとしても、伝える側に訂正する術(すべ)はありません。それ以前に、読み手が誤解したことすら書き手には分からないでしょう。したがって、書くときには自分の思いがまちがいなく相手に伝わるよう、言葉遣いや表現により気を配る必要があるのです。

書かれた文字が情報のすべて

話をするとき、口から発した言葉が相手へスムーズに届かない場合があります。とくに屋外では、話し声に周囲の雑音が混ざることは珍しくありません。話し手が途中で咳払いをして、言葉が部分的に欠けてしまうこともあるでしょう。それでも聞き手は、欠損した箇所がわずかであれば話した内容を理解できます。言葉を完全に聞き取れなくても、頭の中でその部分が補われるからです。

脳のそうした働きについては、さまざまな研究が行われています。たとえば、アメリカで次のような実験が行われました。実験ではまず、実験者が、文を読みあげている録音音声を被験者に聞かせました。その音声は、一部に加工が施されています。文中にある「legislatures」という単語に含まれる一つ目の「s」を消去したのです。その長さは0・12秒。その代わりに、同じ長さで咳払いの音を入れました。

これを聞いた被験者は全員、咳払いが入っていたことを認識しました。ところが、ほとんどの被験者は、消去された音素（語を区別することができる音の最小単位）があったにもかかわらず、欠けた音素はなく、すべての語句が聞こえたと認識したのです。また、咳が聞こえたと分かっていても、それが文のどの場所であったのかを特定できた被験者はいませんでした。

つまり、脳は欠けた音素を無意識のうちに補うため、当人はあたかも欠損のない文を聞いたと認識してしまうのです。このような脳の働きを「音素修復」と言います[12]。

情報に多少乱れがあっても、聞き手のほうでそれを修復してもらえるということは、伝える側にとってはありがたい機能と言えます。

ところで、話す言葉に混ざるのは、雑音や咳払いだけではありません。あらかじめ作成した原稿を読みあげる場合は別として、多くの場合、伝える内容とは関係ない不必要な言葉や音声も入ってきます。

話す前に、「えー」とか「まぁ」といった言葉を口癖のように発する人がいます。「つまり」、「だから」といった接続詞を多用する人もいるでしょう。身振り手振りにあわせて、「こういった感じ」や「あんな風に」といった指示語を頻繁に使う人もいます。さらに、人によっては同じ言葉を何度も繰り返すケースがあります。

実際、会話を録音した内容をすべて書き起こしてみると、いかに余分な言葉・音声が多く発せられているかが分かります。言うまでもなく、記事やレポートを作成する際、これらは削除されます。

では、書かれた文章を読む場合はどうでしょうか。右記の実験とは性格が異なりますが、仮に、紙に汚れが付いて文中の一文字だけが読めなくなっているケースを想定してみます。

たとえば、文中に「お弁当を持ってくる■を忘れました」という記述があったとします。読み手は「■」の部分で目を留めてしまうでしょう。でも、この程度であれば、おそらく「■」のところに「の」が書かれていたのだろう、と推測できそうです。

ただ、ほかの可能性もあります。もしかしたら、「事」という文字だったのかもしれません。「日」や「人」でも文としては成立しそうです。考え出したらきりがありませんが、大抵一文字程度であれば前後の文脈から推測が可能です。とはいえ、音声を聴くときのように無意識にその穴埋めをして読み進めたりはしないでしょう。書かれた文章の場合は、文字が脱落していればまちがいなく認識の妨げになります。

話すことと書くことは、誰かにメッセージを伝えるという役割は共通しています。しかし、前者は伝えられる側が受け身で情報を受け取り、後者は伝えられる側が自分から情報を読み取ろうとします。話すときは話し手のペースで言葉が伝えられるため、聞き手は基本的にそのペースにあわせて理解しようとします。言葉が抜けていたり、必要のない言葉や音が含まれたりしていても、聞き手は頭の中でそれらを整理し、必要な情報をつなげて理解していきます。一方、書かれ

(12)　Richard M. Warren, "Perceptual Restoration of Missing Speech Sounds", Science, Vol.167, No. 3917 (Jan. 23, 1970), pp.392-393.

たものの場合は、読み手のほうが自分のペースで読み進めて理解していきます。そのため、右記のような乱れがあると、どうしてもそこで立ち止まってしまうのです。

こうして比較してみると、書いて伝える場合には、より正確さが求められることが分かるでしょう。実際、口頭で何かを伝える場合は、多少不完全な文であっても相手に理解してもらえます。片や書かれた文は、言葉の脱落や不要な語句の混入がないという前提で扱われます。ゆえに、内容に不備があると書き手側の責任が問われます。こうした違いは押さえておきたいところです。

視覚においても、音素修復と同じように無意識に空白を埋めて認識しようとする働きがあります。

「話す」と「書く」は別物

話すとおりにものを書こうとするのは、誤った努力である。（ショウペンハウエル、前掲書、七一頁）

先に紹介したショウペンハウエルの言葉です。彼は同様に、書くとおりに話そうとすることも否定しています。すなわち、話すときの文体と書くときの文体は明確に区別されるべきだと主張しているのです。

昨今は、多くの人がメールのほか、ツイッター（Twitter、現X（エックス））やライン（LINE）といったSNSを使って情報伝達を行っています。そうしたインターネットメディアの普及によって、遠く離れた場所にいる人と文字を使ったコミュニケーションが簡単かつ瞬時にできるようになりました。電話で話すときと同じように、ほぼリアルタイムで書き言葉をキャッチボールすることも可能です。

その意味では、話すことと書くことの境界が曖昧になってきているとも言えるでしょう。とはいえ、これまで述べてきたとおり、両者の性格が大きく異なるという事実はまず確認しておく必要があります。

相手に何らかのメッセージを送る際、メールを使った場合と電話を使った場合で、どちらが正確に伝わったかを調べた実験があります。

先述の心理学者、ニコラス・エプリー氏（一六二頁参照）らは、まず被験者に一〇個の話題について、それぞれ真面目な文章（本心を正直に書いた文章）と皮肉を込めた文章（本心を隠した文章）の二種類を書かせました。次に、それらの文章をメールか電話を使って別の人に伝えてもらいました。このとき、文章の送り手となった被験者の八割弱は、メールでも電話でも、同じように自分に意図が正確に伝わると考えていました。

結果は、電話でメッセージ受け取った人の七三パーセントが相手の意図を正しく理解していました。一方、メールで受け取った人のなかで相手の意図を正しく理解したのは五六パーセントに留まりました。つまり、メールの場合、書き手が皮肉を込めて書いても、読み手にその意図が電話のときほど伝わらなかったのです。伝える側の意図は、電話の声から感じ取れても、メールの文字から読み取るのは難しいということです。

電話に比べてメールは意図が伝わりにくいという結果は、みなさんにとっても予測の範囲内でしょう。この違いについては、これまでに述べてきました。注目したいのはその先です。

実験の最後に、メッセージを受け取った側の被験者に対して、自分が正しく理解したと思う文章が一〇個のうちいくつあったのかが尋ねられました。すると、電話、メールのいずれについても、「九個は理解した」と思っていたのです。

つまり、伝える側の約八割は、メール、電話のいずれでも意図が相手に正しく伝わると考え、受け取った側はその九割を正しく理解したと思ったわけです。しかし、実際に意図が正確に伝わったのは、先に見たとおり電話が七三パーセント、メールが五六パーセントです。

電話の場合はまだしも、メールについてこのギャップの大きさは見過ごせません。一方は相手に意図が伝わったと思い、もう一方は相手の意図を理解したと思いこんでいる。でも実際は、半分近くが正確に伝わっていない――。この結果から、「ショートメールを含むメールやツイッターが誤解の温床」になっていることが分かります（エプリー、前掲書、一七六～一七八頁）。

文章を書くコツとして、「話すように書く」ことをすすめる人がいます。ただ、そのとおり実行しても、必ずしも話したときと同じように相手にメッセージが伝わるわけではありません。「話すように書く」という方法は、筆が進まない人に対して、気楽に書くようすすめる言葉と捉えておくくらいがよいのかもしれません。

繰り返しになりますが、文章では、メッセージとして相手に届くのは書かれた言葉だけです。微妙に声の大きさやトーンを変化させるといったテクニックは使えません。相手の反応を見て、言葉を換えたり説明を補足したりすることもできません。もちろん、表情や身振り手振りも使えません。また、言葉が抜けていたり、必要のない言葉が含まれていると相手の理解を妨げてしまいます。ゆえに、書き手がどのように文字を記すかが非常に重要になってきます。

こう書くと、文章を書くのは難しいという印象を振りまいているだけのように思われるでしょう。でも、裏を返せば、書いた文章は言葉以外の余計なものに影響されにくいということでもあります。表情や声、服装といった、直接関係のない要素に左右されず、伝えたいメッセージだけを相手に伝えられるのです。要するに、言葉の使い方だけで勝負ができるということです。作文のなかで言葉を自在に、かつ的確に使いこなす力を身につければ、読み手の心を動かす強い武器にもなりうるのです。

18 大事なことを後回しにしていませんか？

何の話か分からない文章

まず、次の文章を読んでください。

　これがあると本当に便利だ。通常は座って使う。立って使うこともできるが、実際そうする人はそれほど多くないだろう。今日、さまざまな業種で利用されており、業務の効率化にも貢献している。昔は数十分かけて行っていたような業務を、数分で片づけることも可能だ。

もちろん、業務以外でも使用されている。趣味で使う人も多い。これを買って世界が広がったという話も聞く。日常的に使う人がいる一方で、まったく使いこなせないという人も少なくない。慣れてしまえば、それほど難しいと思わなくなる。でも、使いこなせるようになるまでにはそれなりの訓練が必要だ。

　多くの人が利用すれば当然トラブルも出てくる。使用に際して、ルール・マナーを守ることは不可欠だ。自分の命を守るためにも。

「何の話？」というのが率直な感想でしょう。パソコンをイメージされた人がいるかと思いますが、最後の一文を読むと違和感があります。答えは「自転車」です。

「座って使う」、「業務で利用されている」、「日常的に使う」といった個々の文の意味は理解できても、「何」かが分からなければ状況はまったくイメージできません。イメージできなければ、記憶にも残らないでしょう。でも、自転車について書かれていると最初から分かっていれば、文章を読みながら具体的なシーンが浮かんできます。読み手に書いた事柄を理解してもらうためには、「何」に相当するものなのかをあらかじめ提示することが不可欠です。[13]

よく知られたなぞなぞに、「いるときにいらなくて、いらないときにいるものは？」というものがあります。ご承知のとおり、答えは「風呂の蓋」です。ほかにも、弁当箱の蓋、刀の鞘（さや）などが挙げられます。

答えはさておき、このなぞなぞは日本語の文としては不完全です。「何」が伏せられているだ

(13)　E・B・ゼックミスタ、J・E・ジョンソン／宮元博章他訳『クリティカルシンキング　実践篇——あなたの思考をガイドするプラス50の原則』（北大路書房、一九九七年）一七〜一八頁、西林克彦『わかったつもり——読解力がつかない本当の原因』（光文社新書、二〇〇五年）四五頁にも、それぞれ異なるテーマで同様の例文が紹介されています。

けでなく、「いる」ものと「いらない」ものが同じものを指すのか、違うものを指すのかが曖昧になっています。曖昧だからこそ「なぞなぞ」として成立するわけですが、文章のなかにこうした文が含まれていると、読み手は戸惑ってしまいます。

クイズやなぞなぞであれば、何について書いたのかを不明瞭にするのは有効な手法となります。小説でも、あえて「何」に相当する人物や物事を伏せて話を展開させる場合があります。でも、実用文でこうしたテクニックは必要ありません。読み進めても、何について書いた文章なのかが分からなければ読み手は混乱してしまいます。また、「プッシュ型」の文章であれば、途中で破り捨てられてしまうかもしれません。

日本語では、主語が省略されることがあります。とくに会話では顕著に見られます。これが成立するには、文中の「何が（は）」や「誰が（は）」にあたるものが明らかでなければなりません。当然ながら、伝える側は、自分の頭の中に「何」や「誰」に相当するものが明確にイメージされています。ゆえに、伝えるときにこれらを省いてしまうのです。しかし、伝えられた側がそれを認識していなければ情報は正確に伝わりません。

冒頭に挙げた例文は極端なケースですが、何を言っているのかが即座に理解できない文章はよく見られます。読み手が文章を読みはじめたとき、すぐに書き手とイメージを共有できるよう、まず「何」や「誰」を明確にして書き進めることが大切です。

最後まで結論が見えない文章

先ほどに続いて、まず例文の紹介からです。

大阪の阿波座堀裏町の酒屋で、梶原由松（かじわらよしまつ）という者の家の番頭の常吉という人は、主人を大切にして実に正直に勤めていました。しかし、主人の家が徐々に貧しくなっていったため、いろいろと工夫をし、骨を折ってどうにか家を再起させ、主人を安心させたいと思いました。彼は野菜を売り歩いて主人を養い、困窮する中で主人の娘を学校に通わせて世話をし、自分は食べる物もろく食べませんでした。これも主人のためを思ってのことでした。このことが政府に知られて賞典〔ほうび〕を戴きました。

これは、一八七四（明治七）年一一月二日付の〈讀賣新聞〉に掲載された記事です。できるだけ原文を崩さないように現代文に改めたので、若干不自然さはありますが、大まかな趣旨は分かるでしょう。簡潔に言うと、酒屋の番頭の常吉が政府から賞典をもらったというニュースです。

実は、この記事に見出しはありません。新聞を読み進めるなかで、いきなりこの文章がはじまるわけです。読み手は、最後まで読まなければ何を伝える記事なのか分かりません。

日本では、明治に入ってから新聞が次々と創刊されました。その黎明期(れいめいき)に発行されていた新聞には、先に述べたとおり見出しが記載されていませんでした。「布告」、「説話」、「雑報」、「広告」といった大まかな分類はあるものの、各記事は整然と記載されています。

文頭に「○」が付けられたり、行が空けられたりしているので個々の記事の区別はできますが、内容は最後まで読まないと分かりません。もっとも、当時掲載されていた記事の多くは、例文のように分量がそれほど多くなかったので、読むこと自体は大変ではなかったでしょう。とはいえ、現在の感覚からすると不親切な感じがします。先に掲載した記事であれば、たとえば「献身的な番頭に政府が賞典を授与」といった見出しがあったほうが、読み手にとってはありがたいと言えます。

新聞は、刊行がはじまってから徐々に進化を遂げていきます。明治時代の中頃になると、小見出しが付けられるようになりました。当初は「出火」、「無罪放免」、「生糸商況」といった単語を記載しただけでしたが、時を経るに従って文の形へと変化し、大正時代に入ると、ほぼ今日と同じようなスタイルになります。もちろん、新聞社によって差はありますが、各紙が競い合うかのようにして「見出し」は発展していきました。

見出しを付けたことによって、紙面にどのような記事が載っているのかを、いち早く読み手に伝えられるようになりました。先の例のように、記事を最後まで読まないと趣旨が理解できない

新聞見出しの変遷

●〈讀賣新聞〉1875（明治８）年３月１日付

明治初期の新聞にはまだ見出しがなく、記事はいきなり本文からはじまります。

●〈讀賣新聞〉1887（明治20）年５月１日付

記事の頭に簡単な小見出しが付けられ、何の記事なのかが推測できるようになりました。

● 〈讀賣新聞〉1914（大正３）年３月１日付

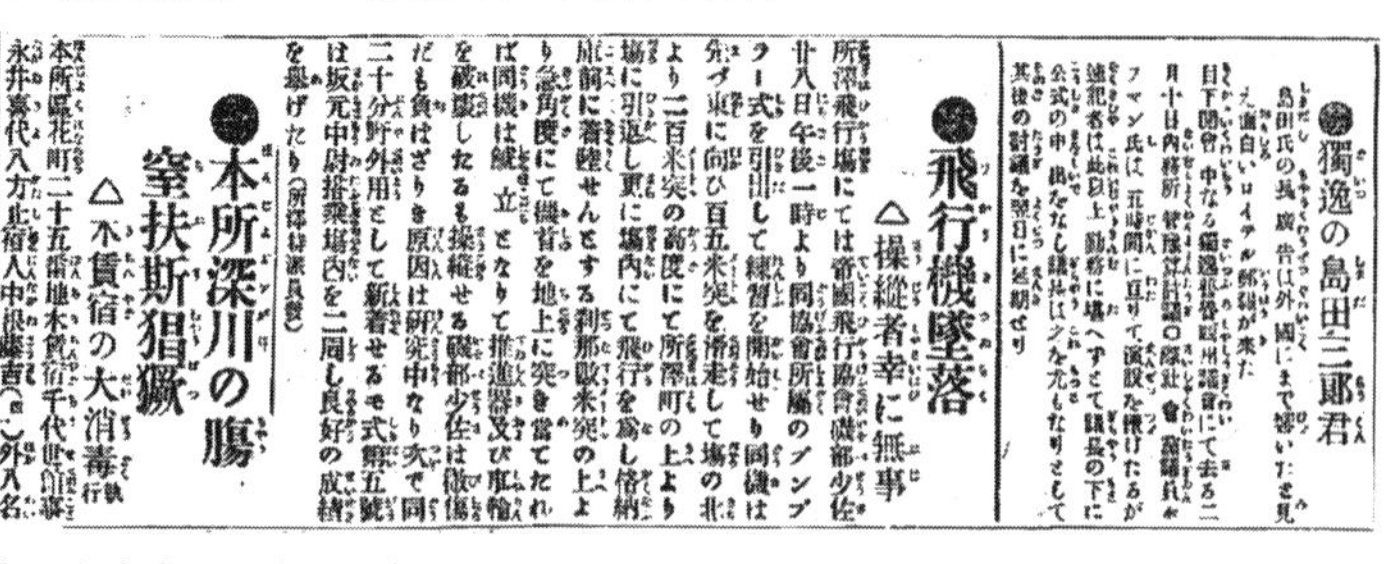

獨逸の島田三郎君

飛行機墜落
△操縦者幸に無事

本所深川の賤
窒扶斯猖獗
△木賃宿の大消毒

大きな文字で見出しが付けられるようになり、記事の内容が大まかに分かるようになりました。

● 〈讀賣新聞〉1924（大正13）年３月１日付

米上院委員會で
新移民法案緩和
標準は一九一〇年の人口
割當歩合は百分の二

下院委員會は
移民法原案固執
排日條項も標準年度も其儘

酒の製造販賣を許せ
米國上院議員から法律案

内相當選
幸先よき勞働黨

段をまたぐ見出しが登場し、現在の体裁に近い形になります。

ような新聞では、読み手に敬遠されてしまいます。見出しがあれば、そうした事態は避けられます。

時代とともに新聞の記事量、ページ数が増えるなか、見出しによって記事の内容をひと目で認識してもらうことは、より重要性を増していきました。さらに、見出しに大小を付けることによって記事の重要度に序列を設けることができます。これにより、重要なニュースへの注目度を高められるようにもなりました。

こうした変化の背景に、熾烈（しれつ）な販売競争があったことは確かです。それでも結果的に、新聞は読み手に早く、的確に、重要な情報を伝える媒体へと進化していきました。新聞紙面の歴史は、言うなれば、読み手の立場で改良を重ねた過程と考えることもできます。

話がやや横道に逸れましたが、新聞の読み手を見据えるという姿勢は、実用文を書く際には非常に参考になります。すなわち、先に結論を提示するというスタイルが有効だということです。

結論を先にもってくる

文章の構成に関して、その基本形としてよく知られるのが「起承転結」です。小学校の国語科で習うことなので、みなさんもご存じでしょう。「起」から「結」に至る四段階で文章をまとめる、というスタイルです。

これ以外にも、「序論・本論・結論」や「序・破・急」といった三段階でまとめる方法もあります。小説やエッセイ、論文を書く場合は、こうした流れで書くのが一般的とされています。前節の冒頭で紹介した記事も、最終的に結論に至るというパターンのものです。

自分の実体験や、思い描いたストーリーを読み手に追体験してもらうために書くのであれば、このスタイルでまとめるのが適当だと言えるでしょう。最後まで読んで結論が分かるという流れがむしろ自然です。たとえば、推理小説であれば、最後にようやく犯人が分かるという流れが通例となっています。その場合、初めに犯人が分かってしまってはミステリになりません。

これに対して、実用文は自分の思いを描くものではありません。伝えたい事柄を相手に届けるために書くものです。したがって、読み手に伝えたい事柄、すなわち結論を先に提示する必要があります。

新聞記事では、見出しがその役割を担っています。そこには、先に見た「何」や「誰」に相当する事柄と同時に、それが「どうした」や「どうなった」かが記されます。先の例文のように、常吉の話であると分かっても、常吉がどうなったのかが早い段階で分からなければ、忙しい読者は読むのをやめてしまうかもしれません。「結局、何が言いたいの？」という疑念を抱かれる前に、伝えるべき事柄を明らかにする必要があるのです。

ビジネス文書などの実用文では、このスタイルが基本になります。先に伝えるべき結論を記し、そこに至る経緯や背景、結論を導き出した根拠、事例はあとに記します。最後まで読まないと結論が分からないような実用文を読み手は望みません。誰かに何かを伝えるという役割を第一に考えれば、このスタイルで書くのは当然とも言えます。

文章の見出しを考える

結論を最初に提示することは、読み手への配慮のみならず、分かりやすい文章を書くコツとしても有効です。実際に見出しを書くか否かにかかわらず、文章を作成する際に結論を見出しとして冒頭に置いておくと、方向性を明確にして書き進めることができます。

通常、新聞に掲載されている見出しは、取材をして記事を書く記者ではなく、紙面の編集を担当している記者（整理記者）が作成しています。つまり、記事が書かれたあとで考案されるわけです。見出しがあとで付けられるとはいえ、記事を書く記者は、執筆段階で大まかに見出しを想定しています。

ここまで、「見出し」という言葉を特に説明もせずに使ってきました。見出しとは、記事の要点を一文（あるいは一文＋α）で表現したものを指します。「何がどうした」とか「誰がどうなった」といった形で記事の内容や結論を表現します。小説やエッセイの「タイトル」と混同される場合がありますが、両者は区別せねばなりません。「衆院解散、総選挙へ」や「富士山、世界遺産に」といった見出しを見れば、本文に何が書かれているのかは推測できるでしょう。一方、『走れメロス』とか『吾輩は猫である』というタイトルを見ても本文の内容までは想像できません。

一文で表現するということは、複数の事柄をそこに盛りこむのが難しいという点は分かるでしょう。一本の記事に重要な事柄がいくつも盛りこまれていたら、適切な見出しは付けられません。したがって、基本的に一つの記事に盛りこむ事柄は一つに絞られます。複数の事柄を書きたい場合は、記事を分ける必要があります。

ビジネス文書やレポートを書くときも、まず見出しを考えてみましょう。書こうとしている文章の趣旨が、この段階で明確になります。伝えたいことを幾つも盛りこもうとしていた場合も、見出しを考えることで見直すきっかけとなります。そして、文章を書き終えたら、もう一度見出しを見返してみましょう。話が本筋から逸れていないか、必要のない事柄を盛りこんでいないか、といった点を確認する手立てになります。

ショウペンハウエルは、文体（文章のスタイル）について次のように述べています。

一　すぐれた文体たるための第一規則は、主張すべきものを所有することである。あるいはこの規則は第一規則どころではなく、第二第三をほとんど必要としないほどの、充分な規則と言ってよい。実際この規則だけで文章の道を踏破することができる。（ショウペンハウエル、前掲書、六三頁）

自分の主張したいことを自分自身がしっかり把握していること、すなわち読み手に何を伝えたいのかが明確になっていることが「すぐれた文体」の必須条件だという見解です。主張したいことがはっきりしていれば、自ずと文体は美しくなる。逆に、中身がないのに作文技術だけで美しく見せようとすべきではないとショウペンハウエルは訴えています。読み手に何を伝えようとしているのかを明確にするためにも、まずは書こうとしている文章の見出しを考えましょう。

19 読みやすさに気を遣っていますか？

よく引用される論文の特徴

「第3部《16》」の冒頭（二六一頁）の見出しで、「文章はまずは見た目が重要」と書きました。

文字や体裁といった見た目は、読み手の心理に影響を及ぼします。とはいえ、最終的には文章の中身が重要になってくるのは言うまでもありません。学術論文ならなおさら、何が書かれているかが評価の対象になります。ただ、その中身をどのように表現したのかという点も、少なからず評価に影響を与えます。

オーストラリア・アデレード大学のベンジャミン・フリーリング（Benjamin Freeling）氏らは、引用回数の多い論文にはどんな特徴があるかについて調査しました。調査では、二〇一二年から二〇一三年に発表された環境科学、社会科学、医学の三分野の学術論文のなかから、特定のトピックを扱う一二三〇本がランダムに選ばれ、分析が行われました。分析に際しては、簡潔にまとめられている（単語数が少ない）、一人称を使っている、接続詞を的確に使用している、句読点を的確に使用している、難解な言葉を使っていない、結果を述べる際に「過去二〇年間にわたって」といった背景にも言及している、など「一一の指標」で評価がなされました。

その結果、よく引用される論文（被引用数一〇〇〜一〇〇〇）は、「一一の指標」の多くを満たしていることが明らかになりました。一方、引用回数の少ない論文（被引用数一〇〇未満）では、その逆の傾向が見られました。ただし、項目ごとにバラつきがあるため、どの指標を満たせば引用回数が増えるのかは、この結果からは分かりません。

フリーリング氏らは結果について次のように述べています。

論文執筆者の経歴や論文を発表する媒体とは関係なく、読む人の気持ちを考えて書かれた論文のほうがより多く引用される、ということを我々の結果は示唆している。（Benjamin Freeling, Zoë A. Doubleday, and Sean D. Connell, How can we boost the impact of publications? Try better writing, PNAS January 8, 2019, Vol.116 No.2, pp. 341–343.）

論文の読み手は、当然そこに書かれている内容に関心を寄せます。ただ、書き手の経歴や肩書き、掲載された媒体がバイアスとなり、評価に影響する可能性も否定できません。それでも、読み手を意識して書かれた論文のほうが実際に多く引用されていた、という点は注目しておく必要があります。

簡潔にまとめる必要性

先に紹介した調査は海外の論文を対象に行ったものなので、日本語の論文には必ずしも当てはまらない項目があります。そんななかで、項目のトップに挙げられているのが単語数です。単語数が少ないこと、すなわち、いかに簡潔にまとめられているかが、読み手に配慮するうえで重要なポイントとなるのです。

「文章は簡潔に」というフレーズは、作文を指導する場では必ずと言っていいほど登場します。

文章の書き方を指南する本のなかには、そうした趣旨のタイトルのものが少なくありません。これは、古くから言われ続けている教訓でもあります。

例によって、ショウペンハウエルの言葉を紹介します。

> 著者たる者は、読者の時間と努力と忍耐力を浪費させてはならない。こういう注意を守ってものを書けば、この著書のものは細心の注意をはらって読むだけの価値はあり、苦労して読んでもそのかいがあるという信用を読者から得ることになるだろう。（ショウペンハウエル、前掲書、七三頁）

読み手に配慮した文章こそが信用を得られるという主張です。まさに、先のフリーリング氏らが語ったことと共通します。ショウペンハウエルは、そのためには簡潔にまとめるよう心掛けねばならないと訴えます。さらに具体的に、次のように述べています。

> 人間はまだ一度にただ一つのことしか、明瞭に考えられない動物である。文章作成にあたっては、まずこの事実に何よりも注意をはらうべきであろう。だから一度に二つも三つものことまでも考えさせようというのは、人間に対して無理な要求である。（ショウペンハウエル、

——前掲書、一一二〜一一三頁）

ショウペンハウエルは、明瞭に考えられるのは「一度にただ一つ」という人間の能力の限界に言及しています。ゆえに、伝えることを一度につき一つに絞りこむ必要があると訴えています。

この点は、「第3部《18》」でも触れました。複数の事柄を書こうとする場合は、一つの記事に盛りこむのでなく、それぞれを別の記事として書く必要があるということです。長文であれば、段落を分けることにも相当するでしょう。

同じく、文章を簡潔にまとめる必要性について、井上ひさし（一九一頁参照）は「短期記憶」という言葉を使って説明しています。

> 短期記憶のキャパシティー（容量）に合うように文章を書かないといけません。それをもう徹底的に問い詰めていく。そうすると、長い文章じゃだめなんですね。（井上、前掲書、五七頁）

短期記憶とは、「第2部《7》」（一一七頁）で触れたとおり、脳に一時的に保存される記憶を指します。保持できる量はわずかで、その時間は数十秒にすぎません。

文章を読むとき、読み手は基本的に一定の流れで文字を追っていきます。一記事・一段落を読む途中で短期記憶の容量を超えてしまうと、場合によっては情報を確認するために、その流れを止めて戻る必要が出てきます。これはまさに、「読者の時間と努力と忍耐力を浪費させ」ることにほかなりません。

個々の文についても、当然、簡潔にする努力が求められます。そのためには、一つの文に一つの事柄だけを盛りこむことがポイントになってきます。これは「一文一意」あるいは「一文一義」という言葉で知られます。日本語の文章では、主語と述語が離れがちです。両者の間に言葉がたくさん挟まれば挟まるほど、理解の妨げになることは分かるでしょう。

一文のボリュームについて、「○文字以内」という明確な決まりはありません。四○文字程度を推奨するものから、八○文字以内がよいとするものまで、論者によって幅があります。また、どのような文でも絶対に短くせねばならないというわけではありません。多少長くなっても、言葉を補ったほうが分かりやすい場合もあります。実際の長さは伝える内容や表現方法によって異なるものの、できるだけ短くすることを、作文の基本として押さえておきましょう。

多めに書いて、あとで削る

読みやすい文章を目指すことに関して、ちょっと別の場面に視点を移して考えてみましょう。

たとえば、弁当箱におかずを詰めるとき、おかずの量が多すぎて余ったり、逆に少なすぎて足らなくなったりする場合があります。いずれの場合も、弁当箱に詰めるおかずを調整せねばなりません。では、弁当のおかず全体のバランスを整えるという観点で考えた場合、おかずが余る、おかずが足りない、どちらの状況が好ましいと言えるでしょうか？

答えは前者、おかずが余るというケースです。どちらも似たようなものに思えるかもしれませんが、意識を向けるところが異なります。おかずの量が多すぎて、つくった全品が弁当箱に入りきらない場合、ほかのおかずを減らしてスペースを設けねばなりません。五種類のおかずがあったとして、四種類を入れた段階ですでに満杯になったとしたら、先に入れたおかずを少しずつ減らそうと考えるでしょう。つまり、すでに詰めたおかず全体のバランスを調整して、スペースをつくろうという意識が働きます。

一方、おかずが足りなくてスペースが余ってしまった場合は、空いた場所に何を入れるかを考えるでしょう。どのように入れるかよりも、何を入れるかにまず意識が向きます。スペースに合うおかずを調達できれば作業は完了です。うまく収まれば、すでに詰められたほかのおかずには目が向けられません。

文章を書くときも、この考え方が当てはまります。規定の文字数よりも多くなったら、どこを減らそうかと文章全体を見渡すでしょう。この過程が非常に重要なのです。文字を減らそうとする作業が、結果として文章の無駄を削ぎ落とす作業となります。不必要な言い回し、重複した言葉、本筋から外れた記述が削除され、文章は洗練されていきます。

逆に、もし文字数が足りなかったら、どのような文言を付け足すかに意識が向くでしょう。文章のどこかに新たな情報を書き加えることになりますが、追加する場所以外にはあまり目が向けられません。

したがって、文章を書く際は、既定のボリュームよりもあえて多めに書くことがポイントとなります。一〇〇〇文字の原稿を書くのであれば、たとえば一二〇〇文字程度を目指して書きあげます。その後、書いた文章を読み返し、言葉を削って最終的に一〇〇〇文字に仕上げるのです。数字はあくまで目安ですが、たくさん書いてあとで削る、という要点は押さえておきましょう。

一〇〇〇文字の原稿を書く課題が出された場合、多くの人は、できるだけ一〇〇〇文字ちょうどで書き終えることを目指すでしょう。もし、実際にちょうど一〇〇〇文字で書き終えられたとしたら、修正しようという意欲は削がれてしまいます。内容が不完全だと自覚していても、分量の目標を達成すると、その状態を崩したくないという心理が働いてしまうからです。このような心理状態に陥るのを避けるためにも、あえて不完全なボリュームを目指す必要があります。

とはいえ、たくさん書いてあとで削る際にも、先と同じような心理が現れます。自分が一生懸命書きあげた文章を崩したくない、という思いです。明らかに無駄な言い回しだと自覚できる箇所、不注意で同じ言葉を繰り返した箇所であれば、躊躇（ちゅうちょ）なく削除できるでしょう。でも、どこにも無駄がないと思われるときは、言葉を一つ削るにも迷いが生じてしまいます。人は、何かを得るときよりも、失うときのほうが強い感情を引き起こすのです。そう感じてしまうのは仕方ないことですが、ここを乗り越えれば、文章は確実によい方向へ転化します。

小説家の太宰治（一九〇九～一九四八）は次のように述べています。

> 文章の中の、ここの箇所は切り捨てたらよいものか、それとも、このままのほうがよいものか、途方にくれた場合には、必ずその箇所を切り捨てなければいけない。いわんや、その箇所に何か書き加えるなど、もってのほかというべきであろう。（『もの思う葦』大和書房、一九六六年、三七頁）

迷ったら削る。自分の書いた文章を読み返すときは強い姿勢で臨みましょう。

初めと終わりを疎かにしない

書き出しの巧いというのは、その作者の「親切」であります。

（太宰治「女の決闘」『現代文学大系 第54 太宰治集』、筑摩書房、一九六五年、二〇五頁）

前節に続いて、これも太宰治の言葉です。文章において、書き出しが重要なポイントになることは言うまでもないでしょう。冒頭に、無用な前置きや意味不明の言葉が並んでいたら、読み手はその時点でうんざりしてしまうかもしれません。

書き出しは、読み手にその先を気持ちよく読み進めてもらうための、まさに「親切」と考える必要があります。店の入り口で客をもてなすくらいの気持ちで書くのがよいと言えます。ただ、うまい書き出しにしなければならない、という強迫観念にとらわれると、筆が止まって前に進めなくなる可能性があります。

書き出しはあとから書いても構いません。書けるところから書き進め、あとから冒頭に戻って仕上げるというのも一つの方法です。

冒頭と同様、末尾にも配慮が欠かせません。読み手を惹きつけるような素晴らしい文章も、がっかりするような終わり方では、結果的に文章全体にマイナスの印象をもたれてしまいます。先に、簡潔に書く必要性を短期記憶の点から説明しました。末尾の重要性にも、人の記憶のメカニズムが大きく関係しています。

先に紹介したダニエル・カーネマン氏（一〇〇頁参照）が行ったある実験から、最後の印象がいかに重要であるかが分かります。実験では、手を浸すと苦痛を感じるくらいの冷たい水が用意されました。被験者は、指定された条件に従って二回水に手を浸します。その条件とは次の二つです。

A　冷水に六〇秒間手を浸し、時間になったら水から手を出して実験を終了する。

B　冷水に九〇秒間手を浸すが、初めの六〇秒間はA同様の冷水で、その後の三〇秒間は徐々に温水が加えられる。そして、九〇秒が経過したら水から手を出して実験を終了する。

A、B両方の実験に参加した人に、もし三回目を行うとしたらどちらを選ぶかと尋ねられました。単純に考えると、苦痛を味わう時間の短いAのほうが好ましいと思えるでしょう。ところが、八〇パーセントの被験者がBを選択したのです。

冷水に手を浸すトータルの時間で考えると、BのほうがAよりも長く苦痛を感じていることになります。ただ、実験を終了する時点では、温度の上昇したBのほうがAよりも苦痛が軽減されています。この違いによって、被験者の多くはBのほうが不快感の少ない実験であるという印象をもったのです。つまり、最後の印象で実験全体の印象が決定づけられてしまったということです。

大腸内視鏡検査を受ける患者に対しても、同様の調査が行われました。検査中の患者A、Bに対して、六〇秒ごとに苦痛の度合いを一〇段階で評価してもらったのです。A、Bともに、苦痛のピーク時に一〇段階の8を示しました。検査終了時に示した苦痛の度合いは、Aが7、Bが1でした。検査は、Aが八分、Bが二四分かかっています。そして、検査終了後に、A、Bそれぞれに検査全体の苦痛の総量が尋ねられました。

この流れから考えると、検査時間の長かったBのほうが苦痛の量が多かったと考えられるかもしれません。でも、先の実験同様、Aのほうが苦痛を強く感じていたのです。その原因は、検査終了時に感じた苦痛の大きさにあります。

カーネマン氏はこれらの実験から、記憶に基づく経験の評価は、ピーク時と終了時（エンド）の印象の平均で決まるという結論を導き出しました。これは「ピーク・エンドの法則」として知られています。たとえ苦痛が長く続いたとしても、全体の印象の評価には大きく影響しません。ピーク時と終了時の記憶が全体の印象を決定づけてしまうのです。[14]

文章に当てはめた場合も、同様の傾向があると考えられます。文章を書く際、核心的な部分、もっとも盛りあがるところに力を入れるのは当然でしょう。同時に、末尾にも十分注力する必要があります。ここの出来如何で、全体の印象が大きく左右されるかもしれません。もちろん、これはある種の錯覚です。それでも、最後は無難に締めておけばいいという考え方では、いくら内容が優れていても評価を下げてしまう可能性があります。

冒頭は、読み進めたいと思ってもらえるように配慮する。末尾は、読み手の記憶にプラスの印象が刻まれるように締めくくる。読み手目線で、初めと終わりの表現を考えましょう。

20 他人の視点でチェックできますか？

小さなミスが印象を大きく損ねる

まず、まちがい探しの問題です。左記いずれの文中にも漢字の誤りが含まれています。それぞれ正しい漢字に直してください。

・県外の保健所から「新型コロナウイルス陽性者の農耕接触にあたる」との連絡を受けた場合
・児童生徒が農耕接触者相当と特定されたとき
・数名の農耕接触者が自宅待機を余儀なくされた中で
・もし感染者や農耕接触者が発生した場合につきましては
・陽性者又は農耕接触者と判断された場合の待機場所(15)

(14)　カーネマン、前掲書（下）、二六一〜二七四頁参照。

すでにお気づきのとおり、いずれも「濃厚接触」が「農耕接触」になっています。「この程度のまちがいなら誰だって簡単に見つけられる」と思った人もいるでしょう。たしかに、このような問題の形で並べられれば、すぐにまちがいは見つけられます。でも、状況によっては、こうしたまちがいが発覚せず、公にされてしまうケースもあるのです。

実は、ここに挙げたものは、いずれも自治体のウェブサイトに実際に記載されていたものです。個人のブログやＳＮＳに書かれたものではありません。公文書の記述です。

二〇二〇（令和二）年に日本で新型コロナウイルス感染症の流行がはじまって以降、各自治体から関連情報が多数発信されるようになりました。そのなかには、右記のようなミスの含まれたものが多数見られます。ほかにも、「抗原検査」が「高原検査」になっていたり、「感染拡大」が「観戦拡大」と誤記されたりするケースもありました。すでに訂正、削除されたもの、ウェブサイトに公開されていない文書を含めれば、こうしたミスは相当数に上るでしょう。

すべて、ワープロでの単純な変換ミスだと思われます。感染症対策で多忙ななか、担当者が慌てて文書を作成してそのまま公表したのかもしれません。チェック体制にも不備があったのでしょう。いずれにせよ、ミスが見逃されてしまったのは事実です。

ピックアップされていれば簡単に見つけられるでしょうが、長文のなかに埋もれているとなかなか発見できません。これは、文章をチェックする際の難点でもあります。

書きあがった文章のチェックはまったく必要ない、と考える人はおそらくいないでしょう。細心の注意を払いながら書き進めても、一度で完璧な文章に仕上げるというのは容易ではありません。文字の書きまちがえは誰にでもあります。話が途中で横道に逸れたり、必要のない文言が入りこんだりすることもあるでしょう。文章を提出・公開する前に、できるかぎり誤りは正さなければなりません。

文章をチェックするのは当たり前のことではありますが、この過程を疎かにして、不完全な状態で「完成」と判断してしまう人が少なくないのです。まさに、先に挙げたものがその具体例です。「第1部《6》」で構想に時間をかける必要性について述べましたが、チェックと修正にもこれと同等の時間を費やす必要があります。とくに書くことに自信がない人は、ここに十分な時間が割けるよう、あらかじめ時間配分を決めておいたほうがよいでしょう。

それでも、「誤字・脱字があったとしても大した問題ではない」、「多少日本語に問題があって

(15)　それぞれの出典は以下のとおりです（掲載順）。裾野市 http://www.city.susono.shizuoka.jp/soshiki/5/2/2/covid19/13442.html　埼玉県教育委員会 https://www.pref.saitama.lg.jp/documents/172549/r4_coronaguideline2.pdf　吉野川市 https://www.city.yoshinogawa.lg.jp/_files/003[illegible]5601/shisei2021_6.pdf　軽井沢町 https://www.town.karuizawa.lg.jp/www/contents/1001000000986/simple/2[illegible]36.pdf　東京都八丈支庁 https://www.soumu.metro.tokyo.lg.jp/09hatijou/c/news/211015_sokodocamp_reopen/applicsation_consentform.pdf

も意図が伝わればいい」と思っている人がいるかと思います。細かいミスよりも、文章の中身のほうが重要だという意見です。

たしかに、文章を点数で評価する場合、誤字・脱字があったとしても、若干の減点対象になる程度で済むでしょう。文字の書きまちがいによって、点数が大幅に下がることはないと言えます。しかし、読み手の印象という点で考えると、場合によっては致命的になる可能性があります。とくに、採用試験など、文章が人物の評価対象とされる場面がそうです。誤字・脱字が一つならまだしも、続けて二つ三つと見つかると、書き手の人間性や意欲までが疑われることにつながります。「だらしない人かもしれない」、「やる気がないのでは?」と思われかねません。

文章の中身に問題がなくても、先に見たホーン効果（二〇一頁参照）によって、書いた人物に対してマイナス印象を抱いてしまうのです。ミスを些細な問題と考えず、極力なくすように細心の注意を払わねばなりません。

第三者にチェックを頼む

文章のチェックは、第三者に頼むのが理想的です。他者の目であれば、自分では気づけなかったミスを見つけられる可能性は高いでしょう。文章の質を高めるうえでプラスになることはまちがいありません。

たとえば新聞社では、通常、記者の書いた原稿は複数の人の目を経たうえで記事として印刷されます。記者が書いた原稿は、まずデスク（取材・編集部門を束ねる人）が確認し、さらに校閲記者が誤字・脱字のチェック、事実関係の確認および修正を行います。その後、整理記者が見出しを考案し、最後のレイアウトする段階でも記事はチェックされています。

新聞社の規模や体制によって異なるものの、大まかにはこのようなプロセスを経て記事は仕上げられています。それでもミスがゼロにならないという現実を考えると、自分で書いて自分で確認しただけの文章がいかに心許(こころもと)ないものであるかが分かるでしょう。

ただ、他人に原稿をチェックしてもらった場合、その指摘に書き手が面食らってしまうというケースがよく見られます。誰が見てもまちがいと分かる誤字・脱字の指摘なら、書き手も納得して受け入れられるでしょう。しかし、自分が考えた内容、表現に疑義を挟まれるのは、決して気持ちのよいものではありません。「なぜ、ここに赤を入れられなければならないのか!?」と、強い不快感を覚えることもあります。

チェックしている人は、書いた文章の背景にある事情、その言葉が選ばれるに至った経緯までは分かりません。言葉の裏にある実情を知らない人に、読んだ印象だけで意見を挟まれれば、それを受け入れたくない気持ちになるのも当然でしょう。

人には、自分がつくりあげたものに対して、過大評価をしてしまうという傾向があります。これは「イケア効果」と呼ばれます。イケア（ＩＫＥＡ）とは、スウェーデン発祥の家具販売店で、ここで購入した商品は、基本的に自分で組み立てるようになっています。自分で組み立てた家具のほうが既製品の家具よりもよく思えることから、この言葉が生まれました。

イケア効果の提唱者の一人、ダン・アリエリー（Dan Ariely）氏は、イケア効果について、次のように述べています。

「何かに労力をつぎこむとき、変化するのは労力をかける対象だけではない。わたしたちも変わり、わたしたちがその対象に与える評価も変わる」と述べています。さらに、「労力をかければかけるほど、愛着も大きく」なり、「自分で作ったものを過大評価する性向は根深いので、ほかの人も自分と同じ見方をしているはずだと思いこんでしまう」のです（『不合理だからすべてがうまくいく――行動経済学で「人を動かす」』櫻井祐子訳、早川書房、二〇一〇年、一四二頁）。

他人も同じように感じると思う傾向は、「第3部《15》」（二五七頁）で紹介した「偽の合意効果」にも通じます。つまり、自分で頑張って書いた文章に対しては自己評価が高くなると同時に、他人も同様に高い評価をしてくれると思ってしまうのです。そんなところに赤ペンで否定的な指摘が入れば、ギャップの大きさに気分を害してしまうでしょう。

長い時間をかけて考案した文に、僅かな時間で打ち消し線を引かれれば、たとえそれが的確な指摘であったとしても、受け入れたくない気持ちになってしまいます。真っ赤にされた原稿を見て、人格までを否定されたように感じ、落ちこんでしまうという人も珍しくありません。

チェックされた文章は、大抵の場合、指摘が記入された状態で書き手に返されます。赤チェックの入った文章を見た書き手は、チェックした当人の意図をそこから推測するしかありません。「第3部《16》」で、電話に比べてメールの場合は意図が伝わりにくいという実験結果を紹介しました。これと同様の現象がチェックした原稿でも起こります。

文章のチェックは、得点を付けて評価するものではなく、減点するために行われます。したがって、指摘は基本的にネガティブなものになります。返された原稿を見た書き手の気持ちが、プラスかマイナスか、いずれに動くかは言うまでもないでしょう。

第三者のチェックは、ほかにも厄介な問題をはらんでいます。出版印刷物の校正・校閲は非常に神経を使う作業です。ミスを見逃せば、その担当者も責任を負うことになります。しかし、そうした重責を伴わない原稿チェックであれば、書くことの何倍も簡単な作業だと言えます。

仮に、ミスを見落としても責任を問われない状況で、ただ赤ペンを入れるだけであれば、「楽しい作業」と感じる人もいるでしょう。実際、これを楽しんでいる人もいます。そんな心理について、アメリカのジャーナリスト、キャスリン・シュルツ（Kathryn Schulz）氏は次のように表現しています。

他の人の誤りを察知することにかけては、私たちは明らかに優秀だ。実は、正解するのが蜜の味なら、他人が間違っているのを指摘するのも、紛れもなく――違うとは言わせない――ぴりっとおいしい。どんな食品学者に聞いても、この甘みとぴり辛味の組合せはやみつきになると言われるだろう。確かに他人の間違いは、おいしくてやめられない。（『まちがっている――エラーの心理学、誤りのパラドックス』松浦俊輔訳、青土社、二〇一一年、一八頁）

書き手の思いを尊重しつつ、的確にチェックを進めるのであれば、「楽しみ」として作業をしても問題はありません。ところが、人は他人の犯したミスや不備を発見すると、「自分が書き手のミスを見つけてやった」、さらには「正しい言葉遣いを教えてやらねば」といった意識を抱くようになります。

また、あたかも自分が書き手よりも能力が高いかのような錯覚を抱いてしまうことすらあります。これが高じると、書き手に対して「上から目線」で指摘をするようになります。こうした姿勢も、書き手に不快感を与える一因となります。

実際のところ、文章に対して的確な指摘・修正のできる人は決して多くありません。また、他人のミスを見つけるのは得意でも、自分ではうまく文章が書けないという人が大勢います。にもかかわらず、自分が書き手よりも優秀であるかのような幻想を抱いてしまう傾向が人にはあるのです。

さらに厄介なことに、人は自分に甘く、他人に厳しい、という身勝手な習性をもっています。自分の犯したミスは環境・状況のせいだと考える一方で、他人のミスはその人の性格・能力に起因すると思ってしまうのです。「第1部《5》」（九一頁）で紹介した「根本的な帰属の誤り」というバイアスです。

つまり、書き手のちょっとした不注意によるミスも、書き手本人の能力の低さに起因するものと捉えてしまうのです。ゆえに、チェックをする人は、書き手に対してさらに「上から目線」になりがちです。このような傾向も、書き手とチェックした人の間に溝を生む原因となります。

文章を書くことにかぎらず、どのような分野でも、初心者が的確なフィードバック受けることはスキルを高めるうえで非常に重要です。記者やライター、あるいは研究者を目指すのであれば、多少理不尽と思われるような指摘も、一人前になるための登竜門として受け入れる必要があるでしょう。しかし、そうでない人が第三者にチェックを依頼する場合は注意する必要があります。単に誤字・脱字のチェックだけを望むのであれば、あらかじめその旨を伝えておいたほうがよいでしょう。

他人の視点で読み返す

先ほど挙げたような問題をはらんでいるとはいえ、文章の質を上げるという意味では、第三者にチェックしてもらうのは最適な方法だと言えます。しかし、実際は、身近に適当な人がいなかったり、時間的に余裕がなかったりして、難しいという場合が多いでしょう。そうなると、自分自身でチェックするしかありません。

自分でチェックする場合は、万全を期すため、最低でも三回は読み返したいところです。その際、自分の書いた文章を自分の立場で見直すのではなく、第三者になりきって他人の文章を精査する意識で読み進めるようにすることがポイントとなります。あえて粗探しをするつもりで、手加減抜きで文章を吟味しましょう。

最初は、編集者あるいは上司、指導教官になったつもりで、厳しい目で文章と向き合います。文章を書く目的を踏まえたうえで、内容がテーマに沿っているか、本筋から外れた記述がないか、書かれた内容に矛盾がないかといった点を中心に、文章全体の流れに目を向けながらチェックしていきます。

次に、実際の読み手の視点で読んでみます。その文章の読み手はどんな人で、どのような状況で手にするのか、内容についてどれだけ予備知識のある人なのか、そうした条件を考慮したうえで、伝えたいことが本当に読み手に伝わるのかどうかを確認していくのです。

最後に、校正者として文章をチェックします。必ずどこかにまちがいが潜んでいるという前提で、誤字・脱字などがないかを点検していきます。言葉遣いに少しでも疑問を感じたら辞書で確認しましょう。数値や事実関係についても、できるだけ資料を開いて照合するようにします。

ワープロで文章を作成した場合は、余裕があればプリントアウトし、赤ペンで書きこむのがよいでしょう。文字を画面から紙に移すだけで、第三者に近い視点でチェックができるようになります。また、チェックの際、声に出して読んでみるというのも効果的です。目で文字を追っていたときには気づかなかった誤りを見つけることにもつながります。

さらに、もし締め切りまでに時間があるのなら、書き終えてからしばらく時間を置いてからチェックに着手することをおすすめします。可能であれば、一晩おいて、頭をリセットしてから取り掛かるのがよいでしょう。

むすびにかえて

世の中には、口癖のように言い訳を並べる人がいます。

- ・文中にうそを書いたことが発覚すると、「事実を正確に書かないほうが、むしろ読み手にとってよいと判断したのだ」と、都合のいい論理でごまかそうとする。
- ・著作物から無断でコピペをしたことを追及されると、「これは内部で使用する資料だから、法的に何ら問題はない」と、誤った理屈で正当性を主張する。
- ・結論に対する明確な根拠を示していないことを指摘されると、「総合的、俯瞰(ふかん)的に考察したうえで結論を導き出した」と、煙に巻いたような言葉を使って弁明する。
- ・文章の分かりづらさを指摘されると、「この程度の文章を理解できないのは、読解力が低いからだ」と、読み手に責任を転嫁する。

こうした言い訳は、その場を乗り切るには有効だったとしても、結果的に本人が信用を失うことにつながります。残念ながら、そう発言した人の多くは、それを言い訳とは認識していません。自分のした行為に後ろめたいところはなく、まっとうな主張をしていると当人は信じこんでいるのです。書き手のこうした姿勢が、世の中に「悪文」がはびこる大きな要因になっています。

昨今、ＡＩ（人工知能）は目覚ましい進化を遂げています。文章作成においてもＡＩの技術は飛躍的に向上し、チャットＧＰＴ（Chat GPT）など、すでに実用化されているケースもあります。二〇二二年二月に発表された文学賞「星新一賞」（日本経済新聞社主催）で、ＡＩを一部利用した作品（葦沢かもめ『あなたはそこにいますか？』）が初めて入選したというニュースも話題になりました。近い将来、あらゆる分野において、ＡＩが文章を作成するのが当たり前になるかもしれません。

ＡＩが文章を作成すれば、本書で紹介したような人間が犯す過ちの多くを避けられます。とはいえ、ＡＩでもバイアスを一〇〇パーセント排除することはできません。虚偽の事実を書くこともあります。さらに、虚偽の事実を書いたことを指摘された場合、先ほど挙げたような言い訳を並べる可能性もあります。それでも、学習を重ねることで改善していくことは可能です。

ＡＩも完璧ではないとはいえ、人間に比べれば、問題をなくす方向へ導くのは容易だと考えられます。将来的には、人間が書いたものよりＡＩが作成したもののほうが価値が高いと見なされるようになるかもしれません。ＡＩの信頼度が高まれば、書くという作業が人間からＡＩの手に渡る流れも加速していくでしょう。

「人間は『悪文』を書くから、文章作成はＡＩに任せよう」と。

昨今、議員の作成した「視察報告書」に疑義が指摘され、問題となる出来事がたびたび報じられています。

・実際には視察に行っていないにもかかわらず、虚偽の報告書を作成して政務活動費を受け取っていた（滋賀県高島市議会、二〇二二年）。

・報告書に記載する文章を議員間で使い回しし、同じ内容のものを提出していた（岡山県議会、二〇一八年）。

こうしたケースが発覚するたびに、公費を使った「視察」の必要性が議論の的になります。この問題を解決する一つの策として、スマートフォンに保存されたデータを使ってＡＩに報告書を作成させるという方法が考えられます。位置情報サービスを利用した行動履歴、キャッシュレス決済の利用履歴、撮影データ、音声録音データなどを活用すれば、詳細かつ正確な報告書ができあがるでしょう。

客観的なデータによって、視察報告書の信憑性を担保するわけです。もちろん、技術的な問題はクリアできても、プライバシーの問題などが絡むため、実際に導入するのは難しいでしょう。

こうした方法が実現するかどうかはともかく、信頼度の高い文章を作成するという意味で、今後ＡＩの活用が広がっていくことはまちがいないと考えられます。人間が書いた文章についても、ＡＩがチェックするのが当たり前になる可能性もあります。書かれている事実に誤りはないか、コピペした文章が入っていないか、誹謗中傷や差別的な言葉が含まれていないか、読み手のレベルに応じた表現がなされているか、といった点がチェックされ、自動的に修正されるかもしれません。もし、それが当たり前になれば、本書のような本も必要なくなるでしょう。

この先、文章作成に関するテクノロジーがどこまで進化していくかは分かりません。少なくとも現時点では、人間が文章を書き、人間が責任をもって読み手に届けるというのが通常の流れです。しかし、すでに述べてきたとおり、書き手が人間である以上、常に合理的、かつ冷静、客観的に思考し、文章を仕上げるのは至難の業です。これまで取り上げてきたような思考の罠、バイアスに陥ってしまう場合もあるでしょう。本書の執筆に際しても、そうした心理を回避できたのかどうかは分かりません。

この問題を乗り越える方法の一つとして、「メタ認知」を意識するのが有効です。メタ認知については「第1部《6》」（一〇四頁）で簡単に言及しました。これは、思考や記憶といった自分のしている認知行動を客観的に捉えることを指します。

昨今、教育やビジネスの分野で注目されているので、よくご存じの人もいるでしょう。自分の思考や行動を客観的に見る必要性については、本書のなかで何度か触れてきました。その行為が、まさにメタ認知なのです。

具体的なイメージとしては、文章を書くためにいろいろと考えている自分を、その上からもう一人の自分が眺めている様子と捉えてもよいでしょう。文章を構想したり、資料を集めたりする段階から、執筆を終えて内容を見直す段階まで、他人の視点で自分自身を直視してみるのです。「第3部《20》」で文章を他人の視点でチェックすることについて説明しましたが、これもその一環と位置づけられます。

その際に重要になってくるのが、本書で挙げた三つの柱です。書く目的を見定めることができているか、書くための材料を見極めることができているか、そして、書く相手を見据えることができているか――。これらを念頭に、自分が道を外れていないか注視していきます。

とはいっても、文章の作成と並行して自分を客観的に見るのは容易ではありません。実践しようと意識しすぎると、筆が進まなくなってしまうでしょう。実際に自分を客観視するのは、思考や執筆の最中ではなく、その「節目」と考えるのがよいでしょう。ある程度進んだところで一旦歩みを止め、それまでの考察、成果を見返してみる。その繰り返しによって、道を外れないように修正していくのです。

本書では、二〇のテーマにわたって文章を書く前に頭に入れておきたいポイントを紹介してきました。逆説的ではありますが、実際に文章の構想や執筆をする途上では、それらにこだわりすぎない姿勢も重要だと言えます。節目節目でポイントを見返し、軌道修正のために役立てていくのがよいでしょう。

いかなる著名な作家でも、初めから完璧な文章は書けません。何度も読み返し、推敲を重ね、修正を繰り返しながら作品を仕上げていきます。うまく書くことよりも、うまく修正することが「悪文」を避けるための極意だと言えます。繰り返しになりますが、作成中に「悪文」を避けられるよう気をつけることよりも、節目で「悪文」をいかに的確に修正していくかが大切だということを頭に入れておいてください。

先ほども述べたように、本書では「目的を見定める」、「材料を見極める」、「相手を見据える」の三つが重要であると論じてきました。最後に、それらが実践できているかどうかを確認する「自分を見張る」ことをもう一つの柱として掲げて、本書の締めくくりとします。

なお、本書の執筆に際しては、株式会社新評論の武市一幸さんに大変お世話になりました。この場を借りて御礼申し上げます。

出典一覧

・アリエリー、ダン／櫻井祐子訳『不合理だからすべてがうまくいく――行動経済学で「人を動かす」』早川書房、二〇一〇年
・アリエリー、ダン／櫻井祐子訳『ずる――嘘とごまかしの行動経済学』早川書房、二〇一二年
・アロンソン、エリオットほか／戸根由紀恵訳『なぜあの人はあやまちを認めないのか』河出書房新社、二〇〇九年
・イーグルマン、デイヴィッド／大田直子訳『あなたの知らない脳――意識は傍観者である』ハヤカワ・ノンフィクション文庫、二〇一六年
・池上彰『伝える力』ＰＨＰビジネス新書、二〇一二年
・板倉聖宣『模倣と創造――科学・教育における研究の作法（増補版）』仮説社、一九八七年
・井上ひさしほか、文学の蔵編『井上ひさしと１４１人の仲間たちの作文教室』新潮文庫、二〇〇二年
・今井むつみ『ことばと思考』岩波新書、二〇一〇年
・ヴィルコミルスキー、ビンヤミン／小西悟訳『断片――幼少期の記憶から 1939-1948』大月書店、一九九七年
・ウェルチ、スージー／小沢瑞穂訳『10－10－10――人生に迷ったら、３つのスパンで決めなさい！』講談社、二〇一〇年

・エプリー、ニコラス／波多野理彩子訳『人の心は読めるか――本音と誤解の心理学』早川書房、二〇一七年
・尾崎行雄『向上論』国民書院、一九一六年
・尾崎行雄『日本憲政史を語る（上）』モナス、一九三八年
・越智啓太『美人の正体』実務教育出版、二〇一三年
・ガザニガ、マイケル・S／藤井留美訳『〈わたし〉はどこにあるのか――ガザニガ脳科学講義』紀伊國屋書店、二〇一四年
・カーネギー、デール／山口博訳『人を動かす（新装版）』創元社、一九九九年
・カーネマン、ダニエル／村井章子訳『ファスト&スロー――あなたの意思はどのように決まるか？（上・下）』早川書房、二〇一四年
・カミユ、アルベール／高畠正明訳『カミュの手帖 第一』新潮社、一九六二年
・ギルバート、ダニエル／熊谷淳子訳『明日の幸せを科学する』ハヤカワ・ノンフィクション文庫、二〇一三年
・ギロビッチ、トーマス／守一雄ほか訳『人間 この信じやすきもの』新曜社、一九九三年
・ギロビッチ、トーマスほか／小野木明恵訳『その部屋のなかで最も賢い人――洞察力を鍛えるための社会心理学』青土社、二〇一九年
・久米郁男『原因を推論する――政治分析方法論のすゝめ』有斐閣、二〇一三年
・グライムス、デヴィッド・ロバート／長谷川圭訳『まどわされない思考――非論理的な社会を批判的思考で生き抜くために』角川書店、二〇二〇年

・クリッチロウ、ハナー／藤井良江訳、八代嘉美監訳『「運命」と「選択」の科学――脳はどこまで自由意志を許しているのか？』日本実業出版社、二〇二一年
・栗原裕一郎『〈盗作〉の文学史――市場・メディア・著作権』新曜社、二〇〇八年
・厚生労働省「人口動態統計」二〇一九年
・厚生労働省「食中毒統計調査」二〇一九年
・国際連合食糧農業機関（ＦＡＯ）、林野庁訳「世界森林資源評価二〇二〇（FRA2020）Main report 概要」
・小坂井敏晶『責任という虚構』東京大学出版会、二〇〇八年
・国会議事録、第一八〇回国会衆議院予算委員会、二〇一二年三月一日
・小林秀雄『読書について』中央公論新社、二〇一三年
・埼玉県総合政策部国際課『外国人にやさしい日本語表現の手引２００６』二〇〇六年二月
・サパー、カール／越智啓太ほか訳『子どもの頃の思い出は本物か――記憶に裏切られるとき』化学同人、二〇一一年
・サマーズ、サム／江口泰子訳『考えてるつもり――「状況」に流されまくる人たちの心理学』ダイヤモンド社、二〇一三年
・シェンカー、オーデッド／井上達彦ほか訳『コピーキャット――模倣者こそがイノベーションを起こす』東洋経済新報社、二〇一三年
・柴寄雅子「ヴィルコミルスキー事件再考」『国際研究論叢：大阪国際大学紀要』二五（二）、二〇一一年
・清水良典『あらゆる小説は模倣である』幻冬舎新書、二〇一二年
・シャクター、ダニエル・L／春日井晶子訳『なぜ、「あれ」が思い出せなくなるのか――記憶と脳の7つ

の謎』日経ＢＰマーケティング、二〇〇四年
・シャーロット、ターリ／斉藤隆央訳『脳は楽観的に考える』柏書房、二〇一三年
・シャーロット、ターリ／上原直子訳『事実はなぜ人の意見を変えられないのか――説得力と影響力の科学』白揚社、二〇一九年
・シュルツ、キャスリン／松浦俊輔訳『まちがっている――エラーの心理学、誤りのパラドックス』青土社、二〇一一年
・ショウ、ジュリア／服部由美訳『脳はなぜ都合よく記憶するのか――記憶科学が教える脳と人間の不思議』講談社、二〇一六年
・ショウペンハウエル、アルトゥール／斎藤忍随訳『読書について 他二篇』岩波文庫、一九六〇年
・杉田弘毅『国際報道を問い直す――ウクライナ戦争とメディアの使命』ちくま新書、二〇二二年
・スローマン、スティーブンほか／土方奈美訳『知ってるつもり――無知の科学』早川書房、二〇一八年
・ゼックミスタ、Ｅ・Ｂほか／宮元博章他訳『クリティカルシンキング 実践篇――あなたの思考をガイドするプラス50の原則』北大路書房、一九九七年
・高根正昭『創造の方法学』講談社現代新書、一九七九年、八三頁
・滝川一廣「〈児童虐待〉は増えているのか」、『敬心・研究ジャーナル』第三巻 第二号、二〇一九年
・太宰治『もの思う葦』大和書房、一九六六年
・太宰治「女の決闘」『現代文学大系 第54 太宰治集』筑摩書房、一九六五年
・谷上亜紀「文章の書体が読みやすさと記憶に及ぼす影響」『彦根論叢』第四二二号、二〇一九年一二月・冬号

・タレブ、ナシーム・ニコラス／望月衛訳『ブラック・スワン――不確実性とリスクの本質（上）』ダイヤモンド社、二〇〇九年
・チェイター、ニック／高橋達二ほか訳『心はこうして創られる――「即興する脳」の心理学』講談社選書メチエ、二〇二二年
・チャブリス、クリストファーほか／木村博江訳『錯覚の科学』文春文庫、二〇一四年
・チャルディーニ、ロバート・B／社会行動研究会訳『影響力の武器――なぜ、人は動かされるのか（第三版）』誠信書房、二〇一四年
・辻泰明・NHK取材班『幻の大戦果・大本営発表の真相』NHK出版、二〇〇二年
・辻田真佐憲『大本営発表 改竄・隠蔽・捏造の太平洋戦争』幻冬舎新書、二〇一六年
・TBS「ニュース23」、「ぼくたちの戦争'97」一九九七年八月一五日
・トゥキュディデス／藤縄謙三訳『歴史1』京都大学学術出版会、二〇〇〇年
・ドベリ、ロルフ／安原実津訳『Think clearly――最新の学術研究から導いた、よりよい人生を送るための思考法』サンマーク出版、二〇一九年
・外山滋比古氏『思考の整理学』ちくま文庫、一九八六年
・ドラッカー、ピーター／上田惇生訳『マネジメント（エッセンシャル版）基本と原則』ダイヤモンド社、二〇〇一年
・ドラッカー、ピーター／上田惇生訳『現代の経営・上〈ドラッカー名著集2〉』ダイヤモンド社、二〇〇六年
・中沢和子『教育は何をのこしたか』国土社、一九八七年

・新里金福「わが近衛聯隊体験記」、『新日本文学』三〇巻八号、一九七五年
・西林克彦『わかったつもり――読解力がつかない本当の原因』光文社新書、二〇〇五年
・バナージ、M・Rほか／北村英哉ほか訳『心の中のブラインドスポット』北大路書房、二〇一五年
・ハラリ、ユヴァル・ノア／柴田裕之訳『21 Lessons　21世紀の人類のための21の思考』河出書房新社、二〇一九年
・春原昭彦『日本新聞通史（四訂版）』新泉社、二〇〇三年
・半田正夫『著作権法概説（第11版）』法学書院、二〇〇三年
・半藤一利「〝半藤少年〟の『戦争体験』」『文春オンライン』二〇一八年八月一五日
・ファッセル、ポール／宮崎尊訳『誰にも書けなかった戦争の現実』草思社、一九九七年
・フィリップス、トム／禰宜田亜希訳『とてつもない嘘の世界史』河出書房新社、二〇二〇年
・フェルドマン、ロバート／古草秀子訳『なぜ人は10分間に3回嘘をつくのか――嘘とだましの心理学』講談社、二〇一〇年
・福田幸男、菅ひとみ「フラッシュバルブ記憶の特徴（1）――縦断的研究による想起の正確さについて」、『横浜国立大学教育紀要』三四、一九九四年
・ブラウ、サンヌ／桜田直美訳『The Number Bias――数字を見たときにぜひ考えてほしいこと』サンマーク出版、二〇二一年
・ブラザートン、ロブ／中村千波訳『賢い人ほど騙される――心と脳に仕掛けられた「落とし穴」のすべて』ダイヤモンド社、二〇二〇年
・プラトン／藤沢令夫訳『パイドロス』岩波文庫、一九六七年

・フリーマン、マーク／鈴木聡志訳『後知恵――過去を振り返ることの希望と危うさ』新曜社、二〇一四年
・ブロード、ウイリアムほか／牧野賢治訳『背信の科学者たち――論文捏造はなぜ繰り返されるのか？』講談社、二〇一四年
・文化庁ウェブサイト　https://www.bunka.go.jp/seisaku/chosakuken/seidokaisetsu/gaiyo/chosakubutsu_jiyu.html
・ヘンリック、ジョセフ／今西康子訳『文化がヒトを進化させた』白揚社、二〇一九年
・ボーザー、アーリック・／月谷真紀訳『Learn Better――頭の使い方が変わり、学びが深まる6つのステップ』英治出版、二〇一八年
・堀井憲一郎「大学入試国語、問題文の著者本人が自ら解いて気づいた『読解力』の本質」『現代ビジネス』二〇二〇年一月八日
・毎月勤労統計調査等に関する特別監察委員会「毎月勤労統計調査を巡る不適切な取扱いに係る事実関係とその評価等に関する報告書」二〇一九年一月二二日
・前坂俊之「太平洋戦争下の新聞メディア」『マス・コミュニケーション研究』六六巻、日本マス・コミュニケーション学会、二〇〇五年
・宮武久佳『正しいコピペのすすめ――模倣、創造、著作権と私たち』岩波ジュニア新書、二〇一七年
・文部科学省「研究活動における不正行為への対応等に関するガイドライン」二〇一四年八月二六日
・文部科学省「日本食品標準成分表二〇一五年版（七訂）」
・讀賣新聞社編『公徳養成之実例：附・英人之氣風』岩陽堂、一九一二年
・吉田兼好、今泉忠義訳注『改訂 徒然草』角川ソフィア文庫、一九五七年

・吉田貞雄『博物通論教科書：教授参考資料』精華房、一九二九年
・ラッセル、バートランド／柿村峻訳『懐疑論』角川文庫、一九六五年
・リップマン、ウォルター／掛川トミ子訳『世論（上）』岩波文庫、一九八七年
・ロスリング、ハンスほか／上杉周作ほか訳『FACTFULNESS─10の思い込みを乗り越え、データを基に世界を正しく見る習慣』日経ＢＰ、二〇一九年
・ロブソン、デビッド／土方奈美訳『The Intelligence Trap──なぜ、賢い人ほど愚かな決断を下すのか』日本経済新聞出版、二〇二〇年
・ロフタス、Ｅ・Ｆ／西本武彦訳『目撃者の証言』誠信書房、一九八七年
・ワイズマン、リチャード／木村博江訳『その科学があなたを変える』文藝春秋社、二〇一三年
・若松英輔『詩を書くってどんなこと？』平凡社、二〇一九年

『朝日新聞』一九四三年二月一〇日
『東京朝日新聞』一九二三年一〇月二一日、一九三六年五月二六日
『讀賣新聞』一八七四年一一月二日、一八七五年三月一日、一八八七年五月一日、一九一四年三月一日、一九二〇年一二月一八日、一九二四年三月一日、二〇二〇年八月五日
『日本経済新聞』二〇一四年一月四日、二〇一九年九月三日、二〇二〇年五月三日

・Chabris, Christopher, Daniel Simons, the invisible gorolla, http://www.theinvisiblegorilla.com/videos.html
・Daigh, Ralph, "Maybe You Should Write a Book", Prentice Hall, 1977.

- Donahue, Elisabeth, Font focus: Making ideas harder to read may make them easier to retain. Princeton University, 2010.10.28, https://www.princeton.edu/news/2010/10/28/font-focus-making-ideas-harder-read-may-make-them-easier-retain
- Ellenberg, Jordan, "The Summer's Most Unread Book Is…", The Wall Street Journal, 2014.7.3.
- FBI, Crime in the United States, https://ucr.fbi.gov/crime-in-the-u.s/2000, https://ucr.fbi.gov/crime-in-the-u.s/2019/crime-in-the-u.s.-2019/topic-pages/tables/table-1
- FOX NEWS interview, 2020.12.13, https://www.foxnews.com/politics/trump-coronavirus-vaccine-pfizer-biontech-timeline
- Freeling, Benjamin, Zoë A. Doubleday, and Sean D. Connell, How can we boost the impact of publications? Try better writing, PNAS 2019.1.8, Vol.116 No.2.
- From Thomas Jefferson to Thomas Jefferson Smith, 21 February 1825; The U.S. National Archives and Records Administration, https://founders.archives.gov/documents/Jefferson/98-01-02-4987
- Gapminder：Natural disasters, https://www.gapminder.org/topics/natural-disasters
- Historical Notes: A Compendium of Curious Coincidences, TIME, 1964.8.21.
- Inge, M. Thomas (ed.), Conversations with William Faulkner, Univ Prof Mississippi, 1999.
- Kelly, Martin, Did Tecumseh's Curse Kill Seven US Presidents?, Thought.co, 2020.12.10, https://www.thoughtco.com/tecumsehs-curse-and-the-us-presidents-105440
- Link, Devon, Fact check: A 1964 conspiracy theorymisrepresents Lincoln and Kennedy's similarities, USA TODAY, 2020.6.6.

・Martin, Bruce, Coincideces: Remarkable or Random?, SKEPTICAL INQUIRER, 1998.9.10.

・NBC NEWS, Read highlights from Cuomo's resignation remarks, 2021.8.11, https://www.nbcnews.com/politics/politics-news/read-highlights-cuomo-s-resignation-remarks-n1276510

・NBC NEWS, George Carlin Was Right: Other Drivers Are 'Idiots' and 'Maniacs', 2015.10.23, https://www.nbcnews.com/business/autos/george-carlin-was-right-other-drivers-are-idiots-maniacs-n449561

・Newman, J.Eryn, Maryanne Garry, Daniel M.Bernstein, Justin Kantner, D.Stephen Lindsay, "Nonprobative photographs (or words) inflate truthiness" BRIEF REPORT, Psychon Bull Rev 19, 2012.

・New York Times, 2020.9.22.

・Song, Hyunjin, and Norbert Schwarz, If It's Hard to Read, It's Hard to Do: Processing Fluency Affects Effort Prediction and Motivation, "Psychological Science", Volume 19, 2008.11.10.

・The Guardian, 2020.9.24.

・The Retraction Watch Leaderboard, https://retractionwatch.com/the-retraction-watch-leaderboard.

・The Washington Post, 2021.1.23.

・Turner, Camilla, "Top ten most famous books we never finish", Daily Telegraph, 2014.10.7.

・Vosoughi, Soroush, Deb Roy, Sinan Aral, "The spread of true and false news online", MIT Initiative On The Digital Economy Research Brief, 2018.3.8.

・Warren, M.Richard, Perceptual Restoration of Missing Speech Sounds", Science, Vol.167, No.3917, 1970.1.23.

著者紹介

大倉幸宏（おおくら・ゆきひろ）

1972年、愛知県生まれ。新聞社、広告制作会社勤務等を経て、現在はフリーランスのライター。
著書に『100年前から見た21世紀の日本——大正人からのメッセージ』、『「衣食足りて礼節を知る」は誤りか ——戦後のマナー・モラルから考える』、『「昔はよかった」と言うけれど ——戦前のマナー・モラルから考える』（以上、新評論）、『レイラ・ザーナ——クルド人女性国会議員の闘い』〔共編〕（新泉社）などがある。

執筆開始、その前に——「悪文」を避けるための考え方

2023年10月25日　初版第1刷発行

著　者　大　倉　幸　宏
発行者　武　市　一　幸

発行所　株式会社　新　評　論

〒169-0051
東京都新宿区西早稲田 3-16-28
http://www.shinhyoron.co.jp

電話　03(3202)7391
FAX　03(3202)5832
振替・00160-1-113487

落丁・乱丁はお取り替えします。
定価はカバーに表示してあります。

印刷　フォレスト
製本　中永製本所
装丁　山田英春

Printed in Japan
ISBN978-4-7948-1249-0